KB076535

한국 언론학 설계자들

한국언론학회 60주년 기념

한국 언론학 설계자들

2019년 5월 10일 초판 1쇄 인쇄
2019년 5월 15일 초판 1쇄 발행

지은이	한국언론연구회 · 한국언론학회
펴낸이	김영애
편 집	윤수미 · 김배경
디자인	신혜정
마케팅	이문정
펴낸곳	SniFactory(에스앤아이팩토리)

등록일	2013년 6월 3일
등록	제 2013-00163호
주소	서울시 강남구 삼성로 96길 6 엘지트윈텔 1차 1402호
전화	02. 517. 9385
팩스	02. 517. 9386
이메일	dahal@dahal.co.kr
홈페이지	http://www.snifactory.com

ISBN 979-11-89706-73-9 (03070)

가격 18,000

이 책은 MBC재단 방송문화진흥회의 지원을 받아 출간되었습니다.

한국 언론학 설계자들

한국언론연구회 · 한국언론학회

다홀미디어

'한국 언론학 설계자들'을 펴내며

•

김동철 | 한국언론연구회 창설멤버·이화여대 명예교수

인생 연륜 90이 넘어서 이런 머리말을 쓸 줄은 정말, 참으로 몰랐습니다. 20년 전인 1999년에, 지금은 8, 90대 들어서거나 별세하신 언론학 퇴임 교수님들과 친목과 연구를 명목으로 '한국언론연구회'라는 소공동체를 만들었습니다. 이 연구회 창립 멤버들은 대부분 언론학 교수들로 한국언론학회 역대 회장을 역임한 분들이 많습니다. 이 창립 멤버 열두 분 가운데 네 분은 돌아가시고, 또 다른 다섯 분은 몸이 불편하시거나 칩거 중이시며, 저와 이 책 필자로 참여하신 안광식 교수님과 최정호 교수님 등 세 사람은 지금도 7, 80대 원로 교수들과 매달 모임을 갖고 있습니다.

우리 공동체가 몇 년간 별러 2015년에 김성호(전 광운대, 전 KBSi 사장) 교수님을 총무로 영입을 했습니다. 이 총무라는 타이틀은 회장을 겸임하는 모양새지만 봉사(매달 뉴스레터 제작 배포, 학회 모임 알림 및 참여, 회비 징수 등)자일 뿐인데, 1999년 창립 연도부터 20년간 1, 3대 총무에 오진환(한양대 명예교수) 교수님을 비롯하여 저 김동철이

2, 4대, 고 김지운(성균관대), 이광재(경희대 명예교수), 이정춘(중앙대 명예교수) 교수님 등이 5, 6, 7대 총무를 맡아오다 8대 총무로 김성호 교수님을 영입해 배턴 터치를 했습니다.

2019년이 한국언론연구회 창립 20주년이라 김성호 총무님은 기념사업으로 한국 언론학을 설계하는 데 직간접적으로 기여한 선구자들을 기리는 단행본을 준비하고 있었습니다. 모임 때마다 회원님들에게 자문을 받고, 동의를 얻어내고, 집필을 의뢰하고 해서 이 결실을 보게 된 것입니다. 이 과정에서 우리 회원님들께서는 끊임없이 격려하면서 집필에도 흔쾌히 응답을 보냈습니다.

이 책은 한국 언론학 설계자들의 일대기를 원로 교수님 열네 분의 인물 에세이 형식으로 집필하여 묶어낸 단행본입니다. 이 설계자분들에 대하여 학문적 관점에서 다룬 논문들은 이미 10년 전, 한국언론학회 50주년에 발간됐습니다. 그리하여 이번에는 이 설계자들의 인간적 면모나 여러 활동상 등을 살펴보려고 함께 재직하였거나 사제지간의 인연, 또는 언론 현장에서 선후배 관계로 근무한 분들을 필자로 선정하여 집필을 의뢰했습니다.

이러한 저술 목적의 기저(基底)에는 2, 30대 언론학 전공 학생과 4, 50대 전공 학자들이 이 설계자들에게 가벼운 마음으로 쉽게 접근하여 친근감을 느끼게 하고, 더 나아가서는 이들을 기리도록 하려는 의도가 있다는 사실도 밝혀 둡니다. 아울러 언론학 전공이 아닌 일반 독자들도 쉽게 읽을 수 있도록 했습니다. 필자 모두가 7, 80대 연륜이시라 집필하시는 데 노고가 컸으리라 사료됩니다. 집필자 선생님들께 깊이 감사드립니다.

올해 2019년이 마침 한국언론학회(창립 시는 '한국신문학회')가 창립 60주년을 맞는 해입니다. 우리 한국언론연구회는 20주년을 맞아 한국언론학회 60주년도 함께 기념하고자 한국언론학회에 공동 발간을 제안하였는데, 이를 흔쾌히 수용해 주셔서 더욱 기쁩니다. 배움이 많은 학자, 교수들이 우리 사회에 깊어가는 세대 간의 양

극화 해소에 솔선수범했다는 데에도 보람을 갖습니다.

　이 책에 수록된 설계자 열네 분 가운데는 한국언론학회를 창설하여 초대 학회장을 오랫동안 지내신 곽복산 선생님을 비롯하여 2대 김규환, 3대 최준, 4대 박유봉 회장님들이 포함되어 있어, 공동 출간이 더욱 합당하다고 생각합니다. 아울러 비록 회장을 역임하지 않으셨지만 이화여대에서 봉직하셨던 이해창 선생님이나 정충량 선생님, 서울대의 임근수 선생님도 언론 현장과 대학에서 교육자로 사셨던 분들이십니다.

　또한 이 책에는 신문인으로 빛나는 생애를 사셨던 천관우, 박권상 선생님이 포함되어 있는데, 이분들은 일찍이 대학 강단에서 매스컴론을 강의하셨던 사학자, 언론학자이기도 합니다. 해방 후 한국 방송 최초의 라디오 PD이었던 노정팔 선생님과 한국 방송의 전설로 불렸던 한국 방송 최초의 TV PD 최창봉 선생님 등은 방송역사 저술 및 TV제작론 강의에 선구자이셨고, 서울텔레비전

방송국 초대 국장을 지낸 황기오 선생님은 대학 신문방송학과 창설에 기여하기도 했습니다. 여기에 언론학자로 매스컴 강의와 선구적 단행본도 내셨던 장용 선생님과 출판학자 안춘근 선생님도 함께 다루었습니다.

아울러 밝혀두고자 하는 바는, 이 책에 수록된 설계자들은 작고한 분들로 한정했으며 목차 순서도 출생연도 순으로 설정했다는 점입니다. 작고하신 분들 가운데 설계자로 포함해야 할 분이 계십니다만, 여러 가지 사정에 따라 실리지 못한 사실도 독자들께서 이해해 주시기 바랍니다. 이러한 원칙에 이의를 제기하는 필자도 있었지만, 다른 적절한 합리적인 방안이 없었음도 해량해 주시기 바랍니다.

거듭 강조합니다만, 한국언론학회 창립 60주년을 함께 하게 되어 기쁜 마음입니다. 이재진 45대 현 회장님께 감사드립니다. 재정적인 도움도 주셔서 가벼운 마음으로 출판할 수 있었습니다. 필자로 참여해주신 원로 교수님들께 거듭 감사드리며, 회원이 아닌 두 분 집필자께는 별도로 고마운 인사를 드립니다. 이종선 선생님은 정충량 선생님을 보좌했던 분으로, 언론학 교수이셨던 고 한태열 교수님의 부인이십니다. 또한 이종국 원로 교수님은 안춘근 선생님의 대를 잇는 한국출판학회 고문이십니다.

끝으로 이 단행본을 기획하고 원고 청탁에 취합까지 수고하신 김성호 교수님께 진심으로 감사드리며, 출판을 맡아주신 다할미디어 사장 김영애 박사님께도 고맙다는 인사 말씀을 전합니다. 이 책이 널리 보급되어 이 선각자들을 후학들이 기억하고 기리는 우리 사회 풍토가 마련되었으면 좋겠습니다. •

한국의 언론학을 탄생시킨 이들을 기억하며

•

이재진 | 한국언론학회 회장, 한양대 교수

금번 여러 존경하는 원로 교수님들의 역작이신 『한국 언론학 설계
자들』의 출간을 진심으로 축하드립니다. 원로 교수님들의 연구 모
임인 한국언론연구회가 우리 학회와 함께 한국언론학회 창립 60
주년을 기회로 책을 출간하게 된 것은 여러 측면에서 의미를 찾
을 수 있습니다. 무엇보다 이번 출간이 1959년 한국신문학회(현 한
국언론학회) 창립 이후 언론학의 토대를 닦으시고 발전의 방향을 제
시하신 초기 인물들 중에서도 가장 기여가 큰 분들의 업적을 재
조명하고 아직 널리 알려지지 않은 스토리와 귀중한 관계 자료를
제시함으로써 한국언론학회 창립 60주년의 시작과 발전의 역사적
의미를 크게 부각시켰다는 점에서 중요함을 찾을 수 있습니다.

　　약 10년 전인 지난 2009년 한국언론학회 창립 50주년 때에
는 우리 학회 발전에 큰 공이 있다고 생각되는 열 분을 선정하여
이들에 대한 재발견 작업을 한 적이 있습니다. 그때 작업이 언론
학 50년 이후의 길을 묻는 언론학 연구자들의 길잡이 역할을 해

주셨다면 이번에는 그때 선정되지 않은 분들을 네 분 더 추가하였고, 이전에는 연구에 집중하였다면 이번에는 교단에 봉직하신 연구자들뿐만 아니라 현업에서 활약하셨던 분들도 선정하여 이들로부터 언론학과 언론 현장에의 애정과 헌신을 들여다볼 수 있는 면모를 발굴하고자 했습니다. 과연 이들이 어떤 고민을 했으며, 그러한 고민들이 현재 세계적 수준으로 발전한 우리 언론학 발전에 어떻게 영향을 끼쳤는가를 살피고자 하였다는 점에서 50주년 때 보다 더욱 풍성하고 기념비적인 저작이 될 것으로 사료됩니다.

또한 책 목차에서도 알 수 있는 바와 같이 한국언론학회를 창립하시고 언론학이라는 영역을 처음 개척하신 우당 곽복산 교수로부터, 언론과 언론학의 역사를 세우신 최준 교수, 그리고 언론학 교육을 제도화하신 이해창, 임근수, 김규환 교수를 비롯한 현직 신문인으로서 매스컴을 강의하신 천관우 선생, 여성 언론인을 교육하고 배출하는 데 크게 기여하신 정충량 교수, 독일 신문학 연구의 선구이신 박유봉 교수, 언론법제 영역을 개척하신 풍운아 장용 교수 등 교직에 종사했던 연구자들을 포함하여, 한국 방송계의 거목이자 설계자이신 노정팔, 최창봉, 황기오 선생, 평생을 출판에 매진하신 안춘근 선생, 그리고 진실보도의 상징이시며 한국방송 사장을 지내신 박권상 선생 등 우리가 이미 고명함과 열정을 익히 알고 있을 뿐만 아니라 이들로부터 또는 이들의 저작물을 통해서 가르침을 받은 바 있는 그 주인공들을 다시 만날 수 있게 되었다는 점에서 의미가 있습니다. 사실 필자도 이분들께 배운 바에 기초하여 후학들을 가르쳐 오고 있다는 점에 비춰볼 때 초기 불모지나 다름없었던 언론학을 세계적인 수준으로 발전하도록 기반을 마련하신 설계자들의 공헌은 아무리 높이 사도 과하지 않을 것이라 사료됩니다.

특히 이번 저술은 여전히 열정적이고 지적 욕구가 왕성하신 원로교수님들의 학구적 노력이 맺은 결실이라는 점에서 더욱 의미가 크다고 판단됩니다. 한창때와 같지는 않으실 수 있으리라는 우려를 불식시키고 학문적 열정과 열의는 젊고 야심찬 학자들에 못지않은 면모를 보여 주셨습니다. 그런 원로교수님들께서 열정적으로 집필을 하시고 책을 출판하시는 모습을 옆에서 지켜보는 것만으로도 흐뭇했고, 까마득한 후학인 필자에게 큰 학문적 자극이 되었습니다. 과연 앞으로 은퇴한 이후에 필자는 저런 학문적 모습으로 의연하게 매진할 수 있을까 하는 생각이 들 정도로 이번 출판은 언론학계 전체에 걸쳐 모범이 될 것이라 확신합니다.

아울러 저술을 하시면서 학문의 세계를 끊임없이 탐구해 나가는 모습 속에서 학문에의 열망과 지적 호기심을 갖는 것이 가장 중요하다는 평범하지만 실제로 행하기 어려운 자세를 몸소 보여주셨다고 생각됩니다. 집필을 맡으신 분들이 각자의 영역에서 언론학의 토대를 닦고 오늘날의 학회의 발전을 견인하는데 크게 기여하신 설계자들에 대해서 재평가하고 재조망하는 데 애를 많이 쓰셨습니다. 우리는 학계에 종사하신 분들을 언론학계의 대선배로서 존경하고 책에서 소개된 설계자들의 업적이 후학들에게 큰 귀감이 될 것이라 생각합니다.

　결국 모든 학문의 세계는 다양하고 많은 사람들의 협업의 결과입니다. 어느 잘난 한 사람만의 뛰어난 업적이 아닙니다. 언론학의 세계도 말할 나위도 없을 것입니다. 최근에 우리나라 언론학 분야에서는 세계적으로도 뛰어난 연구자들이 많다고 생각됩니다. 그러나 학문적인 설계자가 없었다면 뛰어난 연구자들이 존재할 수 없었을 것입니다. 그런 이유로 그 누구의 역할과 기여가 학문세계에 더 큰가를 가늠하기는 쉽지 않지만, 학문의 세계를 열고, 다지고, 구조를 설계하신 선구자들만큼 크게 기여하신 분들은 없다고 보입니다. 한국언론학회가 창립된 지 60년이 되는 시점에서 우리 언론학의 설계자들에 대한 기억을 다시 소환해서 10년 전에 물었던 언론학의 길을 제대로 가고 있는지를 점검하고, 앞으로 우리 언론학의 길을 다시 묻는 일은 우리 언론학의 한 단계 도약을 위해서 우선으로 해야 하는 작업이라고 생각합니다.

부디 언론학 설계자들의 기억이 향후 다가올 창립 100주년이 될 때는 어떻게 다시 기억될 수 있을까를 상상해 봅니다. 저술에 참여해 주신 원로교수님들께 진심으로 감사와 축하의 말씀을 드리고 향후에도 계속 후학들에게 가르침을 주시고 학문적 교류를 이어가실 수 있기를 기원합니다. 특히 저술과 출판에 실질적인 역할을 맡아 애써 주신 김성호 교수님의 애정과 세심함에 거듭 감사드립니다. 교수님의 노력이 없었다면 많은 원로교수님들께서 협업으로 공저를 출간하는 일이 결코 쉽지 않았을 것이라 생각합니다. 이 책이 부디 많은 후학에게 읽혀서 언론학에 대한 관심이 더욱 커지고 이를 통해서 언론학이 더욱 성장하고 동시에 우리 사회에 산적한 커뮤니케이션 갈등 문제를 해소하는 데 도움이 될 수 있기를 바랍니다. ●

차례

법률의 힘은 위대하다.

그러나 필봉(筆鋒)의 힘은 더욱 위대하다.

- 괴테

한국 언론인들의 스승, 우당 곽복산

•

이상철 | 중앙대 명예교수

스승과 멘토르 그리고 선생

스승과 유사한 말로는 선생, 멘토르가 있다. 일반적으로 선생 하면 유치원부터 초등학교, 중고등학교에서 가르치는 사람을 말한다. 이들을 교사라고도 한다. 그러나 선생은 이보다 더 폭넓게 쓰인다. 나는 대학에서 30년 가까이 학생들을 가르치고 지도했기 때문에 대학교수가 된 제자들이 많다. 대학교수가 된 제자들이 나를 부를 때 대부분의 제자들은 나를 "교수님"이라고 부른다. 그런데 몇몇 제자들은 나를 "선생님"이라고 부른다. 그런데 처음에는 의아하게 들렸으나 생각해 보니까 기분이 나쁘지는 않았고 더 다른 의미가 있다고 생각했다. 제자들이 학생일 때는 당연히 교수님이라고 불렀지만 자신이 교수가 되어 스승을 교수님이라고 부르는 것이 오히려 부담스러워 선생님이라고 부른다는 생각이 들었다. 따라서 더욱 존경한다는 뜻에서 선생님이라고 부를 수도 있다는 생각이 들었다.

스승과 멘토르는 우리가 일반적으로 쓰는 선생과는 차이가 있다. 스승이란 말도 초등학교 선생(교사)으로부터 대학의 교수에 이르기까지 폭넓게 쓰인다. 그러나 일반적으로 쓰이는 선생과는 달리 스승이나 멘토르는, 스승이나 멘토르와 학생(멘티) 간의 학문, 교육, 교양, 훈련 등을 중심으로 맺어진 밀접한 관계를 말한다.

인간은 사회적 동물이기 때문에 어느 누구도 홀로 성공하거나 위대해질 수 없다. 역사적으로 위대한 업적을 남긴 인물을 보면 예외 없이 훌륭한 스승 겸 멘토르가 있었기 때문에 가능했다.

알렉산더 대왕은 기원전 3세기에 활동한 인물이다. 그는 페르시아와 이집트 그리고 인도 접경까지 점령해 고대 그리스 역사상 가장 넓은 영토를 차지한 인물이다. 그는 그리고 역사상 최초로 세계적인 명사와 영웅의 칭호를 받은 인물이다. 그는 그리스뿐 아니라 점령지에서도 훌륭한 통치(good rule)를 했기 때문에 후세의 왕과 군주들에게도 롤모델이 됐다.

이런 알렉산더 대왕의 인격 형성과 훌륭한 통치는 멘토르 겸 스승인 아리스토텔레스의 지도와 조언 덕분이었다. 스승인 아리스토텔레스는 제자인 알렉산더에게 그리스의 전통과 예절, 문화 그리고 그리스 신화 등을 철저하게 가르쳤다. 알렉산더는 호메로스가 쓴 고대 그리스 문학의 가장 오래된 서사시인 『일리아드(Illiad)』에

매료돼 이 책을 자신의 베개 밑에 깔고 잠을 잔 것으로 유명하다.

자연주의 철학자인 헨리 데이비드 소로의 시민불복종사상(civil disobedience)은 20세기 간디, 넬슨 만델라, 마틴 루터 킹, 톨스토이, 헤밍웨이, 한국의 법정스님 그리고 전 세계적으로 수많은 사회운동가들에게도 많은 영향을 미쳤다. 시민불복종사상의 핵심은 국가의 부도덕하거나 부당한 일을 개인에게 강요해서는 안 되며 시민은 그러한 국가의 부당한 강요를 거부할 권리를 지닌다고 했다. 소로가 이 글을 쓰게 된 동기의 일부는 시민정부의 부도덕한 노예제도와 부당한 전쟁(멕시코 전쟁, 1846~48)에 대한 혐오 때문이라고 했다.

헨리 포드의 자동차 발명(1908)은 그의 멘토르인 발명왕 에디슨 때문에 가능했다. 포드(1863)가 16세 연상인 에디슨(1847)을 만나 자신감과 격려를 통해 자동차를 발명하기 전까지는 어느 누구도 그를 격려해 주지 않았다. 그 전까지는 어느 누구도 포드의 구상이 좋은 아이디어라고 말한 적이 없다. 포드는 거듭되는 부정적인 반응 때문에 자동차에 대한 꿈을 접을 생각까지 했다.

이런 절망적인 상태에 빠졌던 포드는 에디슨을 만나 격려와 확신에 찬 칭찬의 말을 들은 것이 그의 인생에 전환점이 됐다. 에디슨은 포드의 자동차 발명에 대한 구상을 듣는 순간 그를 격려했을 뿐 아니라 그에게 확신과 신념을 불어넣어 주었다. 에디슨은 포드의 자동차에 대한 구상을 듣자마자 얼굴이 환하게 빛났고 주먹으로 탁상을 치며 "당신은 이미 해냈다(you've got it)"고 격려와 신념을 불어넣어 주었다.

내가 미국의 대학에서 유학할 당시 나는 나의 지도교수였던 에드윈 에머리와 같이 5년간 동고동락하는 사이였다. 그는 한 학기에 적어도 두세 번 이상, 자신이 지도하는 원생들을 집에 초대해서 식사도 하고, 때로는 함께 식사한 후 그의 집 지하에 있는 넓은 서재에서 수업(세미나)을 하기도 했다. 한번은 그의 서재에서 세미나 수업을 하는데 에머리의 부인인 메리도 함께 참석해 세미나 도중, 다른 원생들과 같이 자연스럽게 세미나 주제에 관해 자신의 의견을 말하는 것이었다. 처음에는 의아하게 생각했으나 그 후 시간이 지나면서 가장 기억에 남는 의미 있는 세미나였다는 생각을 하게 되었다.

사람은 누구나 스승이 있으면 제자가 있게 마련이다. 나는 1981년부터 중앙대학교 신문방송학과 교수로 부임하여 27년간 재직하면서 14명의 박사학위 제자를 배출했다. 내가 은퇴한 지 2018년 현재 10년이 지났지만 아직도 가깝게 지내는 제자가 있어 매우 행복하다. 나는 신문방송학과 교수가 된 지 1년 후인 1982년부터 대학원에서 학생들을 지도하기 시작했다.

나의 스승, 곽복산

우당(牛堂) 곽복산(郭福山, 1911~1971)은 일본이 한국을 합병한 지 1년 후인 1911년 전남 목포에서 아버지 수천과 어머니 김수경의 장남으로 태어났다. 어려서 어버이를 잃고 5세 때부터 전북 김제읍

곽복산 선생

의 한 서당에서 한문과 한글을 읽히며 유년시절을 보냈다. 그후 기독교계의 사립학교인 영신학교와 소성의숙에서 보통학교 과정을 마쳤다.

보통학교를 마친 후 15세 때인 1925년 일본으로 건너가 와세다 대학의 중학교 과정을 마치고, 2년 후인 1927년 4월에 귀국했다. 귀국 후 동아일보의 지방 주재기자로 일하게 됐다. 2년간 지방 주재기자로 일하면서 열정과 패기만 가지고는 기자로서의 소명을 다할 수 없다는 것을 절감해 다시 일본으로 건너가 공부를 계속하기로 마음을 먹었다.

그는 다시 일본으로 건너가 20세 때인 1931년 일본 대학입학 자격 시험에 합격했다. 일 년 후인 1932년 와세다대학의 정치경제학과에 입학했다. 그러나 그는 2년간 와세다대학을 다니다가 중퇴하고 같은 해에 상지대학(소피아 대학)의 신문학과(3년 과정)에 제1기로 입학해 1935년 졸업을 했다.

곽복산은 상지대학을 졸업한 그해 그 대학 연구실에서 잠시 근무한 뒤 1935년 동아일보에 다시 입사했다. 곽복산은 상지대학을 졸업하기 전인 1934년 10월 6일부터 16일까지 3회에 걸쳐 동아일보에 "신문의 과학적 연구에 대하여"라는 글을 게재하기도 했다.

그는 동아일보가 일본 총독부에 의해 강제 폐간될 때까지 (1935~1940) 열정과 자부심을 가지고 기자 생활을 했다. 그는 동아일보가 강제 폐간되자 매일신보 사회부기자로 1945년 해방이 될 때까지 일했다. 곽복산의 심적인 고뇌가 있었다면 동아일보가 강제 폐간되자 총독부 기관지인 매일신보에서 기자생활(1940~45)을 한 것이었을 것이다.

1945년 8월 15일 일제의 항복으로 해방이 되자 곽복산은 동아일보 복간 준비위원이 됐다. 그해 12월 동아일보가 복간이 되자 사회부장 겸 논설위원이 됐다. 그 후 그는 한국전쟁(1950~53) 때 제주로 피난을 가서는 제주신문 주필을 역임했다. 곽복산은 제주신문 주필 당시 부정축재 폭로 사건으로 1개월간 옥살이를 하기도 했다. 그리고 그는 부산 피난시절인 1952년 3월 동아일보에 3번째 입사해 다음 해 4월까지 1년 동안 동아일보의 편집국장 겸 논설위원(1952. 3.~1953. 4.)을 역임했다.

그리고 곽복산은 1945년 해방이 되던 해부터 언론인 교육과 언론학에 대한 학문적 구상을 했다. 그가 처음 구상한 것은 독일 라이프치히 대학의 신문연구소(1910)나 일본 동경대학의 신문연구실(1929)과 같이 대학에 신문연구소를 두고, 신문에 대한 학문적 연구와 기자 교육을 한다는 것이었다.

이를 위해 곽복산은 1946년 1월 조선신문연구소를 창립했다. 그러나 연구소는 거의 1년간 실질적인 활동을 벌이지 못하다가 그 해 12월 5일 신문과학연구소라는 이름으로 정식 발족했다. 그러나 신문과학연구소 역시 제대로 활동을 하지 못해 무산되고 말았다. 그 이유는 실질적 책임자인 곽복산이 구상한 신문과학연구소가 독일의 신문연구소나 일본 동경대학의 신문연구실을 모델로 했던 자체가 무리였다는 것을 알 수 있다.

조선신문학원은 이 같은 시대적 상황에서 설립됐다. 곽복산은 원래 계획했던 신문연구소와 신문과학연구소가 제대로 활동을 하지 못하자 1947년 2월 18일 자로 미 군정청 학무국으로부터 조선신문학원으로 인가를 받아 비로소 한국에서 최초로 본격적인 언론학 교육사업을 벌이기 시작했다. 조선신문학원은 초대 원장인 곽복산이 운영했으나 연희대학교 백낙준 총장, 새한민보 설의식 사장, 홍종인을 비롯해 현역 중진 언론인들과 여러 대학의 교수들이 참여했다.

언론학 교육 사업의 시작

조선신문학원의 교과내용은 우선 실무와 관련이 있는 신문윤리, 신문의 명예훼손, 편집권 문제 등을 가르쳤다. 그리고 신문기자의 자질과 교양에 필요한 정치, 경제, 법률, 역사, 철학, 노동 문제 등

광범위한 인문, 사회분야까지 포함해 가르쳤다.

이 신문학원은 1947년 3월 초 처음으로 6개월 과정의 학생을 모집했는데 입학자격을 대학 졸업자 또는 졸업 예정자로 규정한 것을 보면 현재 우리가 생각하는 단순한 학원의 성격이 아님을 알 수 있다. 당시 1기 6개월 과정에 응시한 학생은 30명 모집에 170명(6대1)이었다. 이를 보면 당시 신문에 대한 관심과 기대가 매우 컸다는 것을 알 수 있다.

학생들은 6개월 중 2개월은 신문사와 통신사에 배치해 실습 훈련을 받았고, 실습에 나갔던 학생들은 대다수가 그 언론사에 그대로 머물러 기자로 채용됐다. 2기부터는 수업시간을 1년으로 연장했고 50명 정원에 300명이 지원했다. 1기 원생들은 중앙여고(황신덕)에서 수업을 했고 2기부터는 을지로 2가 산업경제신문사 2층 강당에서 실시했다. 1948년 가을학기부터는 본과 1년, 연구과 1년(본과 수료자의 입학)으로 학제를 대학원 수준에 이르도록 했다.

1950년 한국전쟁(1950. 6. 25.~1953. 7. 27.)으로 조선신문학원 운영이 일시 중단되기도 했으나 부산 피난시절에도 교육은 다시 계속됐다. 1950년 6.25전쟁이 일어나기까지 6개월 과정의 전수과와 1년 과정의 본과생을 4기까지 배출했다. 조선신문학원은 부산 피난시절인 1952년 서울신문학원으로 명칭을 변경했다. 1953년 서울 수복 후에는 신문학원에 신문보도 외에 신문영어과와 신문사진과를 신설했다. 그리고 기성기자 재교육을 위한 신문기자 아카데미 강좌와 전국 지방기자 강좌를 실시했다.

그러나 시대적 상황이 급격히 변함에 따라 1950년대 중반부터 신문학원도 쇠퇴하기 시작했다. 여기서 시대적 상황이란 언론사가 기자 채용에 있어서 시험을 통한 공개채용을 시작했을 뿐 아니라 신문학을 가르치는 대학이 늘기 시작했고, 1950년대 말에 시작된 대학의 신문학과는 1960년대 초부터 본격적으로 증가하기 시작했다. 이런 시대적 상황의 변화로 인해 학위도 없고 언론사 취업에 도움도 되지 않는 신문학원 시대는 마감을 할 수밖에 없었다.

최초의 신문학과를 설립하다

이러한 시대적 상황을 통찰한 곽복산은 1954년 홍익대학에 한국 최초의 신문학과를 설립했다. 그는 초대 주임교수로 임명됐고 국내 최초의 신문학 교수가 됐다. 그러나 홍익대학의 신문학과는 1960년 문교부의 대학설치기준 미달로 폐과됐다.

그러나 곽복산은 홍익대학에 신문학과를 창설할 무렵부터 중앙대학에서 신문학을 강의했다. 이를 토대로 그는 1957년 국내에서 두 번째로 중앙대학교 법정대학에 신문학과를 설립해 초대 주임교수가 됐다. 최초로 설립된 홍익대학의 신문학과가 폐과됐기 때문에 중앙대학의 신문학과가 실질적으로 최초의 신문학과가 되었다. 그리고 곽복산은 1969년 중앙대학에 신문방송연구소를 설립해 초대 소장을 역임했다.

중앙대학교의 법정대학에는 신문학과를 포함해 법학과, 행정

학과, 정치학과가 있었다. 당시 나는 법학과에 다녔기 때문에 신문학과가 생소하지는 않았고, 신문학과의 몇몇 학생들과는 가깝게 지내기도 했다. 그러나 신문학과의 전공과목 강의를 들을 기회가 없었다.

하지만, 나는 1962년 대학 1학년 때부터 중대신문 자매지인 영자신문, 중앙헤럴드(Chung-ang Herald)에서 학부의 수습기자, 기자, 편집부장을 거치고, 1974년 미국으로 유학을 갈 때까지는 편집국장(4대) 겸 총장실 비서직을 겸했기 때문에 나의 전공이었던 법학과는 점차로 거리가 멀어지고 신문학에 가까워지게 되었다.

그리고 내가 영자신문에서 수습기자 딱지를 막 떼고 기자 활동을 시작할 무렵인 1964년에 곽복산은 중앙대학의 신문학과에 국내 최초로 대학원 석사과정을 개설했다. 나는 법학과에 다닐 때 신문학과도 같은 대학에 소속돼 있었기 때문에 곽복산 교수를 알고는 지냈으나 그가 가르치는 과목의 강의를 들었거나 직접적인 교류는 없었다.

내가 곽복산 교수와 직접적인 교류를 맺게 된 것은 1966년 법학과를 졸업하고 신문학 석사과정에 입학하면서부터였다. 나는 학부에서 법학을 전공했기 때문에 신문학과 교수와 과내 분위기는 전혀 알지 못했다. 당시 신문학과에는 곽복산 교수 외에 최준과 임근수 교수가 있었다.

내가 신문학 석사 과정에 입학할 당시에 임근수 교수는 『신문발달사』를 저술해 주로 외국 신문의 역사에 관심이 많았고, 최준

『신문학개론』 서울신문학원, 1955

교수는 『방송론』을 저술해 방송에 관해 관심이 많았고, 곽복산 교수는 『신문학개론』을 저술해 신문에 관해 관심이 많았다고 생각되었다.

나는 1962년 대학 1학년 때부터 1966년까지 대학의 영자신문에 종사하면서 취재, 기사작성, 편집 등 신문의 제작과 인쇄, 국내외 발송(설립자 겸 총장인 임영신 박사의 해외 친지, 유명 인사 그리고 다수의 대학신문사) 등 대학신문에 관한 모든 것을 해 왔기 때문에 자연스럽게 곽복산 교수를 지도교수로 정하게 되었다.

내가 1966년 신문학 석사과정에 입학할 때는 국내 대학에 석사과정을 개설한 학교가 별로 없었기 때문에 중앙대학교에는 다른 대학 출신도 적지 않았다. 이들 중에는 고려대학을 졸업한 곽한식, 연세대학을 졸업한 송복 등이 있었다. 그러나 1968년 서울대학의 김규환 교수가 국내 최초로 신문대학원을 설립하자 곽한식과 송복은 서울대학교 신문대학원으로 적을 옮겼다. 그 후 송복은 서울대학교 신문대학원을 졸업하고 하와이 대학에서 박사학위를 받은 후 귀국해 연세대학교 사회학 교수로 자리를 잡았다.

학문적 스승을 넘어 멘토르 형, 스승과 같은 곽복산

곽복산 교수의 외모와 성격 그리고 인격에 대하여 당시 동료 교수였던 최준 교수는 이런 말을 했다.

"우리나라 신문학 교수 제1호인 우당 곽복산은 어느 모로 보나 훤칠하게 키도 크고, 시원스럽게 잘 생긴 호남형이었다. 그의 성격은 과묵한 편이었다. 그는 말하기보다는 듣기를, 대립보다는 타협을, 누구를 나무라기보다는 설득하기를 좋아했다. 곽복산은 한 마디로 대인관계에서 부드럽고 완만했기 때문에 그의 주변에는 언제나 많은 벗이 몰렸고 광복 이후 어려운 여건 하에서 신문학원을 꾸려갈 수 있었던 것도 바로 그의 그 같은 인품 때문이었다."

내가 본 곽복산 교수 역시 큰 키에 훤칠하게 잘 생긴 호감형이었고 말을 많이 하지 않는 과묵한 인품을 지니고 있었다. 그리고 그는 언제나 무엇을 조용히 생각하는 형이었다. 곽복산 교수는 평소에도 검고 짙은 선글라스를 끼고 다닐 정도로 개성이 강하고 뚜렷한 분이셨다.

  곽복산 교수는 나에게 학문적인 스승의 수준을 넘어 멘토로 형, 스승이었다. 이와 관련해 곽복산 교수와 만나 그의 집에도 여러 번 초대를 받았고, 밥도 가장 많이 먹었고, 다방에서도 자주 만나 학문뿐만이 아닌 사적인 대화도 많이 나누었다.

그리고 그가 아마도 은퇴 후를 생각해 가평 인근에 마련한 밤나무 밭에도 같이 가서 밤도 많이 얻어먹었다. 내 기억으로는 밤나무 밭이 상당히 커 보였고 잠시 쉴만한 정자도 있었다. 나와 몇몇 제자들은 밤도 많이 얻어먹었을 뿐 아니라, 그와 매우 의미 있는 시간을 많이 가졌기 때문에 잊을 수 없는 추억으로 남는다.

한번은 정릉에 있는 그의 집에 초대됐을 때 그가 1947년 설립했던 "서울신문학원" 간판을 벽에 걸어놓은 것이 인상적이었다. 곽복산 교수는 집에 서울신문학원 간판을 걸어 놓을 정도로 애착이 강했다고 느꼈다.

그리고 그는 자신의 둘째 아들인 동성을 나에게 소개시켜 주었다. 곽 교수는 동성이 중앙고등학교를 졸업하고 재수를 하고 있다고 했다. 나도 일 년 재수를 하고 중앙대학에 들어왔기 때문에 재수의 고충과 번민을 충분히 알기에 동성에 대해 정이 많이 갔다.

동성은 다음 해에 중앙대학교 경제학과에 입학을 했다. 그리고 그는 1학년 때부터 나와 같이 중앙헤럴드의 견습기자, 기자, 편집부장을 지냈고 졸업 후에도 역시 비서실에서 함께 근무하다가 내가 1974년 미국으로 유학을 떠나자 5대 편집국장과 비서직을 겸했다. 동성은 그 후 미국에서 공부하고 돌아와 경영학부 교수를 역임했다.

곽복산 교수와 식사에 관해 잊지 못할 일화가 있다. 한번은 학교 교문 앞에 있는 중국식 음식점(영합)에서 찐한 검은 안경(선글라스)을 낀 곽복산 교수와 식사를 한 적이 있다. 우리는 짜장면을 시켰는데 당시 짜장면은 수타면이었기 때문에 면이 쫄깃쫄깃해 맛이 있었다.

나는 짜장은 남겨두고 면만 골라 먹었다. 나는 지금도 밥에 검은콩이 들어가 밥이 검게 보이면 별로 입맛이 당기지 않는다. 흰 면만을 골라먹는 것을 지켜보던 곽 교수는 "자네 진짜는 안 먹고 가짜만 먹으면 어떻게 하느냐"고 말했다. 이후부터 나는 짜장도 먹기 시작했다. 그러나 나는 지금도 검은 짜장을 별로 좋아하지 않는다.

나는 곽 교수가 초대해줘서 서울역 근처의 다방(월계수)을 난생 처음 가 보았다. 내가 대학원을 다니던 1960년대에는 다방이 흔치 않았기 때문이기도 하지만, 학생이 다방을 찾는 일은 거의 없었다. 당시 내가 곽 교수를 따라 다방에 처음 갔을 때 받은 인상은 교수나 문인 그리고 사회 지도층 인사들의 만남과 대화의 장소로 기억된다.

그 후부터 나와 곽 교수는 같은 다방에서 자주 만나, 나의 논문에 대한 지도와 조언도 해 주었고 과거 곽 교수 생애에 대한 이야기도 들려주었다. 그리고 나의 논문에 대한 이야기도 나누었다. 곽 교수는 "자네는 학부서 법학을 전공했으니 이와 관련된 논문을 쓰는 것이 어떠냐"고 조언도 해 주었다.

그래서 나는 논문 제목을 '언론의 사회적 책임에 관한 연구'에 관해 쓰기로 했다. 곽 교수는 또한 나의 논문이 생각보다 늦어지자 "논문이 별거냐"면서 나를 격려해 주었다. "논문이 별거냐"라는 말은 논문을 아무렇게나 써도 된다는 말은 아니고, 너무 어렵게 생각하지 말고 쉽게 생각해 빨리 쓰라는 말이었다. 나는 이후 스승이란 제자에게 단순히 지식이나 기술을 전수하는 단순한 전달자가 아니라, 제자가 학문과 관련해 할 일을 일깨워주고 이를 이행하도록 용기를 심어주는 조언자라는 것을 깨닫게 되었다.

나는 1966년 학부를 졸업하고 대학원에 입학했기 때문에 정상적인 경우 4학기 째인 1967년 말(11월)이면 논문을 끝내야 했다. 그러나 나는 비서실 근무와 영자신문의 편집국장직을 맡고 있었기 때문에 바쁘다는 핑계로 논문 쓰는 것을 미루게 되었고, 결국 거의 포기상태였다.

내가 논문 쓰는 것을 미룬 또 다른 이유는 곧 유학을 준비하고 있었기 때문에 필요성을 그다지 느끼지 못했기 때문이기도 했다. 그러나 곽 교수의 끊임없는 격려와 "논문이 별거냐"면서 재촉도 하고 격려도 하면서 용기를 불어넣어 주었기 때문에 나는 논문을 마칠 수 있었고 지금도 이에 대해 감사하게 생각한다.

이 결과 1년 반(3학기)이나 늦게 논문을 마칠 수 있었다. 나는 가끔씩 당시를 생각하면 기쁘고 행복하다. 왜냐하면 시작이 있으면 끝이 있어야 하는데 끝을 맺지 못했다면 지금 얼마나 아쉽고 후회스러울까 하는 생각때문이다.

그런데 논문심사가 있기 바로 수 일 전 지도교수인 곽복산으로부터 갑작스럽게 전화를 받았다. 전화내용은 최준 교수(방송학)가 "자네 논문은 최준이 아니면 절대 통과시키지 못한다"고 하니 당장 지도교수 이름을 바꾸라

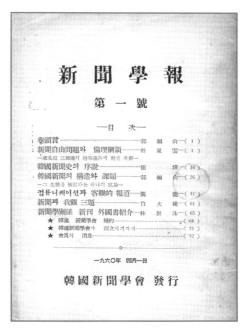

新 聞 學 報

第 一 號

一 目 次 一

卷頭言 ────── 郭 福 山 ─(1)
新聞自由問題와 倫理綱領 ─── 朴 東 雲 ─(1)
　─東北亞 三國關의 特殊條件에 對한 考慮─
韓國新聞史의 序說 ─────── 根 據 ─(16)
韓國新聞의 構造와 課題 ──── 郭 福 山 ─(26)
　─그 生態를 檢討하는 하나의 試論─
컴뮤니케이션과 客觀的 報道 ─── 張 龍 ─(41)
新聞과 我觀 三題 ─────── 白 大 鎭 ─(61)
新聞學關係 新刊 外國書紹介 ── 林 根 洙 ─(65)
★ 韓國 新聞學會 規約 ──────────(68)
★ 韓國新聞學會가 創立되기까지 ──────(71)
★ 會員의 消息 ──────────────(72)

一九六〇年 四月一日

韓國新聞學會 發行

곽복산 선생 주도하에 발행된 「신문학보」 제1호, 1960

는 것이었다. 그래서 부랴부랴 지도교수를 최준으로 바꾸어 석사학위를 받게 됐다. 석사학위 심사위원은 곽복산, 최준, 박유봉(한양대)였다.

추측컨대 당시 석사학위 후보가 몇 명에 불과했는데, 모두 곽복산을 지도교수로 정했기 때문에 일어난 해프닝으로 생각된다. 중앙대학교 신문학 석사 1호는 당시 중대신문 편집국장이고 신문학과 강사이던 최진우였다. 그 다음으로 리대룡(중앙대 광보학과 창설 및 초대 주임교수), 김종완 그리고 본 연구자가 석사학위를 받았다.

곽복산 교수는 자신의 생애에 있어서 동아일보에 대한 애정이 남달랐다. 그는 일장기말소 사건으로 동아일보가 무기정간을 당했다가 복간되자 자신이 낳은 5명의 자녀를 집안의 돌림자가 아닌 동아일보의 동자를 돌림으로 해서 지은 것을 아주 자랑스럽게 이야기했다. 그리고 그는 만날 때마다 동아일보 시절의 이야기를 많이 했다. 이는 어떻게 보면 평범한 일 같지만 곽복산 교수같이 개성이 뚜렷하고 확실한 신념이 없이는 누구도 흉내 낼 수 없었을 것으로 생각된다. 그리고 그는 작고하기 얼마 전 "내가 세상을 뜨게 되면 동아일보는 나에 관한 기사를 사진과 함께 크게 다루어 줄 것"이라는 말을 할 정도로 동아일보에 대해 애정이 강했다.

곽복산은 그 후 얼마 안 있다가 1971년 12월 24일 한낮에 중앙여고에서의 강연 도중 쓰러져 바로 세상을 하직했다. 그리고 이 사건은 곽복산 교수가 한국서 최초로 언론인 양성을 위한 조선신문학원을 얼마나 중요시했는지 알 수 있는 사건이었다. 중앙여고는 바로 곽복산 교수가 1947년 조선신문학원을 개설했을 때 교장인 황신덕의 배려로 1기생 수업을 한 곳이었다.

추운 날씨와 평소 앓던 혈압에도 불구하고 곽복산 교수는 황신덕 교장의 부탁을 받고 강연을 하던 도중 쓰러졌다. 그 자리에서 쓰러지자 종이쪽지 한 장에 "한국신문학의 발생지는 바로 중앙여고의 한 교실이었다"고 적어 놓은 채 숨을 거두었다.

나는 곽복산 교수가 숨을 거두던 날을 잊지 못한다. 이날은 크리스마스 전날이었다. 곽복산 교수는 그날 중앙여고로 강연을 하러 출근을 했고 그의 둘째 아들인 곽동성은 직장인 중앙대학교 비서실로 출근을 했다.

나도 곽동성과 같이 비서실에 같이 근무를 했기 때문에 이 일을 잊지 못한다. 그날은 크리스마스 전날이고 해서 오전에만 일을 한 것으로 기억된다. 오후쯤 동성이 아버지가 중앙여고에서 강연 도중 졸도를 했는데 "동성"을 찾을 길이 없다는 전화가 여러 군데서 나의 집으로 걸려왔다. 당시는 지금 같이 핸드폰이 없었기 때문에 집에 전화 연락을 하지 않으면 그가 어디 있는지 알 수가 없었던 때였다. 다음 날 아침 곽복산 교수 댁으로 문상을 하러 갔을 때 당시 곽 교수의 장남인 곽동일은 모 대학 신경과 교수였는데 노화와 신경세포에 관한 이야기를 많이 한 것으로 기억된다.

곽복산 교수의 마지막 업적은 『언론학개론』(편저, 1971)이었다. 그러나 『언론학개론』은 그가 급서한 다음 날인 12월 25일에야 제본이 끝났기 때문에 저자 자신은 책 구경도 못한 채 눈을 감고 말아서 많은 아쉬움을 남겼다. ●

한국 언론사 연구의 시작, 야농 최준

•

정진석 | 한국외대 명예교수

투쟁과 수난의 언론사를 조망하다

우리나라 언론사 연구의 개척자가 야농(野儂) 최준(崔埈, 1913~1995) 선생이라는 사실에 이의를 달 사람은 없을 것이다. 그가 남긴 불멸의 업적인 『한국신문사』는 투쟁과 수난을 통한 언론의 성장과정을 역사적으로 조명한 독창적인 역저였다. 『한국신문사』는 4.19 한 달 전인 1960년 3월에 출간되었는데, 독보적인 권위를 지니고 판을 거듭하면서 언론사 연구의 길잡이 역할을 수행했다. 언론사 관련 또 다른 저서로는 『한국신문사논고』(일조각, 1976)와 『방송론』(일조각, 1965)도 있지만 주저는 역시 『한국신문사』였다.

　야농 선생은 1913년 11월 3일 서울 효제동에서 부친 최기선(崔箕善)과 모친 김아지(金阿只)의 장남으로 태어났다. 1940년 5월 27

일 윤성윤(尹星允)과 결혼하여 슬하에 1녀 2남을 두었다. 언론학 연구는 1939년에 일본으로 건너가(최준, 「나의 한국신문사 연구회고」에서는 1937년에 도일했다고 썼다.) 메이지대학 법학부 신문고등연구과에서 공부할 때부터였다. 태평양전쟁 무렵인 1942년 3월 25일에 졸업했다.

광복 직후 혼란기인 1945년 10월 1일 야농 선생은 한국신문사 연구의 첫발을 내디뎠다(최준, 『한국신문사』, 서문, 일조각, 1960). 이때 그는 언론인 김을한(金乙漢)이 운영하는 국제문화협회(종로 YMCA 2층 사무실)에서 근무하기 시작했다. 신문 수집가 오한근(吳漢根)을 만나 자료를 공유하면서 언론사 연구에 박차를 가했고, 우이동에 사는 최남선(崔南善)을 찾아가 황성신문을 열람하기도 했다.

한때는 출판사를 운영할 꿈을 갖고 서울역 앞에서 친구인 이덕흥(李德興) 목사가 운영하는 맹인회관 라이트하우스의 방 한 칸을 빌려 '라이트서사(書舍)'라는 조그만 서점을 열고 주인 겸 점원 노릇을 하면서 대한출판문화협회가 출범했을 때에는 초대 위원으로 참여했다.

언론사 첫 논문은 『신천지』 1947년 2월호에 발표한 「한제국 신문의 대립상」이었다. 같은 해 4월에는 조선신문학원에서 강의를 맡으면서 언론학 활동을 처음 시작했다. 34살 때였다. 여러 종류의 신문 잡지사가 난립하고, 정치사회적으로는 좌우익의 대립이 격화되었던 혼란기에 야농 선생은 첫 논문에 이어 「기관신문의 운명」 (『신문평론』, 1947. 7.), 「조선의 필화 잡고(雜考)」(『신천지』, 1948. 2.)를 발표했다. 언론계를 직접 관찰하면서 집필한 글은 「해방 초기의 신문계」(『비판신문』, 1949. 5. 30.)였다.

1945년 8.15 광복 직후 미군정이 자유방임적 언론정책을 시행하자 숫자를 정확히 집계하기 어려울 정도로 많은 신문이 나타났지만, 경영부실로 사라지는 언론사도 많았다. 일제 치하에 한국인들에게는 신문 발행을 허용하지 않던 억압이 일시에 풀리자 그 반동으로 나타난 현상이라는 측면도 있지만, 정치적인 목적에서 발행되는 신문도 많았다. 특히 좌익과 우익으로 대립하며 정파를 대변하는 수준 낮은 언론이 대다수여서 사회적 혼란을 부채질하는 부작용도 컸다.

이 같은 상황에서 기자 양성과 언론학 연구를 목적으로 곽복산(郭福山)이 운영하는 조선신문학원이 설립되어 1947년 3월 초에 처음으로 6개월 과정의 '전수과' 학생을 모집했다(조선신문학원에 관해서는 정진석, 「기자양성의 요람 조선신문학원과 곽복산」, 『언론과 한국현대사』, 커뮤니케이션북스, 2001, pp. 471~538). 입학 자격은 대학 졸업자 또는 졸업 예정자로, 정원은 50명이었다. 일제 강점기부터 신문기자는 젊은이들에게 선망의 직업이었다. 3월 12일에 마감한 결과 지원자는 306명이었는데, 대부분 일류 대학에 재학 중이거나 출신자들이었다. 당시는 정규대학입시도 오늘날처럼 경쟁이 치열하지 않았던 상황을 고려하면 대단한 호응이었다. 정원 50명을 모집할 예정이었지만 결국 인원을 늘려 60여 명을 선발했다. 4월 5일에는 YMCA에서 개원식이 열렸는데 미군정장관 러치를 대리하여 브라운 소장이 축사를 했고, 공보부장 이철원을 비롯한 신문 통신사의 내빈이 다수 참석하여 새로운 출발을 축하했다.

조선신문학원 강의와 신문사 집필

야농 선생은 이 최초의 기자양성 기관인 조선신문학원에서 6.25 전쟁이 일어난 1950년까지 언론사를 강의하면서 연구를 병행했다. 하지만 광복 직후에 집필을 시작한 『한국신문사』는 햇빛을 보기까지 언론의 수난사와 비슷한 파란곡절을 겪어야 했다. 1949년 무렵에 탈고한 380쪽짜리 원고를 소공동 경향신문 자리에 있던 대건인쇄소에서 4*6판으로 조판까지 마친 것은 1950년 4월이었다. 하지만 책이 나오기 직전 북한군이 남침하여 서울이 적의 치하에 들어가자 야농 선생은 3개월 동안 숨어 있다가 재교까지 본 교정쇄를 들고 간신히 부산으로 피난하여 이를 토대로 다시 집필을 시작했다. 자신이 운영하던 라이트서사도 이때 완전히 잿더미가 되고 말았다. 부산에서는 잠시 코리아 타임스 출판국장을 지내다가 유엔군 총사령부 민간정보국에서 전쟁포로의 사상교육을 위한 교재 편찬 편수관으로 참여했다. 그 후에는 도쿄로 건너가 근무했다.

　전쟁이 끝나고 1954년 가을, 일본에서 서울로 돌아온 야농 선생은 이듬해에 우리나라 최초의 언론학과인 홍익대학 신문학과 부교수가 되었다. 『한국신문사』는 1960년 2월 22일에 마침내 탈고하여 4.19혁명 한 달 전인 3월 20일에 발행되었다. 야농 선생은 이렇게 말했다.

"이 비저(鄙箸)는 한국의 신문이 걸어온 것과도 같이 매우 험상스러운 길을 밟고 난산 끝에 마침내 태양의 빛을 보게 되었다. 그 감회도 참으로 깊다."

『한국신문사』는 전제군주 시대에 필사신문(서한신문) 형태로 전파된 '조보'에서 언론사의 상한선을 잡았다. 조보를 전근대적 신문의 기원으로 규정하고 "오랜 역사와 전통을 가진 우리나라의 매스컴은 일찍이 전제군주 시대부터 그 싹이 움텄다. 따라서 당시의 신문 유사물을 에워싼 언론투쟁사 역시 한국 신문사의 한 페이지를 차지하는 것이라, 결코 소홀히 넘겨버릴 수는 없다"고 설명했다.

근대적인 신문이 등장한 이후의 한국신문사는 "한마디로 표현하여 피비린내 나는 투쟁의 역정(歷程)이었다"고 규정한다. "한국의 근대화 운동은 신문의 등장으로 비로소 본격화되었다. 보수에 대한 혁신, 사대(事大)에 대한 자주, 이러한 대결은 신문을 발판으로 과감히 전개되었다"고 지적하면서 군국주의 일본의 침략으로 식민지가 된 이후의 언론은 보수와 혁신을 뛰어넘어 침략주의에 용감히 도전하는 구국운동으로서 가열한 언론투쟁을 전개하게 되었다"고 말한다. 비판적인 언론사 연구자들은 이 같은 그의 역사 인식에 동의하지 않는 사람도 있다. 언론의 상업주의 경향, 침략자에 항거하지 못한 친일 논조가 존재하는 것도 사실이기 때문이다. 하

한국 언론사 연구의 개척자 최준 교수와 『한국신문사』를 들고 있는 정진석. 1993년 4월 22일자
국민일보 「참 스승을 찾아서」

지만 야농 선생의 『한국신문사』가 출간되던 무렵에는 한말 – 일제
강점기 – 광복 이후의 언론이 수난과 저항의 역사를 거쳤다는 평
가가 주류를 이루고 있었다.

　야농 선생은 "이 당시 한국의 신문은 오로지 침략주의의 배격
에 있었고, 신문기자는 모두 애국자였다. 참으로 한국 신문의 구호
는 애국과 독립 그것이었다"라면서도 이렇듯 치열한 한국 신문계
의 투쟁도 '한일합병'이란 일제의 압도적인 군사 행동에는 당할 도

리가 없었다고 설명한다. 식민지의 질곡 속에서 온갖 제약을 박차가면서, 한국의 현대화를 꾀한 신문의 업적은 찬연할 것이라고 서술했다. 한국의 신문사는 글자 그대로 민족의 투쟁사요, 근대사로부터 현대사를 꿰뚫는 민족 이면사이기도 하다는 평가였다. 또한 언론자유를 비롯한 출판·집회 및 결사의 자유를 부르짖는 언론 투쟁사였으며, 실로 온갖 자유와 해방과 독립의 전취 기록임에 틀림이 없다고 말했다.

주한 일본공사관 기록을 최초로 발굴하다

언론사에 관한 야농 선생의 이같이 긍정적 시각은 1960년 4.19 직전에 출간된 『한국신문사』의 서문에 남아있다. 10년 뒤인 1970년 3월에는 초판 신문사의 내용 일부를 수정하고 보완하여 출간한 증정판(增訂版)이 나왔고, 1990년 7월에는 신보판(新補版)을 발간했는데 30년 전 초판의 서문을 그대로 실었다. 언론사에 관한 시각은 달라지지 않았던 것이다. 『한국신문사』는 각 대학에 언론학과가 신설되고 연구자도 늘어나면서 적어도 10판 이상은 인쇄했을 것이다. 야농 선생은 책에 대해 강한 애착과 자부심을 가지면서도 한편으로는 미진하다는 생각도 품고 있었다. 1970년에 출간한 증정판 서문에는 "원래 편년사(編年史)식으로 쓴 것이라 저자 자신도 여러 가지로 못마땅한 바가 있어 아예 처음부터 다시 쓸 생각이 간절하였다"라고 밝히면서 "이 저서는 나의 주 전공에 속하는 것이니만큼 학문적인 성장과 더불어 역시 근본적으로 다시 쓰겠다는 생각에는 변함이 없다"라고 고백했다. 증정판으로도 흡족하지 않았던 것이다. 하지만 근본적으로 다시 쓰겠다는 다짐은 이루지 못한 채 세상을 떠났다.

1976년에 출간한 『한국신문사 논고』는 30년 동안 발표한 언론사 관련 논문 14편을 모은 논문집이다. 시기적으로는 조선왕조 때부터 8.15 광복까지로 한정되어 있지만 언론사 연구에 더욱 원숙한 논문으로 평가할 수 있다. 그 가운데 가장 많은 분량은 군국주의 일본의 식민통치 기간이다. 논문의 제목은 다음과 같다.

1) 언론전개의 변천 과정고(過程考)
2) 『한성순보』에 대한 고찰
3) 『한성순보』의 뉴우스원(源)에 대하여
4) 고종시대의 커뮤니케이션 형태의 고찰
　 ─특히 『독립신문』과 독립협회시대를 중심으로 하여
5) 『독립신문』 판권과 한·미 교섭
6) 국채보상운동과 프레스 캠페인
7) 양기자 구속을 에워싼 영·일 간의 외교 교섭
8) 을미(乙未) 망명자의 나환(拿還) 문제
　 ─한·일 양국 간의 외교 분쟁
9) 일진회의 언론활동 분석
　 ─동회(同會) 선언서 및 합방 성명서를 중심으로
10) 군국 일본의 대한(對韓) 언론정책

－언론 유형상의 절대주의형

11) 교포 신문과 일본의 침략정책

　－주로 한제말(韓帝末)의 언론투쟁을 중심하여

12) 일인계 국문판지의 유형고

　－한제국 시대의 신문의 일 형태

13) 3.1운동과 언론의 투쟁

14) 식민통치 시대의 언론투쟁

　－그것은 항거의 표상

위의 논문 가운데 여러 편이 국사편찬위원회에 소장된 『주한일본공사관 기록』을 처음으로 발굴 소개하여 집필한 내용이다. 자신의 대표적인 논문이 「군국 일본의 대한(對韓) 언론정책」이라고 야농 선생은 서문에 썼다. 이 논문은 1961년에 『아세아연구』(제2권 7호, 1961)에 발표했고, 이듬해에는 「양기자(梁記者) 구속을 에워싼 한일 간의 외교 교섭」(『국제법학논총』, 제7권 1호, 1962)을 발표했는데, 「양기자 구속…」의 첫 번째 각주에 "이 자료가 처음으로 공표되는 귀중한 문헌"이라고 밝혔다. '양 기자'는 대한매일신보 총무이자 독립운동가 양기탁(梁起鐸)을 말한다.

　나는 그 두 논문에 인용된 일제의 원본 자료를 직접 확인해 보고 싶은 마음에서 남산에 있던 국사편찬위원회로 찾아갔다. 당시의 국사편찬위원회는 원래는 KBS 건물이었고, 그 후 국토통일원이 되었던 건물 옆에 있었다. 거기에서 나는 「대한매일신보 배세루」라는 제목으로 편철된 문서들을 찾아볼 수 있었다. 일본 외무

성이 편찬한 『일본외교문서』 1907년(제40/1책)과 1908년(제41/1책)에는 「재한 영인기자 배설처분 1건(在韓英人記者ベセル處分1件)」이 독립된 항목으로 분류되어 있을 정도로 큰 비중을 차지하는 외교 현안이었다. 그 후 나는 대한매일신보와 발행인 영국인 배설(裵說, Ernest Thomas Bethell) 연구를 진행하면서 대한매일신보 국한문판(1904~1910) 6책과 한글판(1907~1910) 4책을 영인하는 작업을 수행하였고, 나의 대표 저작 '대한매일신보와 배설'(1987)은 한국, 일본, 영국의 관련 자료를 찾아내어 집필하였는데 이 연구의 계기도 야농 선생 논문의 영향을 받은 것이다.

최초의 언론학 교수

야농 선생은 국내 최초의 언론학 교수 중 한 사람이었다. 1954년 3월 홍익대학에 신문학과가 개설되어 체계적인 신문학 교육이 시작되었을 때에 주임교수는 곽복산이었고, 이듬해에 임근수(林根洙), 김광섭(金光涉)과 함께 야농 선생도 전임으로 부임했다. 김광섭은 언론 현업을 겸하고 있다가 곧 학계를 떠나 언론계로 돌아갔고, 곽복산(1911. 1. 30.~1971. 12. 24.), 임근수(1916. 5. 1.~1979. 1. 21.) 두 교수는 정년 이전에 사망했는데, 야농 선생은 가장 오랫동안 후진 양성과 언론사 연구의 개척자로 활동하다가 1979년에 정년퇴직하였다. 앞서 1962년에는 홍익대 신문학과가 문을 닫으면서 중앙대학교 교수로 옮겨 정년퇴직 때까지 근무했다. 교수 재직 기간에는 대외활동도 계속했다. 중요 경력은 다음과 같다.

1959년 6월 30일 신문학회 창립 이사
1960년 10월 20일 서울시 문화위원 언론분과위원장
1961년 1월 20일 국제방송국 방송자문위원회 전문위원
1963년 8월 25일 공보부 공보자문위원회 방송분과위원
1964년 4월 13일 신문윤리위원회 위원
1966년 4월 27일 의양언론문화재단 이사
1967년 1월 28일 한국신문회관 이사
1968년 4월 25일 서울중앙YMCA 교육부 위원
1971년 1월 30일 서울시 문화위원회 심사위원(언론부문)
1979년 2월 28일 국민포장 받음

1971년 5월에는 한국언론학회 제3대 회장에 선출되어 1973년 4월까지 재임했는데 초대 회장 곽복산(1959. 6. 30.~1969. 5. 24.)에 이어 2대 회장은 김규환(1969. 5. 27.~1971. 5. 27.)이었다. 정년퇴직 때 중앙대학교는 명예문학박사 학위를 수여했다. 그는 언론학 교수로는 국내 첫 번째로 정년퇴직을 맞은 것이다.

정년퇴직 후 한국 언론사를 완전히 새로 쓰겠다는 각오로 관훈클럽신영연구기금의 지원을 받았지만 집필이 뜻대로 되지 않아서 고민이 많았다. 언론사를 집필하기에는 체력이 따라 주지 않았던 것이다. 그래서 제7장 5.16 군사 쿠데타 이후 부분은 내가 집필하여 보충하고 이미 출간되어 있던 5.16 이전 부분은 자신이 수정

〈외국 언론에 비친 한국〉이란 주제로 열리는 전시에서 필자(중앙)를 격려하는 최준(왼쪽) 교수, 1989

하여 출간한 책이 1990년의 신보판(新補版)이었다. 그는 『한국신문사』를 집필했지만, 내게는 『언론사』를 쓰도록 권유했다. 최준 시대에는 언론학으로 포괄되는 학문의 명칭을 신문학으로 불렀기 때문에 현재 '언론학회'로 바뀐 학회명도 당시에는 '한국신문학회'였다.

야농 선생이 가장 아쉬워하고 후회했던 부분은 언론사 내용 가운데 출전(出典)을 명확히 밝히지 않은 부분이 많다는 점이었다. 첫 출간 무렵인 1960년까지는 복사기를 이용하던 시절도 아니었고, 신문과 잡지의 영인본이 나와 있지도 않았다. 인터넷으로 고신문을 검색하는 일은 상상조차 할 수 없는 때였다. 몸소 도서관을 찾아다니면서 필요한 부분을 베껴 쓰거나 개인의 소장 자료를 빌려서 연구하지 않으면 안 되는 환경이었다. 그런 상황에서 『한국신문사』를 쓰는 데 얼마나 힘이 들었을지는 짐작하기 어렵지 않

최준(오른쪽) 교수와 안광식(이화여대) 교수. 프레스센터 정진석 교수 전시회에서, 1989

다. 책을 쓰던 1950년대와 비교하면 오늘날은 참으로 능률적이고
도 정확하게 언론사를 연구할 수 있는 여건이 마련되어 있다. 신문
잡지의 영인본, 복사기, 컴퓨터, 마이크로필름, 그리고 외국 자료의
손쉬운 이용과 같은 여러 혜택들을 야농 선생 세대의 연구자들은
활용할 수 없었다.

　오늘날은 대부분의 주요 신문과 잡지, 또는 주요 자료들이 영
인되거나 마이크로필름으로 촬영되었고, pdf 파일로 저장되어 있
으며 인터넷 검색도 손쉽게 이루어진다. 이전의 연구 성과를 힘들
이지 않고 이용할 수 있다는 것만으로도 얼마나 다행한 일인가.
그러니 오늘날과는 비교조차 되지 않는 열악한 여건 아래 야농 선
생은 언론사를 조망할 수 있는 토대를 닦아놓은 것이다. 선구자가
한 번 개척한 길을 뒤따라가는 일은 수월하다. 야농 선생의 책 가

운데도 가장 실감나는 부분은 광복 직후의 언론 상황이다. 이 시기의 서술은 바로 그 역사의 현장에서 언론사를 집필한 것이기 때문에 생동감이 있다.

원만한 대인관계, 조용만 교수와의 인연

내가 언론사 연구를 처음 시작하던 때 길잡이로 삼은 책은 야농의 『한국신문사』였다. 또 가장 가까이 사사한 분도 야농 선생이었다. 나의 언론사 연구가 사회적으로 어느 정도 인정받게 되자 나는 야농 선생의 학문적 후계자라는 소리를 듣게 되었는데 언론사 연구를 개척하신 분의 후계자라는 말이 송구스러울 따름이었다. 서울대학교에서는 임근수 교수로부터 석사논문을 지도 받았고, 이해창 교수가 이화여대에서 정년퇴직하신 후 그분이 담당했던 한국 언론사 강의를 이어받았으므로 우리나라 언론사 연구 1세대 학자들의 맥을 고루 이어받았다는 자부심도 있지만 무거운 책임감도 느낀다.

　야농 선생은 소탈하고 격의 없는 대인관계로 같은 연배와 후학들의 존경과 친근감을 한 몸에 받았다. 내가 아는 한 고려대학교 조용만(趙容萬, 1909. 3. 10.~1995. 2. 16.) 교수와 친근한 관계였고, 중앙대학교에서는 최창호 교수(영문학)와 가까운 사이였다. 조용만 교수는 일제 치하 매일신보의 학예부장을 지냈고, 광복 후에는 경향신문, 국도신문, 코리아 타임스의 주필을 역임한 언론인, 소설가,

최준(왼쪽) 교수, 조용만(가운데) 교수와 정진석. 런던대학으로 떠나기 직전에 수유리에 사시는 두 분 교수님과 함께 도봉산을 배경으로, 1985. 1.

영문학자였다. 1953년부터 고려대학교에 재직했는데 조용만, 최준 두 교수는 말년에 수유리 한 동네에 사셨기 때문에 나는 가끔 야 농 선생을 찾아가는 길에 조용만 교수님도 함께 근처 식당으로 모 시고 언론사와 관련된 이야기를 들었다. 1984년 내가 관훈클럽 사무국장으로 대한매일신보 한글판을 영인 작업하던 때에는 조용 만 교수께 부탁하여 그분의 주선으로 고려대학교 도서관에서 신 문 원본을 대출하여 4책 한 질의 대한매일신보 한글판 영인본을 만들었다. 영인본 발간 당시에는 조용만, 야농 두 교수님이 정년퇴 직하신 후였다.

　　1985년 정초 내가 런던대학교로 유학을 떠나기 직전에 수유리로 최준, 조용만 두 교수님을 찾아뵙고 도봉산을 배경으로 기념사진을 찍었을 때에도 두 분은 정정하셨다. 두 분은 영국에 있는 나를 격려하시는 편지를 보내 주셨다. 조용만 교수는 최준 교수 정년기념논문집에 「교수로서의 야농형」이라는 축사를 써주기도 했다.

정년퇴임 이전까지 야농 선생은 도봉구 수유동 단독주택에 오래 사셨는데, 퇴직 후 어느 땐가 인천시 북구 산곡동 현대아파트로 옮겨 사시다가 부인이 사망한 후에 성남시 분당구 서현동 시범단지 아파트로 옮겼다. 1993년 무렵부터 거의 1년 동안 연락이 두절되어 혹시 양로원에 기거하는 것은 아닌지 걱정스러웠다. 서울대 이상희 교수도 궁금하게 여기고 있었는데, 1994년 10월 31일에 이상희 교수께서 어떤 경로로 야농 선생의 전화번호를 입수했다는 연락이 왔다. 며칠 후인 11월 13일 이상희 교수 내외와 함께 김포공항 근처 공항동의 허술한 아파트에서 야농 선생을 뵈었다. 반갑게 맞이하는 야농 선생을 마지막으로 뵌 것이 이때였다. 선생이 말년에 여러 차례 주거지를 옮긴 것은 경제적인 이유 때문이었다.

조용만, 최준 두 교수님을 마지막으로 함께 뵌 때는 1992년 4월 7일과 열흘 후인 17일이었다. 퇴직 언론인 모임인 대한언론인회에서 『한국언론 인물사화』 편찬회의 때인데 편찬위원회에 두 분이 함께 참석하셨기에 회의와 식사가 끝난 뒤에 프레스센터 뒤편 무교동의 다방으로 모시고 가서 커피를 대접해 드렸다. 두 분은 1995년 같은 해에 타계하셨다.

야농 선생은 20세기 신학자 칼 바르트(Karl Barth)의 말을 신봉

하며 일생을 살았다고 한다. "한 손에는 신문을 들고 다른 한 손에는 성경을 가지고 살라"는 것이다. 그는 기독교 가문에서 태어나 유아세례를 받은 교인이었지만 기독교의 교리에만 집착하는 배타적인 교인은 아니었다. 그는 이렇게 말했다.

"나는 우연히도 칼 바르트가 지적한 신문과 성경 덕분으로 육십 평생을 살아왔고 밥을 얻어먹게 되었다고 말할 수 있다. 성경, 바꾸어 말하면 기독교에 의지하여 인생의 길을 방황하지 않고 걸어왔고, 신문학 연구를 통해 학문의 세계에서 오늘까지 살아온 것이다." ●

참고문헌

『야농 최준 교수 정년기념논문집』, 최준 교수 정년기념논문집 간행회, 1979. 8.
「나의 한국신문사 연구회고, 신문학 교수로서 처음 정년퇴직하면서」, 최준
『신문연구』, 1979, 봄
「참 스승을 찾아서」, 최준·정진석, 국민일보, 1993. 4. 22.
「언론사 연구의 개척자 최준」, 정진석, 대한언론인회보, 1995. 6. 1.

신문학을 위해 태어난 인물, 우범 이해창

•

안광식 | 이화여대 명예교수

우범(牛凡) 이해창(李海暢, 1916~1987) 교수는 신문학을 위해 태어났고 신문학 없이 존재할 수 없는 분이었다. 그와 같은 분의 학문적 열성과 노력이 없었다면 언론학에 대한 인식이나 그 존재 가치가 현재의 위치를 확보하지 못했을 것이다.

이해창은 1930년대 후반에 일본에 건너가서 당시 생소했던 신문학을 전공하고, 1940년대에는 신문사 기자 생활을 통해서 학문적 이론을 실제로 경험하는 한편, 학문의 이론과 현실적 실무 사이에서 생기는 괴리와 문제점을 연구 대상으로 하면서 해방 후 처음으로 신문에 관한 전문지 『신문평론(新聞評論)』을 발간했다.

그는 1950년대에 우리나라 대학에서 처음으로 신문학 과목을 개설, 강의하기 시작했으며 1960년대 이래 이화여자대학교에 신문학과를 창설, 대학에서 언론학 전공의 위치를 다져 놓는데 선구적

이해창 교수

역할을 수행했다.

"왜 당신은 신문학을 전공했느냐"는 질문을 받을 때마다 그는 언제나 "신문학 이외에는 하고 싶은 과목이 없기 때문"이라고 답했다고 한다. "시골에서 보통학교 선생 노릇을 하다가 일본으로 건너갔는데 새로운 학문을 전공해 보겠다는 의욕에서 신문학과에 입학하게 되었던 것"이라고 신문학 전공의 동기를 말한 적도 있다.

이해창과 신문학의 인연은 1939년 4월 일본 상지대학 신문학과에 입학한 것으로부터 비롯된다. 재학 시절에 전공 연구에 가장 큰 영향을 준 분은 일본의 석학 오노 히데오(小野秀雄) 교수였다. 이해창이 30년 후인 1972년에 연구자료 수집 차 다시 일본에 갔을 때 그가 은사와 나눈 대화의 핵심 역시 신문학에 관한 것이었다.

그는 1941년 12월에 상지대학을 졸업하고 귀국하여 조선신문(朝鮮新聞)의 기자로 활약했다. 그러던 중 제2차 세계대전 때 일제의 신문 통합 정책에 따라 1942년에 그 신문이 폐간되자 매일신보(每日新報)로 적을 옮겨 기자 생활을 계속했다.

해방 직전에는 일제의 정책을 못마땅히 여겨 가족과 함께 낙향하여 잠시 교편을 잡기도 했지만, 광복 후 다시 상경하여 한성일보(漢城日報)에서 사회부장까지 역임하면서 언론창달을 위해 헌신했다. 당시 동료 기자였던 조용만(趙容萬)은 우범 이해창 교수 회갑 논문집 「저널리즘 논고」에서 그의 기자 시절을 다음과 같이 회고했다.

"우범은 상지대학 재학 중에 그 대학에 권투부를 창설하고 스스로 주장이 되어서 활약했던 관계로 권투에 매우 자신이 있는 듯 싶어서, 만화뿐만 아니라 권투에도 실력이 있는 웅초(熊超) 김규택(金奎澤)과 편집국 안에서 자주 자웅을 겨루어서 전시 하에 있는 우리들의 무료와 정막을 깨뜨려 주던 것이 생각난다. 당시 그의 근무 태도를 보면 근면과 성실로 일관되어 있어서 상사와 동료의 두터운 신임을 받아왔고 특히 스포츠맨으로 라디오 보건 운동의 지휘자가 되어서 편집국 직원을 옥상에 모아 놓고 정오 라디오체조를 여행시키던 것을 기억하고 있다."

해방 이듬해부터 3년간 한성일보에서 이해창과 함께 일해 왔던 송지영(宋志英)은 "이해창은 외근 기자로 기사를 부지런히 썼고 나는 편집 기자로 그가 써 넘기는 기사를 받아 규격에 맞추어 판을 짜는 일을 해왔다"면서 "그 시절에도 이해창 교수, 아니 이해창 기자는 비교적 무뚝뚝하고 말씀이 적었으며 두드러지게 달랐다"고 옛날을 회상했다. "남들이야 뭐라고 떠들건 그 묵직한 걸음으로 편집국에 들어서면 일체 주위를 거들떠보지도 않고 원고 쓰기에만 열심이었다"고 평하면서 "기사를 써서 넘기고 나면 책을 읽는 시간이 많았고 주위가 정 시끄러우면 훌쩍 나가버리기 일쑤여서 도무지 아기자기한 맛이 없으면서도 어쩌다가 무거운 입을 열어 말을 꺼내게 되면 마디마디가 가볍지 않았다. 기자로서나 교수로서나 인간 이해창 형은 30년이 한결 같은 분"이라고 송지영은 이해창 교수 회갑기념 논문집에서 말했다.

이해창은 한성일보에서 바쁘게 기자 생활을 하면서도 신문 저널리즘에 관한 전문지 『신문평론』을 혼자서 창간하여 우리나라에서 올바른 저널리즘의 방향을 모색하는 데 분발했다는 것은 특기할 만한 일이다.

전문지 『신문평론』을 발간하다

해방 후 혼란스러운 사회적 여건 속에서 그리고 바쁜 기자 생활 중에서 『신문평론』이라는 전문지를 발간해야 하겠다는 발상이 도대체 어떻게 나왔을까. 아마도 그의 신문학 교육의 배경이 없었다면 그리고 이 나라의 저널리즘을 발전, 향상시켜야겠다는 의욕과 집념이 없었다면 당시 여건으로 보아 『신문평론』의 탄생은 불가능했을 것이다.

누가 시켜서 한 일도 아니요, 뜻있는 일을 스스로가 발굴, 개척한 그의 공로야말로 높이 평가하지 않을 수 없다. 원고 청탁부터 편집, 교정, 보급에 이르기까지 1인 10역을 감당하면서 제6집까지 발간해나간 것은 그의 근면과 성실, 그리고 집념과 더불어 저널리즘에 대한 애착심의 발로가 아니고 무엇이겠는가.

매일신보 시절에 인연이 깊었던 웅초(熊超)는 『신문평론』 매호 유머러스한 만화를 그려 그 전문지를 빛내 주었으며, 특히 『신문평론』에 실었던 한성일보 사장 민세(民世) 안재홍(安在鴻)의 『한국신문사』는 우리나라 최초의 신문발달사의 귀중한 문헌으로 남아 있다.

대학에서 신문학을 강의하다

이해창은 한 회고문에서 "해방이 되고 한국에도 대학이 생기고 젊은 학도들의 학문연구에 대한 열의가 비등했다. 점차로 신문학 분야에 대한 관심도 높아졌다. 이러는 동안 나는 신문학 연구의 필요성을 역설하기도 하고 신문 연구지의 발간을 시도하기도 했다. 그런데 나에게 신문 연구 추진을 권장해 준 두 분 선생이 있다. 그한 분은 이상백(李相佰) 박사(당시 서울대 문리대 사회학과장)이고 다른한 분은 이선근(李瑄根) 박사(당시 서울대 문리대 정치학과장)이다. 부산 피난 때 이 두 분은 서울대학교 문리과대학에 재임 중이었는데 문리대에 신문학 강좌를 두게 되었으니 강의를 담당해 달라는 것이었다. 이곳에서의 2년간의 신문학 강의는 나로 하여금 신문학 연구에 있어서 커다란 자극제가 되었던 것"이라고 쓴 적이 있다.

이해창은 6.25 전쟁 중인 1953년 4월부터 부산에서, 그리고 서울 환도 후 2년간 서울대학교 문리과대학에서, 우리나라에서는 아마도 최초로 신문원론과 현대신문론 등의 신문학 강의를 담당했다. 그의 강의는 저널리즘이 생소한 문리대 학생들에게 흥미와 관심을 불러일으켰으며 훗날 신문학 교육이 대학에 등장할 수 있도록 계기를 마련해준 셈이었다.

서독 연수를 떠나다

이해창은 우리나라 대학의 신문학 정착과 발전을 목표로 삼고, 어려운 살림도 무릅쓰고 1956년 11월 홀로 서독으로 떠났다. 이해창은 2년간 뮌스터대학 신문연구소에서 발터 하게만(Walter Hagemann) 교수의 문하에서 연구에 몰두했다. 그 연구소는 제2차 세계대전 후 독일 최대의 신문연구소로서, 소장인 하게만 교수는 '푸블리찌스틱(publizistik)' 이론과 영화 이론에 있어서는 세계적으로 저명한 권위자였다.

이해창 교수가 주장했던 신문학 이론은 하게만 교수의 영향이 컸던 것으로, 이해창은 신문학을 '과학으로의 푸블리찌스틱'으로 정립하여 우리나라에 독일의 새로운 신문학 이론을 소개한 학자였다.

한국 최초의 IPI 회원이 되다

이해창은 독일에서 연구에 몰두하던 중 한 가지 특이한 착상을 떠올렸다. 그것은 한국 언론계도 국제적 신문단체와 관련을 맺어 놓아야겠다는 것이었다. 1957년 재독(在獨) 시, 그는 스위스 취리히에 있는 국제신문인협회(IPI) 본부로 직접 찾아가 한국 대표로 본인의 입회를 신청했다. 한국 언론인으로서 IPI에 최초로 관심을 가진 분이 바로 이해창 교수였던 것이다.

그러나 IPI 본부에서는 "한국에는 언론자유가 없으며 한국에 위원단이 없다"는 이유로 신청을 거절하여 그의 초지(初志)가 당장에 관철되지는 못했지만 1960년 김활란 박사의 추천으로 한국 회원으로 IPI에 가입할 수 있었다. 그 뒤 1968년 케냐 나이로비에서, 1974년 일본 교토에서 개최된 IPI총회에 그는 한국 대표단의 일원으로 참석한 바 있다.

여성 언론인 교육에 앞장서다

이화여자대학교는 이해창이 독일에서 귀국하기도 전인 1958년 4월에 그를 전임 교수로 발령을 냈다. 김활란 이화여대 총장이 우리나라에서 신문학 연구의 선구적 역할을 감당하고 대학의 신문학 교육을 선도하는 역할을 할 인물로 이해창을 예견했기 때문에 가능한 일이었을 것이다.

이해창 교수의 주도 아래 이화여자대학교는 1960년 4월 1일 신문학과를 창설했다. 이해창 교수와 같은 분의 학문적 배경과 교육적 열의가 없었다면, 현재 비교적 명성이 높은 '이대 언론학부'의 위상을 확립하지 못했을 것이다. 더욱이 한국 여성들의 언론계 진출 및 활동, 그리고 여성 언론학자의 배출에 괄목할만한 공을 세운 분이었다는 점에서 그는 한국 언론학사(言論學史)의 한 장을 장식한 분이었다고 높이 평가된다.

이해창 교수는 세태에 휩쓸리지 않고 항상 초연한 상태에서 연구 활동을 스스로 즐기고 있었다는 것이 다른 현실파 학자들과 다른 점이었다. 청렴했기 때문에 생활의 궁핍을 벗어날 길이 없었고 그러면서도 현실과 타협할 줄 모르는 학자였다. 학생들은 이해창 교수를 무척이나 엄하고 무서운 '호랑이 선생님'이라고 하면서도 "내심은 매우 다정하고 따뜻한 분"이라고 입을 모은다.

내가 이해창 교수를 처음 뵌 것은 1967년 2월 이화여대에 교수로 부임하기 직전이었다. 당시 그분이 학과장이어서 인사차 찾아뵈었다. 그분과는 초면이라 나는 그분에 대해 아는 바가 전혀 없었다. 인사를 드렸더니 조금도 반가워하는 기색이 없이 무뚝뚝하게 사무적인 말만 해줄 뿐이었다. 게다가 나의 의견을 물어보지도 않고 명령조로 어떤 과목을 맡아 달라는 말만 건넬 뿐이었다. 그렇게 퉁명스럽고 불친절하고 완고하며 권위주의적인 분과 같은 학과에서 지낼 것을 생각하니 여간 어렵지 않을 것이라는 생각이 들었다. 충동적인 반응이었지만 이화여대를 그만둘까 하는 생각마저 들었다. 그러나 마음을 돌리고 며칠 후 종로에 있는 '낭만'으로 그분을 초청하여 대화할 기회를 마련했다.

이해창 교수와 몇 시간 동안 대화를 나누는 과정에서 그렇게도 무뚝뚝하고 퉁명스럽게 보였던 분의 다른 모습을 보게 되었다.

이해창 교수(앞줄 가운데) 인솔 아래 이대 신문학과 3회 학생들과 판문점 견학.
돌아오지 않는 다리에서, 1962

체격이 당당한 분이 오히려 세심하면서 온정적인 면도 엿보였고
전혀 가식이 없으며 솔직담백한 분이라는 것을 알 수 있었다. 첫인
상과는 딴판의 분위기가 감지되어 안도감을 느끼는 것과 더불어
10여 년이나 연상인 그분을 모시고 함께 일해도 좋을 것이라는
심증을 굳히게 되었다. 내 예감은 들어맞았으며, 이후로 나는 그분
을 언론학 연구의 선배로 깍듯이 모시면서 오히려 가깝게 지냈다.

　이해창 교수가 1970년대 유럽 여행 중 마드리드미술관에서 저
명한 스페인 화가 고야의 작품 〈옷을 벗은 마야〉의 큰 사본을 사
갖고 와서 나에게 선물해준 정성을 나는 지금도 잊을 수가 없다.
그리고 내가 연초에 인사차 연희동 자택을 찾아가면 그분은 그 좁
은 서재에서 사모님이 차려준 조촐한 술상에다 그동안 감춰두고
아꼈던 양주를 꺼내 놓고 통행금지 직전까지 못 가게 하면서 다양

한 이야기의 꽃을 피우곤 했다.

　그는 미술, 연극, 영화, 스포츠를 좋아했으며 학생들이 야단맞을 것을 각오하면서 조심스럽게 배우 중 누구를 좋아하느냐고 물으면 '장갸방(Jean Gabin, 1904~1976)'이라고 단 한마디로 대답하면서 아주 멋지게 웃었는데 "그때 교수님은 정말 '장갸방' 같으셨다"라고 한 졸업생은 회상한 적이 있다.

신문학 연구의 업적들

그가 연희동 자택의 불과 한 칸 반밖에 안 되는 골방에서, 그리고 예전에는 몹시도 비좁은 신문학과 사무실 겸 연구실에서 '연구의 화신(化身)'으로 살았던 것을 보면, 딱하기도 하면서 감탄하지 않을 수 없었다는 것이 동료와 후배 교수들의 평이다.

　그의 수많은 연구 업적 중『독일신문학연구』와『한국신문사연구』의 저술이 대표적인 것으로 손꼽힌다. 이해창 교수의 전공은 신문학 중에서도 신문 이론과 신문사(新聞史)이다.

　독일 신문학의 영향을 받은 일본에서 신문학을 배웠고, 후년에 독일에 가서 독일 언론학인 공시학(푸블리찌스틱)을 공부한 학문적 배경 덕분에, 그의 신문 이론은 독일 공시학의 영향이 크다고 할 수 있다. 전통적으로 독일 언론학은 신문 이론과 함께 역사 연구가 활발했기 때문에 그는 또한 한국 신문사 연구에도 치중했다.

　1962년에 그의 첫 번째 편역서『독일신문학연구』는 하게만 교수를 위시한 독일의 대표적인 학자들의 신문 이론과 푸블리찌스틱학의 소개와 정립, 그리고 신문의 역사와 영화이론을 다룬 논문들로 구성되었다. 영화이론에 대한 그의 관심도 흥미롭다.

한편 이해창 교수는 1968년 두 번째로 서독 여행을 할 기회가 생기자 독일 신문학 이론의 중심인 에밀 도비파트(Emil Dovifat) 전 서부 베를린대학 교수를 비롯하여 괴팅겐대학, 뮌스터대학, 뮌헨대학, 빈대학, 잘츠부르크대학의 연구 현황을 파악하고 필요한 연구 자료도 수집했다.

그렇게 해서 이해창 교수는 『독일신문학연구』 초판을 보완하여 1973년 개정증보판을 발행했다. 초판에서는 고전적인 것을 중시했는데, 새로 증보한 논문은 푸블리찌스틱 과학이론과 영화이론의 현황, 그리고 특수 국가의 신문을 소개하는 데 중점을 두었다.

이해창 교수의 두 번째 역작 『독일신문학연구』는 우리나라 신문의 발생과 그 발전 과정을 장시일에 걸쳐 연구한 끝에 집필한 책이다. 그는 이 책의 결론에서 다음과 같이 서술한 바 있다.

"정치의 부패는 신문이 책임을 져야 하고, 따라서 신문은 민주 언론 육성에 암이 되는 모든 근원을 제거하기 위하여 경종을 울려야 하고, 민주 언론의 창달을 위하여 헌신하는 바 있어야 하고, 한국의 근대 신문이 애국애족에 헌신한 것처럼 현대의 한국 신문은 진정한 민주국가의 육성을 위하여 주력하여야 할 것이다."

이해창 교수는 특히 해외에서 발행한 우리 말 신문의 역할을 연구함으로써 언론사(言論史)의 독창적인 한 분야를 개척했다. 그는 1968년 미국으로 건너가 로스앤젤레스, 샌프란시스코, 호놀룰루 등지에서 해외 국문지의 자료를 수집했으며, 1971년 겨울 일본으로 가서 그의 은사 오노 히데오 선생의 알선으로 도쿄대학에 있는 명치(明治)·대정(大正) 시대의 신문 문고 중에서 우리말이 아닌 일본어로 나온 구한말 신문자료를 찾아내서 한국 신문사 연구에 반영하기도 했다.

이해창 교수의 언론사 연구에서 주목되는 또 다른 주제는 시사만화의 연구이다. 그는 1976년에 개화기로부터 일제강점기에 이르는 풍자만화를 다룬 책 『한국풍자만화의 사상』을 펴냈다. 그 후 자유당 정권 말기까지의 내용을 추가, 보완해서 1982년에 『한국시사만화사』를 간행했다. 이는 한국 언론학계에서 학문적으로 거의 관심을 갖지 않는 시사만화의 역사적 의미에 주목한 언론학계 최초의 시도로, 한국 시사만화 역사를 개관한 저술이다. 이 책 역시 수많은 관련 만화를 사진으로 수록해서 자료적 가치가 매우 크다.

이화여대 신문학과 초창기 토대 마련

한편 이화여대 신문학과 초창기에 이해창 교수는 언론학 교수의 개척자로서 새로운 교육과정의 편성, 학생들의 교육과 지도, 전공 이외의 학과 행사로 연극 활동, 학생들과 역사 문화 탐방 등 다방

신방과 8회 졸업 여행시 이해창(오른쪽) 교수와 안광식(왼쪽) 교수. 합천 가야산에서, 1970

면에 걸친 교육 활동과 학생 지도에 여념이 없었다.

　　신문학과 초창기의 특별 활동 중 가장 큰 행사는 해마다 신문의 날을 전후해서 시행한 학과 학생들의 연극 공연이었다. 기획에서부터 무대의 막을 올릴 때까지 2~3개월 동안의 준비과정을 거쳐야 하나, 참여 학생들이 얻는 교육 효과가 매우 컸기 때문에 힘이 많이 들고 비용도 적지 않게 드는 일이었지만 이해창 교수는 학과장으로서 지원을 아끼지 않았다.

　　지금은 교통도 편리하고 숙박 시설도 좋아졌지만 1960년대만

해도 학생들을 인솔하고 수학여행을 간다는 것이 여간 어려운 일이 아니었다. 그런데 학생들보다도 이해창 학과장이 오히려 솔선해서 기선을 잡고 설악산을 비롯하여 전국 방방곡곡의 문화 사적지를 학생들과 함께 답사 여행하는 데 앞장섰다.

이해창 학과장은 또한 1962년에 신문학과 실습지 『주니어 저널리스트』를 창간, 지도했으며, 1972년에는 학과의 학술 논문지 『저널리즘 연구』도 발간하면서 신문방송학과의 토대 구축과 발전에 헌신적으로 기여했다.

이화여대 신문방송학과에서 초창기부터 20여 년을 함께 지냈던 김동철 교수는 이렇게 회고했다.

"학과 창설 초기를 회상해 보면 모두가 아름다운 추억의 연속이다. 그중에도 특히 학과의 발전을 위해, 그리고 학생이나 졸업생의 앞날을 위해 늘 최선을 다하시던 이해창 선생님을 잊을 수 없다. 또한 선생님은 학비 조달이 어려운 학생을 위해 월급에서 가불해 등록금 일부를 대납하고 분납 절차까지 밟아주셨다. 선생님은 형편이 어려운 많은 제자들을 남모르게 뒤에서 도와주셨다. 선생님을 생각할 때마다 그 훌륭하신 인격을 존경하지 않을 수 없다."

이해창 교수는 1982년에 1958년부터 재직했던 이화여자대학교에서 정년퇴임했으며, 1987년 7월에 72세를 일기로 별세했다. 서거 후 그의 가족들은 그의 유언에 따라 그가 소장하고 있던 모든 전공 및 그 밖의 서적들 3,892권을 선생님의 1주기를 앞둔 1988년

6월에 이화여대 신문방송학과에 기증했다.

'이해창 교수 기념문고' 설치

그러나 그 많은 책들을 정리할 인력과 진열할 서가 및 열람실 등을 마련할 예산이 없어 학과 사무실 한쪽에 쌓아둘 수밖에 없었다. 그때 일본에서 사업가로 활동하고 있던 2회 졸업생 정정자 동문이 이해창 교수 기념사업에 써달라고 큰돈을 송금해 와서 '이해창 교수 기념문고' 설치가 가능해졌다. 드디어 1989년 4월 8일 이화여대 학관 7층에 있는 '신문방송학과 신문자료 조사연구실' 안에 '이해창 교수 기념문고'가 정식으로 개설되었다.

그분의 장서 및 신문학 관계 연구 자료 중에서 가장 눈에 띄는 희귀본으로는 약 6상자 분에 달하는 『만세보』『독립신문』『대한매일신보』『한성순보』등 우리나라 신문 사상 초창기 신문들을 들 수 있다. 또 『어린이』 잡지 영인본 10권, 『조선 후기 화폐사』『제군』등도 이제는 쉽게 찾아보기 힘든 귀한 옛 서적들이다.

또한 주로 신문이나 시사월간지 등에 실렸던 시사만화들을 묶은 만화집들도 70여 권이나 모여 있다. 『코주부 시사만화집』『고바우와 함께 산 반생』『소화 신문만화사』등을 볼 때 신문만화에 대한 그분의 특별한 관심과 연구가 깊었던 것을 미루어 알 수 있다.

'이해창 교수 기념문고'를 공개 개설한 날 사모님은 선생님을 이렇게 회고했다.

"선생님은 월급을 타면 책을 사고, 원고료를 받으면 술을 마시고, 연구비가 나오면 외국에 가시는 분이었습니다. 선생님은 좋은 남편이 아니었고, 저는 남편을 존경하지 않았습니다. 그런데 오늘 이 자리에서 여러 제자들을 보니 남편이 좋은 선생님이었던 모양입니다."

신방과 8회 졸업생 박희순 동문(1971년 졸)은 신방과 30주년 기념 『시니어 저널』 특집호(1990)에서 다음과 같은 글을 남겼다.

"선생님께서 돌아가시기 한두 해 전, 당뇨로 고생하고 계시다는 소식을 듣고 8회 동창들 몇 이서 연희동 선생님 댁을 찾아뵈었을 때, 책으로 가득 찬 좁은 방에서 합병증으로 시력까지 나빠지신 상태에서도 새로운 저서 집필을 하고 계시다고 해서 우리들을 놀라게 하셨던 선생님……. 정년퇴임과 동시에 전부터 하고 싶었던 미술사 공부를 새로 시작해서 그 당시는 벌써 한 권의 책으로 묶어 낼 수 있을 만큼 원고 집필도 거의 끝내시고, 화보로 쓸 사진자료 정리도 거의 끝냈다고 기뻐하시던 선생님……. 그 선생님의 손때가 묻은 장서가 고스란히 제자들의 공부방으로 옮겨져 그 값을 다하고 있으니 정말 고맙고 보람된 일이다."

이해창 교수의 수제자인 신문학과 1회 졸업생 장명수 이화학당 이사장(전 한국일보 주필, 사장)은 『시니어 저널』지에서 다음과 같이 회고했다.

"신문방송학과 창설 30주년을 맞으면서 아버지가 안 계신 친정 잔치를

12회 이대 신방과 사은회에서(앞에서 둘째 줄 왼쪽 3번째부터 안광식 김동철 이해창 정충량 윤희중 교수),
1974. 12.

맞는 기분이라고 할까, 올 봄(1990년) 유난히 선생님을 생각하고 선생님
께 배우던 30여 년 전 이화시절을 그리워하게 된다 …… 선생님, 사제지
간이 만일 부모, 자식의 사이 같을 수 있다면 가장 좋은 예가 선생님과
저희들일 것이라고 생각합니다. 특히 초창기 학생들에 대한 선생님의 기
대와 사랑은 부모님 못지 않으셨지요. 한번도 선생님은 자상하게 말씀해
주신 적이 없으셨으나 늘 우리는 마음 속 깊이 선생님의 사랑을 알고 있었
습니다."

신문학과 3회 졸업생 송유재 이화여대 명예교수는 『시니어 저널』
지 특집호에서 "내게 유별난 사랑과 지도를 베풀어 주신 선생님
이 별세하신 지 3년이 되어 탈상이 지났는데도 선생님 생각을 하
면 뵙고 싶어서 가슴이 막히고 목이 멘다"면서 "학문 앞에 우뚝

서 태산 같으시던 우리 선생님! 학생들에게는 엄격하신 교수이셨고, 훈계하는 시아버님이셨으며, 또한 한없이 자애로운 아버님이셨다. 사모님께서 기증하신 손때 묻은 장서를 볼 때마다 선생님께서 보여주신 학문에 대한 열정과 성실, 그리고 제자 사랑을 기억하며, 일생의 여정에서 크신 스승을 만나고 지도교수로 모실 수 있었던 행운을 감사합니다"라고 맺었다.

우범 이해창 교수는 이 나라에 '언론학'의 씨를 뿌려준 1세대 선구자였으며, 일생을 꾸준히 언론학 연구와 교육에 헌신적으로 바친 분이었다. 그분이 남겨 놓은 언론학의 유산을 우리는 자랑스럽게 여기면서 그분에게 진 빚을 반드시 갚아야겠다는 관점에서 '한국언론학회 60주년'을 맞아 우리 후학들의 학문 연구와 교육의 각오를 새롭게 다짐하는 바이다. •

참고문헌

「한국신문사연구」(이해창, 1971)
「독일신문학연구」(이해창, 1973)
「저널리즘 論攷」 –우범(牛凡) 이해창 교수 회갑 논문집(1976)
『한국신문50년사』 –희관(晞觀) 임근수 박사 화갑 기념 논총(1977)

한 눈 팔지 말고 공부나 하시게, 희관 임근수

·

차배근 | 서울대 명예교수

"차 선생, 한 눈 팔지 말고 공부나 하시게."

분명 내가 쓴 잡문을 또 보신 모양이었다. 한두 번 들은 말이 아닌지라, 한쪽으로는 은근히 부아가 치밀기도 하였다.

"남이야, 잡문을 쓰든 말든, 왜 항상 일일이 간섭하신담……."

그러나 그분으로부터 "공부하라"는 말을 더 이상 듣지 못하게 된 것도 어느덧 십여 년이나 되었다. 바로 이 잡문을 쓰고 나서, 다시 한 번 그런 말을 들어 보고 싶건만, 지금에 와서는 그 누구도 나에게 "공부하라"는 충고를 해 주는 사람이 없다.

그분은 지금은 작고하신 선배 교수님이었다. 겉으로는 한 번도 나를 칭찬해 주신 일이 없었고 그 대신 귀에 거슬리는 말만 골라서 해 주셨건만, 지금 생각하면 나를 끔찍이 아껴 주신 분이었다. 성격이 괴팍하셨으나, 요즈음 세상에서는 더 이상 볼 수 없는 전형적인 선비요, 학자이셨다. 그렇기 때문에, 그에 대한 사모의 정이 더욱 애틋해지면서 그를 닮아가려고 하는지도 모르겠다.

"저분도 저렇게 살아가시는데, 나도 불평 말고 저분처럼 살아야지."

이렇게 본보기로 삼을 수 있는 분이 이 세상에 한 두분쯤은 계셔야 세상을 살아가면서 제 분수대로 제 일만 할 수 있으련만, 요즈음엔 아무리 주위를 살펴봐도 그러한 인물을 찾기 어렵다. 물론 그런 분이 전혀 없는 것은 아니나, 매우 드물다는 말이다. 어찌된 일일까.

십여 년 전만 해도 특히 대학 사회에는, 학문만 아시는 외곬의 선비들이 적지 않았다. 그러나 그분들이 거의 타계하신 지금, 그들의 선비사상을 그대로 전수해서 그들처럼 살아가는 사람들이 거의 없다. 설혹 그런 사람들이 있다손 치더라도, 그들은 더 이상 존경의 대상이 되지 못하고 있다. 고리타분하다든가, 무능하다든가, 심지어는 '꼴값' 떨고 있다는 몇 마디 평가로 간단히 매도되고 말기 때문이다.

도대체 이 풍진 세상에서 누구를 본보기나 준거인물로 삼아서 살아가야 좋단 말인가. 난 요즈음 오히려 '인간시대'라는 텔레비전 프로그램을 보면서 그러한 인물들을 찾고 있다. 비록 명예나 돈은 없지만, 일생 동안 외곬으로 자신의 일만 묵묵히 하면서 열심히 살아가는 소시민들……. 나도 그들처럼 살아갈 작정이다. 언론에서도 그러한 사람들을 많이 소개해 주었으면 좋겠다.

연희전문 졸업, 그리고 해방 후 언론계에 투신하다

이상은 1988년 8월 17일자 『서울경제신문』의 '로터리'라는 칼럼에 내가 "내 인생의 본보기"라는 제목으로 썼던 글이며, 이 글에서 나에게 "잡문 같은 것은 쓰지 말고 공부나 하라"고 잔소리(?)를 하셨던 분이 바로 희관(晞觀) 임근수(林根洙, 1916~1979) 박사였다. 그는 이 땅에 '언론학'이라는 학문 분야를 탄생시키고 발전시킨 우리나라 언론학의 4비조(四鼻祖) 중 한 분이다. 그는 또한 우리나라 언론사학(言論史學)의 선구자로 그 기틀을 마련해 놓았고 방향도 제시해 놓았다.

임근수 박사의 본향(本鄉)은 충청북도 충주의 달천(達川)이나, 조고(祖考) 때 서울로 이주했으며, 선친(先親) 때 다시 인천부(仁川府)로 전거(轉居)하였다. 그리하여 임근수 박사는 인천에서 1916년 5월 1일 부친 임종환(林鍾煥)과 모친 경주(慶州) 이(李) 씨의 3남으로 출생하였는데, 그의 자(字)는 이영(夷英), 호(號)는 희관(晞觀)이다. 임근수 박사는 9세까지 서당에서 한문을 수학하다가 보통학교(지금의 초등학교)에 입학했으며, 보통학교 졸업 후 인천공립상업학교(한성외국어학교 인천분교의 후신, 현 인천고등학교)를 거쳐 연희전문학교(현 연세대학교)에 진학하여 문과(4년 과정) 및 동(同) 연구과(2년 과정)에서 6년 동안 역사학을 전공했다. 이것이 아마도 희관 임근수 박사(이하 '희관'으로 호칭)로 하여금 언론사학(言論史學)을 연구하게 된 배경이 아닌가 싶다.

연희전문학교 졸업 후, 희관은 영창중학교(英彰中學校, 현 성동고등학교)와 배재중학교(培材中學校, 현 배재중고등학교)에서 교편을 잡다가 1945년 8월 15일 우리나라가 일제로부터 해방되자, 언론계에 투신하여 영자신문 *Korea Times* 기자로 활약했다. 그러다가 잠시 외무부 의전과장(1948~49)으로 들어갔으나, 다시 언론계로 복귀하여 서울신문사 상무이사(1953~1955, 1957~1959), *The Korean Republic*(현 *Korea Herald*) 감사(1953~61), 세계통신사 이사(1957~60) 등을 역임하였다.

홍익대와 서울대 신문학과 창설의 주역

희관은 언론계에서 일하면서도 언론학, 그중에서도 특히 언론사(言論史)에 뜻을 두고, 이를 계속 연구해왔다. 1953부터 1959년까지 우리나라 최초의 언론학 교육기관인 서울신문학원에서 강사로 신문학을 가르쳤으며(1954년에는 미국 국무성 초청을 받아 컬럼비아대학교에서 1년 동안 미국의 선진 언론학을 연구하기도 했다.), 1954년 우리나라에서 처음으로 홍익대학에 신문학과가 창설될 때, 그 창설 멤버(조교수)로 참여했다. 그러나 이듬해 중앙대학교 문리과대학 조교수로 자리를 옮겨 후학을 가르치다가 1958년 4월 같은 대학교 법정대학에 신문학과가 우리나라 대학에서 두 번째로 설치되자, 다음해(1959년) 신문학과 교수가 되었다. 그리고 1968년 2월에는 중앙대학교 대학원에서 문학박사 학위(청구논문 「근대신문의 성립에 관한 연구」)를 받았다.

1967년 12월 14일 대통령령 3303호에 의거, 서울대학교에 신문대학원이 설치되자, 동대학원에서 희관을 교수로 초빙했다. 그리하여 1968년 3월부터 1975년 2월 말까지 서울대학교 신문대학원 교수로 재직하다가 서울대학교 종합화계획에 따라 종래의 신문대학원을 해체하고 그 대신 신문학과(현재의 언론정보학과)를 1975년 3월 1일 자로 설치하면서 희관은 초대 학과장으로 임명되었다. 그리하여 서울대학교 신문학과의 기틀을 잡는데 진력하였는데, 희관이 공식적으로 신문학과 초대 학과장으로 임명된 것은 1975년 3월 1일 자였으나 내정된 것은 1974년 가을학기였으므로, 희관은 서울대학교 신문대학원을 발전적으로 해체하고 그 대신 독립된 신문학과를 설치하고 그 방향과 목표, 교육과정 등을 결정하는데 주역을 담당하였다.

그중 비근한 실례의 하나로, 당시 다른 대학들의 언론관계학과들은 거의가 '신문방송학과'라는 명칭을 붙였으나, 서울대학교는 '신문학과'라는 종래의 명칭을 그대로 사용했는데, 이것도 희관의 고집(?) 때문이었다. 즉 희관에 의하면, 학과 명칭을 '신문방송학과'라고 하면, 종래의 신문학의 연구·교육대상을 확대하는 것처럼 생각하기 쉬우나 그것은 오히려 신문과 방송에 관한 학문으로 축소할 수 있다는 것이다. 왜냐하면 "신문학"은 신문과 방송뿐만 아니라, 출판·잡지·광고·홍보(PR)·선전·연극·영화 그리고 대인 커뮤니케이션 등 인간사회의 모든 커뮤니케이션 현상을 그 연구·교육대상으로 삼는 학문이기 때문이라는 것이다. 그러므로 우리말학과 명칭은 '신문학과'라고 하되, 이를 광의로 해석해서 영어로는 '커뮤니케이션학과'(Dept. of Communication)라고 부르자고 주장한 것이다. 그리하여 서울대학교는 비록 '신문학과'라는 명칭은 계속 사용했으나, 인간사회의 모든 커뮤니케이션 현상을 깊이 있게 연구하고 교육해 왔다. 하지만 '신문학과'라는 명칭 때문에 "서울대 신문학과는 방송이나 다른 분야는 교육하지 않느냐?"는 질문을 수없이 받게 된 데에다가 1990년대부터 인류 사회가 '정보화사회'로 깊숙이 들어서게 되자, 1997년 3월 '신문학과'라는 종래의 명칭을 '언론정보학과'로 바꾸게 되었던 것이다.

한국언론학회 창립에도 앞장서 초대 부회장 역임

희관은 앞서 말했듯이 우리나라 대학들 중에서 최초로 창설한 홍익대학교 신문학과와 두 번째로 설치한 중앙대학교 신문학과의 창설 멤버일 뿐 아니라, 서울대학교 신문학과의 창설 때에도 초대 학과장으로서 주역을 담당했다. 뿐만 아니라 우리나라 최초의 언론학 관계학회인 '한국신문학회'(현 한국언론학회)의 창립에도 앞장섰다.

언론학 관계자들 사이에 학회 창설의 필요성에 관한 논의는 그 이전부터 있어왔으나, 그에 관한 논의가 본격적으로 이루어진 것은 1959년 6월 15일부터였다. 이날 오후 5시 30분 서울 시청 뒤 상록다방에서 곽복산(중앙대 신문학과 교수), 임근수(중앙대 신문학과 교수), 최준(홍익대 신문학과 교수), 오주환(『고대신문』 주간), 장용(동국대 영문학과 교수)이 모여 신문학회 창설에 관한 제1차 간담회를 가졌다. 그리고 6월 18일 다시 제2차 간담회를 갖고 한국신문학회 창립 발기대회를 열기로 결정했다.

그리하여 1959년 6월 23일 오후 3시, 서울 정동에 있던 전국 문화단체총연합회회관(약칭 '문총회관')에서 각 대학 신문학 교수와 강사, 언론인 등 30여 명이 참석한 가운데 한국신문학회 창립 발기인대회를 열었다. 이 대회에서 임시의장으로 뽑힌 곽복산이 우선 학회창립준비간담회의 경과보고와 학회창설 취지를 설명한 다음, 안건토의로 들어가서 학회 창립총회는 6월 30일 개최하기로 의결하고, 학회규약의 초안 작성위원으로 곽복산, 임근수, 최준, 오주환, 장용, 박권상(세계통신사 정치부장)을 선정했다(『신문학보』 제1호, 1960, p.71).

한국신문학회 창립총회는 1959년 6월 30일 오후 3시 중앙공보관에서 300여 명이 참석한 가운데 열렸는데, 국민의례 다음에 임근수가 그간의 경과를 보고한 뒤, 창립총회를 진행할 임시의장으로 최준을 선정했다. 그리하여 최준의 사회로 먼저 학회규약 초안을 상정한 결과 초안대로 통과되었으며, 학회규약 제5장 임원에 관한 규정에 따라 임시의장이 임원전형위원으로 백대진, 김광섭, 장용 등 5명을 선정하여 총회의 찬동을 얻은 다음, 임원전형위원들이 별실로 들어가서 협의 끝에 임원을 전형했다. 그 결과, 학회장에 곽복산, 부회장에 임근수와 한경수(「비판신문」 발행인), 간사에 장용과 박권상이 선정되었으며, 대학 측(학계 측) 이사로는 최준, 이해창(이화여대 신문학과 교수), 오주환, 그리고 언론계측 이사로는 천관우(「한국일보」 논설위원)와 김광섭(동양통신 편집국장)을 선정했다.

이들 임원의 신임 여부를 임시의장 최준이 총회에 물은 결과, 만장일치로 가결되어 초대 임원들이 확정되었다. 이어서 신임 학회장 곽복산이 나와서 취임사를 했으며, 한국신문편집인협회를 대표하여 이관구 회장이 축사를 했다. 그리고 학회의 사업계획 및 회비 등에 관한 것은 이사회에 일임하기로 결정한 다음 창립총회를 성공적으로 끝냄으로써 이와 함께 한국신문학회가 정식으로 설립되었다.

이처럼 곽복산, 임근수 등이 창립한 한국신문학회는 그 뒤 발전을 계속 거듭하며 올해 60돌을 맞게 되었다. 그간에 "신문학"이라는 학문도 "매스 커뮤니케이션학"으로, 그리고 다시 "커뮤니케이션학"으로 확대 발전했다. 그러자 학회 명칭을 계속 '신문학회'로 부르는 것은 적절치 않다는 의견들이 분분하게 일어나 1985년 4월 27일 신문학회 총회에서 학회 명칭을 '한국언론학회'로 바꾸기로 의결함으로써, 종전의 '한국신문학회'는 '한국언론학회'로 거듭나게 되었다.

언론사 연구의 선도자이자 대표적 학자로서
수많은 연구 업적 남겨

희관은 위와 같이 홍익대와 서울대 신문학과 및 한국언론학회 창설자로서 우리나라 언론학의 개척과 발전에 큰 업적을 남겼다. 그러나 이보다 더 큰 업적은 학문적 업적으로서 희관은 여러 권의 저서와 40여 편의 논문들을 발표하면서 우리나라에서 언론학 연구의 과제, 방향, 연구방법 등을 제시해 줌으로써 우리나라 언론학 연구의 발전에 크게 공헌했다. 희관이 살아생전에 쓴 논문들 중에서 주요한 것들을 희관의 타계(1979년) 이후에 그의 자녀들(국진, 동진, 길진, 현진)이 모아서 1984년『언론과 역사: 희관 임근수 박사 논총』이라는 단행본으로 출판했는데, 이 논총에 실려 있는 희관의 주요 논문들을 소개해 보면 〈표 1〉과 같다.

이 표에서 보듯이 희관은 언론 내지 커뮤니케이션 역사와 함께 우리나라 커뮤니케이션학사(學史)에 관해서도 남다른 깊은 관심을 갖고, 구한말부터 1970년대에 이르기까지 우리나라에서 커뮤니케이션 연구와 교육의 역사를 체계적으로 정리해 주었는데, 그 대표적 연구논문으로는 「한국신문학사 서설」, 「한국신문학의 성립 과정과 그 연구 현황의 계보적 고찰」 등이 있다. 희관은 또한 언론사업의 본질과 현실, 한국 신문의 구조와 과제 등에 대해서도 관심과 조예가 깊어 이 분야에 관한 논문도 여러 편 남겼다.

그러나 무엇보다도 희관은 언론사(言論史) 분야의 선도자이자 대표적 학자로서 언론사 연구의 기틀을 마련해 놓은 동시에 연구 방향과 연구방법을 제시해 주었다. 특히 그가 일찍이 서양의 신문 역사를 폭넓고 깊이 연구하여 체계적으로 소개한 역저(力著)『신문 발달사』(서울: 정음사, 1967)는 50여 년이 지난 지금에도 그것을 능가

〈표 1〉『언론과 역사: 희관 임근수 박사 논총』소수논문목록

제1편 세계 언론의 발자취에 관한 논문

1. 신문·방송의 생성과정(곽복산 편저,『언론학개론』. 서울: 일조각, 1971, 제5장, pp. 88~109)
2. 동양에서의 근대신문의 생성과정에 대한 비교사적 연구: 한국·중국·일본을
   중심으로(『아세아연구』, 36호, 1969, 고려대학교 아세아문제연구소)
3. 20세기 초반 동양에서의 매스 커뮤니케이션에 대한 비교사적 연구:
   한국·중국·일본을 중심으로 I (서울대『신문연구소학보』, 제10집, 1973) 및 II(같은 학보 제11집,
   1974)
4. 근대신문의 성립과 18세기 독일의 신문사정(『중앙대논문집』12호, 1967)

제2편 한국의 커뮤니케이션사에 관한 논문

1. 한국 커뮤니케이션사 연구의 방법에 관한 일고찰(『신문연구』, 제16권 제1호, 1975)
2. 개항100년 한국의 언론: 개화기 및 피점기 언론사의 시기구분과 이해방법(『신동아』
   1976. 7월호)
3. 한국언론의 영광과 오욕(『기자협회보』1971. 9. 24.)
4. 한국의 언론발전 30년(서울대『대학신문』1976. 6. 21.)
5. 한국의 언론인, 그 업적
   1) 언론인으로서의 위암 장지연 선생(『나라사랑』제5집, 1971)
   2) 언론인으로서의 한서 남궁억 선생(『나라사랑』제11집, 1973)
   3) 안당 하경적(『신문평론』1974. 5.)
6. A History of English Language Journalism in Korea(서울대『신문연구소학보』
   제7집, 1970)

제3편 한국의 커뮤니케이션학사와 발전방향에 관한 논문

1. 한국신문학사 서설(『신문학보』제6호, 1973)
2. 한국신문학의 성립과정과 그 연구현황의 계보적 고찰(『저널리즘』1976년 봄호)
3. 한국신문학 발전을 위한 제언(『여성저널』제2호, 1971. 3.)
4. 기자의 전문화와 재교육에 대하여(『저널리즘』1971년 겨울호)

제4편 언론사업의 본질과 그 현실 관한 논문

1. 매스 커뮤니케이션사업의 본질에 관한 일고찰(서울대 『신문연구소학보』 제6집, 1969)
2. 한국 매스 미디어 산업경영의 변천과정과 현황분석(1969년도 문교부학술연구보고서)
3. 신문의 보급률에 관한 소고(『한국사회학』 제4집, 1968)
4. 현대 언론사업의 제문제

    1) 현대신문의 모순(『중대신문』)
    2) 현대신문(방송)의 과제(『동우』 96호, 1977. 11.)
    3) 편집권의 옹호와 독립(『신문평론』 제2호, 1964)
    4) 신문의 독립 I(『대한일보』 1963. 4. 11.)
    5) 신문의 독립 II(『쥬니어 저널리스트』 1963. 4. 10.)

제5편 한국신문의 구조와 과제에 관한 논문

1. 한국신문의 구조론 서설(『신문연구』 제5권 제1호, 1963)
2. 한국신문의 과제

    1) 한국 신문의 당면문제(『서울신문』 1965. 4. 6. 및 4. 8.)
    2) 경영면에서 본 한국신문의 과제(『중대신문』 1963. 4. 3.)
3. 한국신문의 발전현황과 전망(『정경연구』 1968. 11.)
4. 신문의 용어·용자(用字)문제에 관한 소고(중앙대 『법정논총』 제12집, 1961)
5. 지방신문의 과제

    1) 지역사회 개발과 신문(『연합신문』 1971. 8. 14.)
    2) 지방지의 성격과 과제(『전북일보』 1973. 6. 1.)
    3) 지방 신문의 사명(『경기일보』 1972. 2. 22.)
    4) 지방지 제작의 재검토(『신문평론』 41호, 1972.)
6. 대학신문의 현실적 과제(『성대신문』 1974. 9. 28.)
7. 우리나라 사내(社內) 간행물의 개선방향(사내보·社史·PR지·기타사내간행물의
    기획·편집·제작을 위한 기업체 및 경제단체 편집담당자 세미나 주제 발표논문, 1975. 11. 19~20)
8. Etat actuel des Publications des Massmedia et Problemes Qui Se
    Posent 'ace Sujet"(*Revue de Cor'ee*, vol. VIII, no 1, Commission nationale Cor'eenepour
    L'UNESCO,1976)

〈주〉 이 표에 들어 있는 논문들 이외에도 희관은 많은 논문과 글을 발표했는데, 그중에 몇 가지만 들
어보면, 「근대신문의 성립에 관한 연구」(박사논문, 중앙대학교, 1968), "세계신문의 발자취"(『한국신문
연감』, 1968), "한국언론30년사"(서울대학교 대학신문사편 『해방30년사』, 서울대학교출판부, 1976) 등을 손
꼽을 수 있다.

『언론과 역사』, 정음사, 1984

할만한 책이 우리나라에서 나오지 않고 있다.

언론사에 관한 희관의 연구논문들을 살펴보면 초기에는 서양 언론사에 관한 연구부터 시작하여, 다음은 동양 언론사에 관한 연구로, 그리고 마지막으로는 한국 언론사에 대한 연구로 옮겨 왔는데, 이는 한국 언론사를 철저하게 파헤치기 위한 일종의 우회적 포위작전이었다. 왜냐하면 우리나라 언론사를 보다 넓은 시각에서 올바로 이해하면서 우리만의 특수성을 밝혀 보려면 먼저 세계 언론사부터 알아야 하고, 다음은 동양 언론사, 특히 중국과 일본 언론사를 알아야 하기 때문이다. 따라서 희관은 초기에는 서양신문사를 집대성하여 소개했는가 하면, "근대 신문의 성립과 18세기 독일의 신문 사정" 등에 관한 서양 언론사를 많이 연구, 소개했다. 그러다가 동양 언론사에 관한 연구로 넘어와서 "동양(한·중·일)에 있어서의 근대 신문의 생성 과정에 대한 비교사적 연구"를 통하여 한국 언론사의 특수성을 찾아보려고 노력하였다. 그러면서 특히 말년에는 이러한 비교사적 연구에 더욱 심혈을 기울여 "20세기 초반의 동양에 있어서의 매스커뮤니케이션에 대한 비교사적 연구" 논문을 계속해서 발표했다. 그러면서 다음으로는 한국 커뮤니케이션사를 집중적으로 파고들어 한국 언론사의 일반성과 특수성을 파헤치려고 했던 것 같다.

허나 1979년 1월 21일 향년 63세로 홀연히 타계함으로써 애석하게도 그가 일생 동안 준비해 왔던 한국 언론사에 관한 역저(力著)들을 우리 후학들이 접하지 못하게 되었다. 하지만 한국 언론사를 올바로 연구하고 이해하려면 세계 언론사부터 시작해서 동양 언론사를 연구한 다음, 한국 언론사를 연구해야 한다는 귀중한 가르침을 언론사를 공부하려는 후학들에게 남기셨다. 나도 뒤늦게 언론사 공부를 시작하면서 희관의 위와 같은 교훈을 실천해 보려고 마음먹기도 했으나, 아직도 겨우 동양 언론사를 공부하고 있는데, 인생의 해는 벌써 서산을 뉘엿뉘엿 넘어가고 있다.

후학 위해 장학금과 언론학 저술상 남겨

희관은 타계하시면서 그의 귀중한 장서들을 후학들을 위하여 서울대학교 도서관에 기증하라고 유언했다. 또한 퇴직금은 신문학과(현 언론정보학과) 재학생들을 위한 장학금으로 희사하라고 유언했다. 그리하여 그의 유언대로 희관의 장서와 귀중한 언론사관계 사

임근수 박사 근영. 자택 서재에서, 1976. 12.

료(史料)들은 모두 서울대학교 중앙도서관에 기증해서 학생들이 이용하고 있다. 그리고 퇴직금은 서울대학교 발전기금에 기탁해서 '희관장학금'으로 만들어 매학기 언론정보학과 재학생들에게 주고 있다. 그런데 금리가 떨어지면서 장학기금의 이자가 줄어들게 되자, 희관의 자녀들이 1985년 기금을 대폭 늘렸다.

희관은 자녀들(1녀 3남)도 모두 훌륭하게 키웠는데, 장녀 국진(菊鎭)은 중앙대학교 불문학과 교수를 역임했고, 장남 동진(東鎭)은 서울대학교 법과대학 졸업 후 변호사로 활약하고 있으며, 차남 길진(吉鎭)은 미국 프린스턴대 교수를 역임했고, 3남 현진(玄鎭)은 서울대학교 사회학과 교수로 사회과학대학장을 역임했다. 이들 희관의 자녀는 1988년 한국언론학회에도 거액의 기금을 희사해서 학회는 그 돈으로 '희관언론학저술상'을 제정했다. 그리하여 1989년부터 현재까지 매년 우수한 저술을 한 회원을 선정하여 상패와

상금을 수여해 오고 있다.

희관이 타계하신지도 올해로 벌써 40년이나 되었다. 그럼에도 선생님에 대한 사모의 정이 더욱 애틋해지는 것은 어인 까닭일까? 그건 나도 점차 늙어가고 있기 때문일까, 아니면 그가 생전에 나를 아껴주셨기 때문일까? 그것도 아니면, "희관을 본보기로 삼아서 그분처럼 살아야지"하고 다짐해왔으나, 학문적으로나, 인격적으로나 모든 면에서 희관의 발뒤축도 감히 따라갈 수 없다는 것을 절실히 느끼게 되면서 그를 더 흠모하게 되었기 때문일까?

앞서 말한 희관의 자녀들이 엮은『언론과 역사: 희관 임근수 박사 논총』에 희관과 친했던 서울대학교 박유봉 교수가 쓴 '머리말'에서 다음과 같이 적었다.

"그(희관)의 대쪽 같은 성품 때문에 흔히들 접근하기 어렵다는 말도 있으나 이것은 인간 임근수를 잘 모르는 데에서 기인하는 것으로 본다. 그는 그러한 성품답지 않게 지기(知己)와 후학들에게 늘 너그러운 태도를 보여주었다. 그러나 그는 인간 평가와 사회 판단에서 날카로운 통찰력을 잃지 않았으며, 특히 정의와 인륜에 어긋남이 있다고 여겨질 때는 가차 없이 외면을 서슴치 않았다."

이는 희관에 대한 정확한 평가이다. 그래서 후학과 제자들은 그의 학문뿐 아니라 고매하고 청렴한 인품도 존경했다.

희관은 또한 자신을 내세우는 것과 다른 사람들에게 폐 끼치는 것을 마치 뱀을 보듯이 싫어하였다. 하여 1976년 희관의 갑년

제 50회 언론정보학 포럼
희관 임근수 박사의 삶과 학문
임현진 교수
(서울대 사회과학대학장)

❖ 일시: 2009. 4. 8(수) 12:00 ~ 13:00
❖ 장소: 희관기념홀 (16-111)

문의: 언론정보연구소 (880-6475)

〈언론정보학 포럼〉 50회 포스터. 발표자는 희관 선생의
아들 임현진 교수, 2009

을 맞아 제자와 후학들
이 화갑기념 논문집을
내어 드리려고 하자, 그
소문을 어찌 들으시고
적극 만류했다. 그리하
여 후학과 제자들에게
금전을 갹출하는 등의
폐는 전혀 끼치지 않겠

다는 조건으로 간곡히 애원한 끝에 겨우 묵허만 받고, 정음사(출
판사) 관계자에게 『한국신문학사』(韓國新聞學史)라는 책을 기획·편집
해 줄 터이니, 그 판권을 갖되 그 대신 500부만 『한국신문학50년
사: 희관 임근수박사 화갑기념논총』이라는 이름으로 별도로 만들
어 달라고 해서 화갑기념논문집을 내어 드렸다. 이 논총의 서명(書
名)을 '한국신문학50년사'라고 붙였던 이유를 부언하면, 김동성이
우리나라 최초의 신문학 관계 단행본인 『신문학』(서울: 조선도서주식
회사)을 출판한 1924년부터를 우리나라 신문학(언론학) 연구와 교육
의 시원으로 잡으면, 희관의 화갑기념논총이 나온 1976년은 52년
이 되었기 때문이다. 희관은 화갑기념논총헌정식도 극구 만류하시
어 화갑기념논총에 글을 쓴 사람 10여 명만 무교동 조그만 식당
에 모여서 조촐하게 논문집을 헌정하였다.

희관은 앞서 말했듯이 이 땅에 "언론학"이라는 학문분야를 탄
생시키고 발전시키는데 주역을 담당하였다. 그리하여 그는 우당

(牛堂) 곽복산(郭福山), 우범(牛凡) 이해창(李海暢), 야농(野儂) 최준(崔埈) 교수와 함께 우리나라 언론학의 4비조(四鼻祖) 중 한 분으로 손꼽히고 있다. 그의 업적은 한국 언론학계에서 길이 기억될 것이다.

●

객관적이지 못한 언론은 비판을 받을 수 있지만,

전달을 안 하는 언론은 존재 의미가 없다.

펜은 칼보다 강하다.

- 리튼

전환 시대 여성 언론인이 걸어온 길, 정충량

•

이종선 | 전 이화여대 기획처 부처장

정충량(鄭忠良, 1916~1991)의 생애는 언론, 여성, 교육 등 세 분야에서의 굵직한 역할로 나뉜다. 그가 언론인으로, 여성운동가로 본격적인 활동을 했던 시기는 해방과 더불어 한국 사회가 유교문화권으로부터 벗어나 급격한 개방의 물결 속에서 한국 여성들에게 도래하기 시작한 전문화 시대의 길잡이로서 큰 의미를 갖는다고 하겠다.

격변과 시련에 맞선 도전의 생애

1939년 이화여전 문과를 졸업한 정충량은 잠시 여학교에서 교편생활을 한 후, 주위 사람들의 선망을 받으면서 당시 곡창지대로 유명했던 황해도 안악의 손꼽히는 대지주 가문의 종부(宗婦)로 새로운 삶을 시작한다. 시조부모와 시부모 그리고 어린 시동생 등 대가족을 돌보는 맏며느리로 그의 삶도 언제까지 그렇게 무난하게 이어지는 듯했다.

그러나 광복의 기대도 잠시, 해방 공간의 북한 상황이 뜻하지 않게 공산체제로 격변하면서 대지주였던 그의 시댁은 토지와 재산을 몰수당하고 1947년 대대로 살던 고향을 떠나 온가족이 남한으로 이주한다. 그리고 이어지는 6.25 전쟁은 월남 이주민인 그의 가정에 또다시 엄청난 타격을 입혔다. 3개월간의 공산치하에서 그의 남편은 납북되었고 이후 정충량은 이른바 전형적인 6.25 미망인으로 시부모와 세 자녀의 생계를 책임지는 가장이 되었다. 그러나 역설적이게도 이러한 시대적 격변과 개인적인 역경은 새로운 도전과 기회로 그의 인생을 역전시켰다. 그리고 여성의 사회적 역할을 요구하는 20세기의 전환점에서 전문직으로서의 여성 언론인의 역할과 지위 구축에 한 몫을 담당하게 된다.

1947년 남한에 정착한 직후 정충량은 종부의 옷을 벗어 버리고 새로운 시대정신을 발판 삼아 과감한 도전을 한다. 그 출발은 1948년 경향신문 문화부에서 시작된다. 경향신문은 미군정기인 1946년 가톨릭교계 신문으로 출범 보수노선을 지향하면서 언론의 정도를 걷는, 발행부수 1, 2위를 다투던 유력 일간지였다.

가정주부에서 언론인으로의 파격적인 신분 변화는 그의 태생적 성향과 성장 과정으로 미루어 그렇게 돌연한 것은 아니었다. 함경남도 고원 출신인 정충량의 부친은 조선이 일본에 굴욕적으로

합방되자 가족을 고향에 남긴 채 러시아와 만주 등지로 독립운동을 위해 떠난다. 이후 정충량에게 아버지란 유년의 기억 속에서만 존재할 뿐 실체란 존재하지 않았다. 그러나 정충량의 생애 곳곳에 나타나는 강인함, 정의로움, 강한 추진력, 휴머니즘과 같은 기질은 어쩌면 독립 운동가였던 부친으로부터 물려받은 것인지도 모른다. 그의 이러한 성향은 일찍이 숙명여고에 재학하던 시절부터 조짐을 보였다. 학우들과 독서클럽을 조직하여 일제가 금지하던 '불온서적'을 읽으면서 암암리에 일제에 저항하던 정충량은 문제 학생으로 낙인 찍혀 졸업 때까지 줄곧 일경의 감시를 받았던 요주의 인물이었다. 그리고 여학교를 졸업할 무렵 그를 아끼던 담임 선생님이 일본 유학을 권했으나 이를 거부하고 기독교계 이화여전에 진학한 것도 일본에 대한 뿌리 깊은 저항심에서였다고 그는 자주 주변 사람들에게 이야기했다. 다양한 진로 가운데 유독 사명감이 요구되는 언론인이라는 직업을 선택하게 된 밑바탕엔 독립 운동가 후손으로서의 의로운 기질, 성장 과정과 무관하지 않은 것으로 보인다.

종부의 옷을 벗고 여성 최초의 논설위원으로

경향신문 문화부에서 그가 담당했던 지면은 〈부인란〉이었다. 여권 신장과 여성의 사회 진출이라는 새로운 시대 상황을 맞고 있던 전환기 한국사회에서 당시 신문 지면의 〈부인란〉은 여성들에게 인간화라는 새로운 문제의식과 시사성을 제공하면서 주요 지면으로 부상했다. 사실상 이 무렵 〈부인란〉을 장식했던 내용은 여성 인권, 혼인 신고 운동, 친족 상속법 개정, 문맹 퇴치 운동, 축첩 금지 등 여성을 억압하던 봉건사회의 악습을 청산하는 시대적 요구와 궤를 함께 한다.

1960년, 정충량은 서울일일신문의 창간과 더불어 조사부장 겸 논설위원으로 발탁된다. 서울일일신문은 당시 재계의 중요인물로 이미 연합통신과 연합신문을 경영하고 있던 김성곤 회장이 연합신문의 제호를 바꾸어 1960년에 재창간한 조석간 일간지였다. 초대 사장겸 주필은 언론계의 거물 이관구였다. 정충량에게 주어진 논설위원 겸 조사부장이란 직위는 아직도 대부분의 여기자가 평기자로 머무르고 있던 당시 언론계의 구조에서 매우 파격적인 고위직으로 '한국 최초의 여성 논설위원'이라는 새로운 타이틀이 그에게 부쳐졌다. 이 타이틀은 이른바 한국 언론 사상 1924년에 최은희가 최초의 여성 언론인으로 탄생한 이후 35년 만의 일로, 여성 언론인의 지위가 비로소 격상되는 기록과 함께 전문직으로서 확고하게 자리매김하는 의미를 가지게 된 것이다. 따라서 정충량은 한국 여성언론인사의 한 페이지를 새롭게 서술하였다는 평가를 뒤따르게 한다.

후진(後進) 사회 발전과정에서 흔히 나타나는 양상이듯 일부 지식인에게 집중되는 사회 전방위적 역할은 정충량에게도 예외는 아니었다. 60년대와 70년대에 걸쳐 여성운동에 대한 사회적 요구

대한주부클럽연합회 창립총회 후(왼쪽에서 다섯 번째), 1966

에 비해 준비된 여성 지도자의 수가 턱없이 부족했던 무렵, 현직 언론인 정충량에게 주어진 역할은 언론인의 울타리를 넘어 산적한 숙제를 안고 있던 여성계 전반으로 급속히 확대되었다. 그것은 시대적 요청이었다. 당시 여성 지도자 김활란 박사를 도와 한국여성단체연합회를 탄생시킴으로써 뿔뿔이 흩어져 있던 민간 여성단체들을 결집시켜 그 목소리를 높이고 세력화하는 구심점이 되었다. 또한 대한YWCA연합회의 실행위원으로 10여 년간 참여하면서 시대 변화를 이끄는 기독교 사회운동의 기치를 들고 근로 여성 보호 운동, 도시 저소득층 여성을 위한 인권 운동, 중산층 여성을 위한 취미 활동, 소비자보호위원회 구성, 부정 불량 상품 개선 촉구 운동, 가족법 개정 운동, 새로운 여성 직종 개발, 법률상의 여권 신장

운동 등 시대 변화의 방향 정립과 구제적인 실천에 직·간접적으로 영향력을 발휘하였다.

전환시대 여성 문화의 지평을 넓혀온 길잡이

이 흐름의 맥락에서 1964년 정충량은 김활란 박사와 함께 '주부클럽'이라는 독립된 단체를 창설하여 2, 5, 6대 회장을 역임하면서 한국여성운동사에 또 한 번 의미 있는 한 페이지를 보탠다. 주부클럽은 그 명칭이 시사하듯 지금까지 가정 속의 은둔자, 내조자 역할에 머물고 있던 '주부'라는 비활동성 보통 명사군을 가정 밖으로 이끌어 내어 존재감을 부각시키고 그 잠재력을 사회 동력화하는 계기를 만든다. 특히 〈주부클럽〉은 다른 여성 단체와는 차별화되어 서구화의 물결 속에서 폄하되고 있는 한국 미풍양속의 계승과 건전한 사회기풍 조성의 실천 운동을 병행하였다. 그 일환으로 지(智), 덕(德), 예(藝)를 겸비한 신사임당을 이상적인 한국 여성상으로 상징화하고 그 정립을 위해 〈신사임당상〉을 제정, 오늘까지 지속하고 있다.

'최초'라는 타이틀을 걸머진 인물은 항상 그에 상응하는 역할을 요구받게 마련이다. 정충량이 언론계에 몸담고 있던 60년대 초, 이미 유력 신문사마다 신규 기자 선발이 공채로 바뀌어 실력 있는 대졸자의 언론사 진출이 일반화되고 언론고시라는 유행어를 만들어 낼 정도로 사법, 행정 고시와 맞먹는 관심을 끌고 있는 터였다.

미국 워싱턴에서 개최된 세계여기자·작가회의(AMMPE)에 참석 후 미네소타주립대에 유학 중이던 필자 부부를 찾아준 정충량 선생(가운데), 1971

하지만 당시 여기자의 비율은 5% 미만에 불과했다. 여기자의 양적 확대, 전문인으로서의 자질 향상이 무엇보다 시급한 상황이었다. 그는 현직 여기자들과 뜻을 모아 1961년 '한국여기자클럽'을 창설하고 초대 회장직에 추대되었다. 그리고 세계여기자·작가회의(AMMPE)의 회원국으로 가입하여 한국 여기자의 세계 진출의 기틀을 마련한다. 어떤 일이 맡겨졌을 때 소강상태로 안주하지 않고 더 큰 것을 지향하는 그의 진취성과 스케일, 그리고 일단 목표를 세우면 반드시 해내는 그의 면모를 그대로 보여주는 사례이다.

한국 여성들의 국제사회 진출 준비가 미흡하던 60년대, 정충량의 위상과 역량은 국제적 활동으로 새로운 차원을 맞아 제3기로 접어든다. 1960년 3월 미국 백악관 청소년대회 한국대표 활동을 시작으로 같은 해 미국 통신협회 세미나 한국대표 및 동경 UN 세미나 한국대표(1962)로 참석하는 등 일련의 한국 여성을 대표한 국제무대에서의 활약이 숨 가쁘게 이어진다. 특히 1960년 미 국무성이 주관한 '세계 여성리더 그랜트 프로젝트'에 선정되어 미국을 비롯한 세계 20여 개 주요국가의 여성계 및 언론계 시찰 기회가 주어졌다. 이것은 세계 사회가 한국 여성을 참여시킨 첫 글로벌 프로그램이라는 점에서 획기적이었다. 개발도상국가의 여성 지도자 양성을 목적으로 시작된 이 프로그램은 그에게 새로운 비전과 활력을 주었다. 2개월에 걸쳐 여성 언론인의 시각으로 풀어낸 그의 세계 순방 기사들은 당시 주요 여성지를 비롯한 국내 언론에 게재되어 60년대 초, 바깥 세상의 흐름에 목마르던 여성 독자들에게 큰 자극을 주었다. 연이어 국제무대에서의 그의 역할은 아세아영화제로 확대된다. 제8회(1961. 마닐라), 제10회(1963. 동경)에 한국여성으로는 처음 국제 심사위원으로 초청되어 또 다른 역할을 보여주었다.

60년대 언론인 정충량에게 집중되다시피 한 이와 같은 국제사회 활동은 식민지 시대를 벗어나 냉전 시대의 전초전이라고 할 수 있는 6.25 전쟁을 겪은 후 여성의 사회 진출과 전문화라는 시대적 명제가 막 새순을 틔우려 하고 있던 즈음에 우연과 필연을 동반한 한국의 대표주자 여성으로서 그에게 주어진 시대적 과업이었다.

그리고 정충량은 그 책무를 제대로 수행함으로써 개화기의 쓰개치마를 벗은 한국 여성들이 지금까지 접해보지 못했던 미지의 세계로 나아가는 길잡이 역할을 해 주었다고 하겠다.

1963년, 정충량에게 다시 한 번 새로운 무대가 펼쳐진다. 모교 이화여자대학교의 부름을 받아 신설된 신문학과의 교수로 부임하게 된 것이다. 이대 신문학과는 당시 미국을 중심으로 한 서구 학계에서 신학문으로 각광받고 있던 추세에 맞춰 국내에서는 홍익대, 중앙대에 이어 1960년 세 번째로 창설되어 교수진 확충을 서두르고 있었다. 그가 담당했던 과목은 처음 개설된 〈출판학〉이었다. 부임과 함께 이대학보사 주간과 대학출판부장 보직을 병행하며 1977년 숙명여고 교장으로 초빙되어 떠날 때까지 이해창, 김동철, 안광식 교수 등과 함께 초창기 이화 저널리즘 정착에 일조를 하게 된다. 필자는 그가 이대에 부임한 1963년부터 약 10여 년간 그의 보직 주변에 재직하면서 아주 가까이서 그를 접할 기회를 가졌다. 이대에서의 그의 역할이 사실상 교수로서의 한정된 역할을 넘어서음으로나 양으로나 그가 아니면 할 수 없는 많은 역할과 기여가 있었음을 실제로 목격했던 과정은 지금까지도 나에겐 매우 교훈적인 기억으로 남겨져 있다.

　1961년 5.16혁명 정부가 들어선 이후 개정된 교육임시특례법에 의해 이대는 22년간 재임하고 있던 김활란 총장이 사임하고 40세의 젊은 김옥길 교수가 총장직을 이어받게 되었다. 김옥길 총

이대학보사 주간시절 재학생 현상문예 당선자들과 함께.
우로부터 필자, 정충량 주간, 김옥길 총장, 두 사람(수상자) 건너 작가 안수길씨, 1964

장은 제8대 총장직에 취임하자 젊은 패기에 걸맞게 여러 가지 개혁적 조치를 취하면서 교수진 확충을 목표로 실력 있는 인재를 국내외에서 파격적으로 영입하였다. 그 대표적인 사례로 법조계의 이태영 변호사를 법대학장으로, 언론계의 정충량을 신문학과 교수로 과감하게 영입해 그들의 전문성과 지도력, 경륜을 학교 운영에 크게 활용하고자 한 것을 들 수 있다. 두 분은 모두 이화가 배출한 걸출한 지도자로 모교에 대한 남다른 애정까지 겸비하여 김옥길 총장의 의도대로 그들이 지닌 역량과 영향력을 대내외에 십분 발휘하였다. 새 지도자를 맞아 재도약의 꿈을 펼치고자 하는 대학 분위기에 활력을 불어넣고 임기 초반의 김옥길 총장이 안정적으로 학교를 운영하는 데 큰 밑거름이 되었다.

이대 신문학과 교수 시절 임택근 아나운서 초청 특강 후(뒷줄 우로부터 김동철, 윤희중, 이해창, 정충량,
안광식 교수(맨끝) 등), 1964

　　그런데 이 무렵 예기치 않은 상황이 발생하였다. 1965년 김옥
길 총장의 이른바 신입생 정원초과 파동 사임 사건이다. 김옥길
총장은 취임 후 의욕적으로 새로운 학과 신설과 학생 증원 계획을
세웠다. 여성 고급 인력을 필요로 하는 미래를 내다보는 준비 작업
이었다. 그러나 당시 문교부는 이대의 신입생 증원 신청을 번번이
불허했다. 이에 김 총장은 작심하고 정원을 초과하여 신입생을 선
발한 후 스스로 총장직을 사임하는 초강수를 둔 것이다. 대학의
상급 기관인 문교부를 상대로 한 일개 사립대학의 대 정부 항명
사건은 대학가에선 처음 있는 사태로 당시 교육계는 물론 온 사회
가 경악하는 엄청난 파장을 일으켰다.

결과적으로 이대의 신입생 증원은 이루어지고 김옥길 총장은 6개월 만에 복직되었지만 이 상황이 해피엔딩으로 종료되기까지 정충량이 단독 기획한 치밀한 대언론작전이 있었음을 아는 사람은 극히 일부에 지나지 않았다. 그 과정과 결말은 한편의 드라마였다. 사태가 종결되기까지 몇 개월 동안, 김옥길 총장과 정충량 선생은 정의에 헌신하고 대상이 누구라도 부당하게 권력을 행사할 땐 좌시하지 않겠다는 우직스러운 양심과 용기로 우리 사회에 경종을 울린 것이다. 그는 여성 인력이 국가 발전에 필수 요건임에도 교육여건이 충분히 갖춰진 여자대학의 여성인력 양성을 제한하는 문교부의 불합리성을 언론에 알리고 사회적 공감대를 형성함으로써 여론을 반전시키는 데 성공을 거두었다.

　　여기엔 당시 유력 일간지였던 동아일보의 공감과 지지가 큰 영향력을 발휘하여 김옥길 총장이 여론에 힘입어 그의 의지를 관철하는 데 일조가 되었음을 부인할 수 없다. 당시 동아일보는 '이대 문제와 문교부의 감정적 태도'라는 제목의 동년 3월 6일자 사설에 다음과 같이 견해를 밝혔다.

"지금은 군정이 아니라 민정이라는 것을 우리는 똑똑히 명심하고 있을 필요가 있다. 특히 상대가 사학인 경우에는 사학의 자율성을 최대한 보장해 주는 방향으로 문교 정책은 정하여져야 하는 것이므로 비록 법에 규정된 것이 있다고 할지라도 여기에서 부여된 권한이 남용되어서는 아니 되는 것이므로…… 우리는 문교부 당국자가 이제라도 늦지 않으니 빨리 이성에 돌아가 감정적 보복과 같은 어리석은 과오는 범하지 않도록 하는 것이 좋으리라고 권고한다……."

혜안과 결단력, 그리고 악을 선으로 다스리는 리더십

정충량 선생은 무엇보다 공·사간에 진정한 휴머니스트였다. 아직도 잊히지 않는 일화가 있다. 그가 보직하고 있던 사무실에서 어느 날 난처한 사건이 하나 터졌다. 야간 고등학교에 다니며 사무실의 잡무를 보조하던 사환 학생(당시 명칭)이 고의적인 금전 사고를 저질렀다. 처음으로 이런 일을 당하자 사무실 사람들은 모두 충격을 받고 당장 그를 해고해야 한다고 흥분했다. 그런데 부정과 불의에 대해선 언제나 단호하던 선생께서 뜻밖에도 "어린 나이에 불명예로 직장에서 해고된다면 그의 장래가 어떻게 되겠는가. 그가 다른 직장을 찾아 원만하게 떠날 때까지 그를 보호해 주어야 한다"며 반대하셨다. 남다른 질곡을 헤쳐 온 삶의 여정이 그를 그토록 농익게 한 것일까. 인간에 대한 긴 안목과 깊은 배려, 그리고 악을 선으로 다스리는 그의 리더십은 10여 년간 그의 주변에 머무는 동안 크고 작은 일들을 통해 항상 나를 깨우치며 나의 성숙을 도와주었다.

　세기말 전환기 한 시대의 중심에서 언론인이라는 전문직으로 천정을 깬 개척자, 다양한 초유의 역할을 수행하며 여성 문화의 지평을 넓혀 온 정충량의 근본과 그 의미를 요약한다면 창의력,

제3회 〈신사임당의 날〉 대한주부클럽 연합회 이사 사진(가운데), 1971

추진력, 정의로움, 휴머니즘이라는 네 가지로 정의하는데 주저할
필요가 없을 것이다. 그가 살아낸 전환 시대는 일제 식민지하, 광
복과 전쟁, 그리고 개방이라는 그 어느 것 하나도 만만치 않은 시
간이었다. 그 난폭한 기류 속에서 불확실성의 안개를 헤치며 기치
를 높이 들고 선두에 설 수 밖에 없었던 정충량의 삶과 역할은 개
인적 도전과 성취가 아니라 다가오는 20세기에 걸맞은 한국 여성
문화와 전문성을 창출해야 했던 운명적인 것이었다고 해야 할까.
전환 시대 한국 사회가 그 역할을 담당할 메신저로 여성 언론인
정충량을 선택한 것은 한국 여성을 위한 가장 적절한 시대적 눈높
이였다고 감히 말하고 싶다.

시대정신이 바뀌는 굽이굽이마다 당신에게 주어졌던 엄청난 과업이 그의 심신을 너무 소진시켰는지 숙명여고 교장으로 재직 중이던 80년대 후반 안타깝게도 점차 건강이 쇠하기 시작하는 모습이 동료들과 주변 사람들의 눈에 띄기 시작했다. 그는 모교 숙명여고 교장으로 취임한 후에도 1906년 구황실 재단으로 설립되어 70여 년 동안 서울 종로구 수송동에 터 잡고 있던 학교를 80년대 초 미래를 내다보며 그 어느 학교보다 앞서 과감하게 강남 도곡동으로 학교를 이전함으로써 명문 사학으로 재도약하는데 결정적 치적을 남겼다. 시대를 통찰하는 혜안과 결단력이야말로 그 무엇보다 중요한 지도자의 덕목임을 일깨워 주는 사례라고 하겠다. 1988년 그는 교장 재임 중 건강 악화로 임기를 채우지 못하고 현직에서 물러났으며, 이후 자녀들이 있는 미국으로 건너가 1991년 작고(作故)의 소식을 고국에 전해왔다.　　●

외길 50년 한국 방송계 거목, 노정팔

•

김성호 | 전 광운대 정보콘텐츠대학원장

순수 방송인의 한국 방송 현대사 기록

노정팔(盧正八, 1919~2002) 선생(이하 '노정팔')은 한국 방송 현대사에 큰 업적을 남긴 방송인이자 한국 방송 역사 연구가이다. 특히 한국 방송 역사의 사료를 수집하고 공부하는 나에겐 참으로 고귀한 스승이자 멘토이기도 하다. 과연 그가 없었다면 한국 방송 현대사 역사기록은 어떻게 되었을까? 그의 기록 정신은 어느 학자나 언론인도 따라갈 수 없는 비범(非凡)한 경지였다. 남다른 사명감과 빼어난 기억력으로 이루어 낸 역저 『한국방송과 50년』(나남출판, 1995)은 이 분야 연구자의 필독서이다. 이 저서는 방송 역사 연구야말로 방송 현장과 그 실제를 정확하게 파악한 다음 이루어 갈 때 더욱 값지다는 교훈을 주고 있다.

노정팔은 1945년 방송계에 편성요원으로 입문하여 방송 제작자로, 관리자로, 경영자로서 평생을 살다 간 순수 방송인이다. KBS에서는 일선 PD, 편성계장, 방송과장, 지역국장(부산, 대구), 서울국제방송국장, 중앙방송국 라디오부장(부이사관) 등을 거쳤다. 또한 정부 부처의 방송정책을 관장하던 공보실, 공보부, 문화공보부 부처의 방송관리국에서는 지도계장, 관리과장, 관리국장으로 봉직했다. 특히 우리나라 방송정책 최고의 책임 자리인 방송관리국장 재임 시에는 국영방송 KBS를 공영방송으로 전환하는 데 앞장서 발기인으로 참여했다. 그는 1973년 한국방송공사(한국방송, KBS)가 발족되면서 초대 감사를 역임한 뒤, 70대에 들어선 1988년 KBS 민선 이사장으로 5년간 재임한 후 방송계를 떠났다.

노정팔은 학구적 자질도 뛰어나 방송 연구에 남다른 관심을 보였다. 그는 KBS 초년 PD 시절인 1947년, 곽복산(郭福山, 1911~1971)이 창설한 서울신문학원에서 공부하며 언론학계와 교류도 시작했다. 곽복산은 한국신문학회(한국언론학회)를 창설하고 오랫동안 회장을 지낸 바 있다. 노정팔은 이 인연으로 곽복산과 더불어 한국언론학 발전을 위해 함께 노력하는 동지가 되었고, 이후 『한국신문학사』에 '한국신문학 교육의 개척자 우당 곽복산'을 회고하는 장문의 글을 실었다(차배근·이대룡·정진석·박정규, 『한국신문학사』, 정음사, 1977, 114~122쪽). 곽복산의 후배 혹은 제자 학자들이 많은데, 노정팔이 이 글을 집필하게 된 것은 곽복산과의 관계뿐 아니라 그의 학구정신을 고려한 편찬위원들의 배려로 판단된다.

공부하라, 방송을 공부하라

내가 노정팔을 처음 만난 것은 1970년 9월이다. 당시 노정팔은 50대 초반으로 정부 부처인 문화공보부 방송관리국장이었고, 20대 초반이었던 나는 국영방송 KBS 방송원 응시생이었다. 문공부 청사(현 대한민국역사박물관)에서 입사 시험 최종 관문인 '면접'을 치르는 자리였던 것으로 기억한다. 좀 과장해서 표현하면, 면접위원장 자리에 있는 천상(天上)의 방송 거목과 천하(泉下)의 방송 지망생이 조우(遭遇)한 것이라고나 할까. 까마득한 선배 노정팔을 보며, 나도 방송사에 한 획을 그어보리라는 포부를 다짐했던 기억이 지금도 생생하다.

나는 그 해 10월에 노정팔을 두 번째로 만났는데, 풍광 어린 남산 길 위에 자리했던 KBS 수습사원 연수 장소인 서울중앙방송국에서였다. 하늘 같은 대선배와 이제 첫 발을 떼는 조건부 방송원보(放送員補) 사이라 노정팔은 나를 기억할 수 없었겠지만, "공부하라, 방송을 공부하라"라는 그의 훈화(訓話)가 지금도 내 뇌리에 생생하게 남아 있다. 노정팔과의 본격적인 만남은 15년여 후인 1988년, 그가 KBS 이사장으로 취임하면서부터다. 나는 "진정한 방송인은 높은 창작 의욕과 심오한 사고력, 성실성을 갖춰야 한다"라는 그의 신념을 내 방송 인생의 이정표로 삼고, 지평을 넓혀왔다고 해도 과언이 아니다.

KBS 첫 공채 입사, 편성 요원(PD)으로

1919년 8월 함경남도 갑산에서 출생한 노정팔은 갑산농림학교를 거쳐 만주 하얼빈농업대학을 졸업한 이듬해인 1945년 11월, 서울 중앙방송국에서 '해방 1기 방송요원(아나운서)'을 모집한다는 방송을 듣고 상경했다. 입사 시험에 당당히 합격하면서 방송계와 인연을 맺은 그는 정작 아나운서가 아닌 '편성' 요원이 됐다.

당시 공채 제도는 아나운서 직종만 뽑고 제작 분야는 따로 뽑지 않았는데, 면접 책임자인 서울중앙방송국장인 이혜구(李惠求, 1909~2010)가 노정팔에게 "꼼꼼한 성격을 보니 아나운서보다 편성 쪽이 어울리겠다"고 권유해 편성 직을 택했다고 한다. 이혜구는 1932년 일제강점기 경성방송국 아나운서로 입사해 얼마 후 편성으로 옮겨 국악 프로그램 등을 제작했으며 1940년대 들어서 한국인 방송 책임자로 제2방송부장 대리, 보도과장을 지내다 해방 후 초대 서울중앙방송국장을 지낸 인물이다. 한국 국악 연구의 비조(鼻祖)로 서울대학교에 국악과를 창설하고 초대 학과장을 맡았으며, 더 나아가 '한국국악학회'를 만든 교수이자 국악 학자이기도 하다.

노정팔은 이혜구가 편성 직을 권유한 당시 상황을 이렇게 회고한 바 있다(『한국방송과 50년』, 나남출판, 1995, 23쪽).

"당신은 꼭 아나운서라야 되느냐? 아나운서가 아니라도 상관없지 않으냐"고 이혜구 국장이 의미 있는 질문을 했다. 나는 "꼭 아나운서가 되고 싫어서 시험을 치른 것은 아닙니다. 방송에 관심이 많아서 시험을 쳤습니다. 그러나 여기서는 아나운서 시험밖에 없으니 이 시험을 치를 수밖에 없었습니다"라고 대답했다. 다음에는 좀 더 구체적으로 질문했다. "프로그램을 편성하는 일에 배치해도 좋겠느냐"라는 것이었다. "그것은 오히려 제가 바라던 바입니다. 합격시켜 준다면 열심히 하겠습니다"라고 대답한 것이 인연이 되어 그때부터 방송에서 반세기의 세월을 보내게 된 것입니다.

그 당시는 프로듀서(PD)라는 용어도 없던 시대여서, 그 직무를 수행하는 직종을 '편성'이라고 불렀다. 편성의 개념을 노정팔은 "프로그램의 기획, 방송순서의 발행, 운행 등 고유 업무뿐 아니라 방송제작까지 통틀어 말했다. 또한 이에 종사하는 기획, 편성, 제작의 모든 종사자들까지 '편성'이라고 호칭하였던 것이다"라고 정의하면서, "PD라고 부르기 시작한 것은 6.25 전쟁 중 부산 피난시절, 방송을 운행하는 MD(Master Director)를 따로 두면서부터 PD, MD라는 직책을 분리하여 부르기 시작한 데서 비롯되었다"라고 밝히기도 했다. 따라서 그는 사실상 해방 이후 우리나라 최초의 방송 프로듀서가 된 것이다.

노정팔은 입사 후 상사인 이혜구, 김진섭(전 서울대 교수, 『인생예찬』을 쓴 수필가), 이계원, 송영호 등 선배들에게 지도를 받으면서 방송전문인의 길로 들어섰다. 그는 타고난 근면성과 성실성을 바탕으로 창의력을 발휘하여 새로운 프로그램 개발에도 적극적이었다. 특히 그는 라디오 다큐멘터리 장르에 각별한 관심을 갖고 있어서

노정팔 선생

1948년 정부 수립 전후로 전국을 순회하며 녹음구성 프로그램을 제작하기도 했다.

녹음구성 프로그램 제작은 무거운 녹음기를 걸머지고 전국을 돌아다녀야 하는 고된 일이었다. 게다가 변변찮은 봉급으로 도시락을 싸 갖고 다닐 형편도 못되어 점심을 굶을 때가 많았다고

한다. 그 당시 워낙 박봉인지라, 노정팔은 가족들과 서울에서 살림을 꾸려 갈 수 없어 북한의 고향 부모 곁으로 부인과 자식을 돌려보낼 수밖에 없었다고 한다. 나는 어느 선배로부터 이 얘기를 듣고, 이 방송 선인(先人)을 더욱 존경하는 마음으로 대하기도 했다.

노정팔은 키가 크고 뼈대는 굵은 편인데도 살집이 없어 병약해 보였는데, 결국 폐결핵에 걸려 마산요양소에 입원하기도 했다. 그것도 아파서 본인이 찾아간 것이 아니라 향토 문화를 소개하는 지역 탐방 프로그램을 제작하기 위해 마산의 결핵요양소를 취재하다가 그곳 의사의 권유로 검사해 보고 결핵인 것을 알았다고 한

다. 그 즉시 방송국에 연락을 취하고 입원 치료를 받았지만, 노정팔은 평생 그 후유증으로 고생한 것으로 알려져 있다.

제작 현장, 방송정책의 기틀을 세우다

한국전쟁이 끝나자 서울중앙방송국도 1953년 부산에서 서울로 돌아와 본격적인 라디오 방송시대를 열었다. 노정팔도 1953년 환도(還都)부터 1960년 4.19 자유당 말기까지의 기간을 자신의 방송경력에서 가장 보람 있고 업적도 많이 남긴 시절로 회고한 바 있다.

노정팔은 1950년대 후반, 진행자(지금의 PD)들과 인기 절정이었던 아나운서들과 함께 〈누가누가 잘하나〉 〈무엇일까요〉 등의 어린이 프로그램을 비롯해, 〈노래자랑〉 〈스무고개〉 〈재치문답〉 〈스타탄생〉 〈수요일 밤의 향연〉 등과 같은 공개방송 프로그램을 개발했다. 아울러 드라마 작가를 발굴하고 성우를 공모하여 〈인생역마차〉 〈명작극장〉 〈주간연속극〉 〈일일연속극〉 등 프로그램을 편성해, 주옥같은 라디오 드라마도 제작하는 방송환경을 조성하기도 했다. 그는 기억력이 뛰어나, 훗날에도 드라마 제목만 대면 작가와 줄거리, 주연 성우의 이름까지 정확히 꿰고 있을 정도였다고 한다.

노정팔은 방송현장의 실무뿐 아니라 중간 관리자로서 편성과 방송행정에도 열정을 쏟았다. 성장기부터 워낙 방송에 관심이 많았던 터라 방송 일이라면 무엇이든지 마다하지 않은 것이다. 조사계장과 편성계장을 거치며 일제 강점기 스타일을 벗고 새로운 제

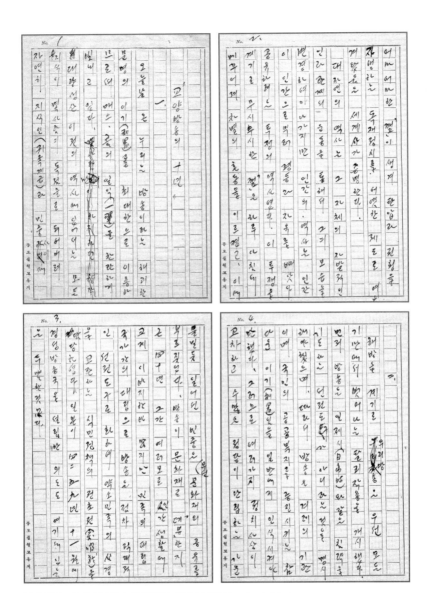

월간 『방송』 1958년 8월호에 게재된 노정팔 선생의 글 (필자 소장 친필 원고)

도를 도입하여 새로운 형식의 프로그램을 편성하는 데 힘을 쏟았다. 이때 그가 만든 편성 시스템은 이후 우리나라 방송의 기틀이 되었다고 해도 지나치지 않을 것이다.

노정팔은 1957년 정부 부처인 공보실 방송관리국 지도계장으로 옮겨가 전국 방송국을 총괄했다. 라디오 보급률이 낮았을 때 앰프를 통한 스피커 방송을 개발하고 '농어촌 스피커 보내기' 운동을 전개한 것을 비롯하여 많은 방송정책을 수립했다. 우리나라 최초로 방송인 연수를 기획하여 제도화한 것도 이때다. 우선 한 달 동안 '전국 아나운서 강습'을 서울중앙방송국 정동 스튜디오에서 실시했다. 실기가 위주였지만 일반 상식과 교양 과목도 겸하여 1개월 동안의 강습을 마쳤다.

노정팔은 이 시절에 전임 배준호(裵俊鎬, 1923~1990)가 기획한 한국 최초의 방송 잡지 『방송(放送)』 창간호를 내고, 방송연구실 요원들과 매달 잡지를 발행했다. 그 창간호 첫 장에는 공보실장 오재경(吳在璟, 1919~2012)의 창간사가 간략하게 실려 있고 맨 뒷면의 판권에는 편집·발행이 공보실 방송관리국, 발행 일자가 단기 4289년(1956년) 9월 25일로 되어 있다.

노정팔은 그다음 해 6월 공보실장 오재경의 추천을 받아 미국 보스턴대학 등에서 방송제작 해외 연수를 받았다. 이때 동행한 이가 한국 최초의 텔레비전 방송 PD 1호인 HLKZ-TV의 최창봉(崔彰鳳, 1925~2016)이다. 최창봉은 1956년 HLKZ-TV 개국요원(PD), 1961년 KBS-TV 개국 준비 책임자, 1963년 동아일보사 부설 동아방송국 개국 책임자, 1971년 KBS 중앙방송국장, 1973년 한국 방송공사 발기인 및 초대 부사장, 1988년 MBC 사장 등을 지낸 한국 방송계의 큰 어른이다.

노정팔은 1957년 5개월간의 미국 연수를 마치고 돌아와 방송관리과장이 되면서 여러 가지 방송정책을 내놓았다. 대표적인 것이 〈방송 일반기준〉의 제정이다. 이 기준은 방송의 기본 방침과 그 한계를 밝힌 것으로, 오늘날 방송윤리 강령의 뼈대가 되었다. 1958년에는 방송문화 향상에 공헌한 이들을 선정해 시상하는 〈방송문화상〉도 처음 제정했는데, 이때부터 해마다 시행하다가 1968년 〈한국방송대상〉으로 승계되어 지금까지 이어져오고 있다.

노정팔은 1959년 다시 방송현장으로 복귀하여 서울중앙방송국 제1방송과장을 거쳐 1962년 부산방송국장을 지내다 1963년 서울국제방송국장을 3년간 역임한 후, 1968년 7월부터 2년간 통합 KBS 중앙방송국 라디오부장이 되었다. 그러다 다시 문화공보부로 돌아간 1970년 9월부터 1973년 2월까지 방송관리국장을 맡아 정부의 방송정책 책임자로 활약했다. 방송관리국장은 방송정책 최고 직위이지만, 노정팔은 공과 사의 구분이 분명해 가까운 지인이라도 보직이나 승진에 도움을 주거나 특혜를 준 적이 없을 정도로 강직한 성품이었다.

노정팔이 방송관리국장으로 있던 이 3년은 가장 어려운 시기였는지도 모른다. TV 방송에서 장발과 미니스커트를 금지하는 등 당시는 드라마와 연예오락 프로그램의 저속화와 퇴폐성을 문제 삼던 시기였다. 또한 일일연속극 중간 광고의 광고 시간과 편수가 과다해져 시청자들의 비난이 쇄도했다. 이런 문제로 노정팔은 방송법을 개정하고 각 방송국에 자율심의를 위한 '심의실'을 설치하는 것을 추진했다. 민간 방송사들의 반발이 심했지만 노정팔은 이들에게 당위성을 설득하고 결국 법제화를 관철시켰다.

이 방송법 개정과 함께 그가 심혈을 기울인 것이 국영방송 KBS의 공사화(公社化)였다. 노정팔은 주무부처 담당 국장으로 중앙방송국장 최창봉 등과 발기인으로 참여하여 KBS 공영화 정책을 헌신적으로 추진했다. 정부와 정치권의 외압도 있었지만, 끝까지 소신을 굽히지 않았다. 순수 방송인들의 가장 큰 소망이자 진정한 바람이 KBS의 공사화라는 것을 누구보다 잘 알고 있었던 것이다. 이후에도 노정팔은 사회 변혁의 시기마다 방송개혁에 힘을 쏟았으며, 외풍이 있을 때마다 직접 신문에 기고하거나 토론회에 나서는 등 헌신적이고 개혁적인 방송인의 모습을 보여주었다.

KBS가 1973년 3월 3일 한국방송공사로 출발하자, 공사 창립 주역이었던 노정팔은 초대 감사로 취임했다. 3년 8개월의 재임 동안 처음으로 공영방송의 감사 제도도 만들었다. 두 번의 감사 임기를 마친 1976년 10월 말에는 민간 상업방송의 효시인 부산MBC 전무로 초빙되어 4년 5개월간 재임, 지역 방송의 발전과 내실을 기하는 데 헌신했다. 젊은 PD, 기자들과 함께 창의력을 발휘할 수 있는 환경을 조성하여 새로운 프로그램과 사업을 만들어

사원들의 칭송을 받았다. 그와 일했던 많은 중견 방송인들은 후에 부산MBC의 최고 경영자가 되었다.

다시 KBS로 돌아오다

1980년대 후반에 들어서자 KBS에는 사회 민주화 열풍과 맞물려 '방송 민주화' '자율경영'을 추구한다는 명제 아래 민선 이사 체제가 도입됐다. 1987년 6.29 선언 이후, '언론기본법'이 폐지되고 '한국방송공사법'이 개정되면서 이사진이 새롭게 구성된 까닭이다. 노정팔은 1988년 10월 고희가 되어 그의 방송생애 출발지요, 청장년 시절 신명을 바쳤던 KBS의 이사장으로 방송계에 복귀했다. 국가 대표 공영방송사의 최고 의결기관인 이사회의 장(長)이 된 것이다. 이는 방송인 출신으로 이사장을 맡은 첫 사례였는데, 이사장 앞에 '민선'과 '초대'라는 수식어가 붙여졌다. '국민을 대표하는 이사회'라는 자긍심이 반영된 표현이었다.

　내가 노정팔을 가까이서 뵈며 깊은 관계를 맺기 시작한 것도 민선 이사장으로 취임한 때부터이다. 그때 노정팔과 인연의 끈을 다시 가깝게 이어준 분이 KBS 초대 교육국장을 지낸 김호영(金瑚瑛, 1931~2010) 선배이다. 그는 문화공보부 사무관, 서기관 시절 노정팔을 보좌했고, 한국방송공사 출범의 실무 책임자였다. 노정팔이 이사장이 되고 얼마 후 김호영이 전화를 걸어와 "김 형! 노정팔 이사장님이 오랜만에 KBS로 다시 오셨는데, 연세도 있고 하니 잘 좀 도와줘"라고 말했다. 당시 나는 PD 생활을 접고 KBS에서 처음 연구소로 직제화(職制化)된 방송문화조사연구소에 근무하다가 이사장과 사장 등 임원진만이 집무하던 KBS 본관 6층의 유일한 업무 부서인 정책개발국 방송정책 파트에 붙잡히듯 차출되어 일하고 있었다. 그 시기에 나는 한국 방송편성의 귀재로 일컬어지던, 내 인생의 멘토 중 한 분인 윤혁기(尹赫基, 1937~2016, 전 KBS 부사장·SBS 사장)를 만나 그로부터 방송정책과 경영수업을 혹독하게 받기도 했다.

얼마 후 노정팔의 호출을 받고 이사장 방으로 찾아갔다. 같은 층에 있던지라 거리상 금방이었다. 그때부터 노정팔은 종종 방송정책에 관한 내 생각과 의견을 물었으며, 나는 간간히 간단한 기획서를 만들곤 하였다. 그러나 노정팔은 절대로 사적인 일을 시키지 않았고 나를 사사롭게 대하지도 않았다. 정도(正道)의 자세로 업무를 처리하면서 KBS의 발전만을 추구했다. 이처럼 그는 공사 구분이 명확하고 깔끔한 성격에 학구적인 면모를 보여주는, 그야말로 이상적인 방송 선배였다. 워낙 검소하고 소탈한 데다, 연세도 선고(先考)보다 많은 편이라 잘 보필하려고 노력했다. 노정팔 부부는 오래전부터 세검정에서 허름한 한옥에 살고 있었는데, 어쩌다 방문해 보면 좁다란 거실 책장에 책만 그득했다. 책꽂이에는 내가 공부하는 한국 방송 역사와 관련된 자료가 많아, 호기심에 들여다보고 있으면 "필요하면 가지고 가라"는 말씀을 건네곤 했다.

노정팔은 KBS 경영에 관한 최고 의결권자로서 마지막 방송

KBS 1TV를 통해 '방송의 날' 특집으로 방송된 〈우리 방송이 걸어온 길〉이라는 프로그램 타이틀
화면, 2001. 9. 2.

생애를 보냈다. 보다 정확히 말하자면 그가 이사장으로 재임한 것
은 1988년 10월 26일부터 1993년 8월 31일까지인데, 이 시기는
한국 방송사에 각 직능 단체가 조직되고 노동조합이 결성되어 그
동안 막혔던 언로와 욕구가 한꺼번에 분출되는 혼란스러운 때였
다. 그는 이사장으로서 KBS의 경영합리화에 목표를 두고 수입을
극대화하고 지출은 절감하는 방안을 강조했으며 예산, 결산, 월별
경영실적 보고는 물론이고 경영 평가에도 강도를 높여 나갔다. 뿐
만 아니라 합리적인 조직관리, 공정한 인사관리, 사원의 능률 극대
화에도 힘을 기울였다.

그는 무엇보다 국민의 신뢰를 받고 생활 속에 스며드는 품위

있는 방송을 창출하는 데 역점을 두었다. 아울러 다매체 시대의 기술혁신과 연구개발에 우선순위를 두고 투자할 것을 촉구하기도 했다. 노정팔은 이렇게 열정적으로 활동하다 1993년 8월 KBS 이사장을 끝으로 방송계를 떠났다.

노정팔이 세검정 자택에서 칩거 생활을 할 때도, 나는 가끔 만나 담소를 나누고 지도를 받았다. 그 세월도 10년 가까이 되던 어느 날, 노정팔을 모시고 90분간 특집 대담 방송을 진행하기도 했다. 2001년 9월 2일 KBS 1TV를 통해 '방송의 날' 특집으로 방송된 〈우리 방송이 걸어온 길〉이라는 프로그램이었다. 타이틀도 그렇고, 방송원로 노정팔만이 가능한 테마였는데, 재방송까지 하는 영광을 누렸다. 이는 당시 KBS 편성본부장이었던 이홍주(전 KBS 사우회장)의 안목과 배려에서 비롯되었다.

고매한 인품과 방송 열정을 기억하며

노정팔의 방송 50년을 돌아보면, 그는 방송만 생각하고 생활했던 전형적인 순수 방송인으로 후배들에게 큰 귀감을 남긴 인물임을 알 수 있다. 무엇보다 그는 방송인으로서의 덕목과 자질을 언행을 통해 보여준 방송 선구자였다. 방송인에게 절실히 요구되는 성실성, 근면성, 책임감 등을 솔선수범하여 보여주었으며, 특히 권력과 돈을 저울질하는 시류에 초연한 채, 오직 방송 발전에만 관심을 기울였다.

그가 공적, 사적 생활에서 지극히 검소하고 겸손한 자세로 일관했음은 세간(世間)에 잘 알려진 사실이다. 청렴한 공직 생활이 몸에 밴 터라, 그는 1950년대 KBS 사원 조합에서 AID 자금으로 마련한 국민주택으로 입주한 세검정 자택에서 작고하기 전까지 거주했으며, 냉난방 시설도 말년에 가서야 설치했다고 전해진다.

노정팔은 불의와 타협하지 않고 사람을 가려 사귀는 깐깐한 성품이지만, 젊은 방송 후배들과 어울려 격의 없이 방송에 관해 이야기하기를 즐겼다. 또한 선배들도 좋아해서 동료나 후배들로부터 좋은 평을 듣지 못하거나 방송을 그르친 선배라도 폄하하는 말을 한 마디도 한 적 없는 점은 그의 인간적인 면모를 알려준다.

그가 학구적인 방송인이었다는 점도 우리가 기억해야 할 부분이다. 그는 방송 PD로 입사해서도 꾸준히 공부하며 수많은 방송 관련 글을 집필했다. 후술하겠지만, 방송관련 전문 잡지나 신문에 그가 남긴 글은 헤아릴 수 없이 많다. 1958년 『방송』에 실린 '교양 방송 10년'부터 1997년 『방송문화』에 쓴 '그 시절의 방송 인맥 – 나의 현역 시절'에 이르기까지 그 양이 방대하기가 이루 말할 수 없다. 특히 그의 일기(日記) 쓰기는 참으로 대단했다. 내가 소장하고 있는 그의 일기를 보면, 1945년 방송국 입사 시기부터 50여 년간 허름한 노트나 업무수첩에 끊임없이 일기를 기록한 것을 알 수 있다. 여건이 주어지면 나는 이를 '노정팔의 방송일기'라는 제하의 단행본으로 펴내 1940년대에서 60년대까지의 한국 방송 역사의 이면을 기록으로 남기고 싶은 마음이다.

노정팔 일기 원본

　　노정팔은 이렇게 탐구 정신이 강했던 만큼, 한국방송사 연구
에 초석을 놓기도 했다. 그가 1995년 저술한『한국방송과 50년』
은 700여 쪽에 이르는 방대한 책으로, 일실되기 쉬운 방송사적
사실을 정확하게 남겨, 지금까지도 '한국 방송 역사의 기본 교재'
로 일컬어지고 있다.

　　특히 노정팔은 1960년대부터 방송 역사 관련 저술 활동을 꾸
준히 펼쳐 왔는데, 그가 집필한 언론(주로 방송)에 관한 글은 여러

전문 잡지에서 발견할 수 있다. 1999년에 내가 펴낸『한국방송관계문헌색인 1925~1997』(나남출판) 개정증보 4판의 '인명 색인'에서 '노정팔' 편을 찾아보면, 50여 편의 글을 확인할 수 있다. 대체로 1960, 70년대 것이 주류를 이루는데, 그 일례를 들자면 1968년 정부 부처인 문화공보부가 펴낸「한국의 언론」(대한공론사) 1집을 꼽을 수 있다. 이 연구서는 12개의 장으로 구성되어 있고 노정팔('방송부문'), 곽복산('5.16혁명과 언론')을 비롯하여 백순재('잡지부문'), 유재천('현재의 언론') 등 총 10명의 필자가 참여했는데, 이 책을 보면 노정팔의 연구 능력과 위상을 엿볼 수 있다. 이 밖에도 노정팔의 대표적인 기고문으로 '한국방송 반세기'(저널리즘, 1976. 봄), '상업방송 20년: 부산문화방송국 20주년을 기해'(신문연구, 1979. 봄) 등이 있다.

한편, 노정팔은 방송 발전에 기여한 공로로 서울시문화상(1965), 대한민국홍조근정훈장(1973), 한국언론학회 언론상(1991) 등을 수상했으며, 저서로는『한국방송과 50년』외에도 우리나라 초기 방송의 뒷이야기를 담은『휴일없는 메아리』(한국교육출판, 1983) 등 방송 관련 저서와, 우리나라 최고의 오지로 알려진 삼수갑산의 역사와 풍물을 담은『삼수갑산 어디메오』(도서출판 산악문화, 1996)가 있다. 그는 대한민국 최북단에 고향을 두고 온 실향민이라 평생을 향수에 젖어 살았던 것으로 보인다. 노정팔은 2001년 한국방송개발원(당시 원장 이경자)이 창안하여 주관한 〈방송인 사이버 명예의 전당〉에 첫 번째로 이혜구 등과 더불어 헌정되었다. 그 당시 이 전당의

노정팔 선생 3주기 추모회를 마치고 여의도 KBS 별관 앞에서.
참석자들의 서명판을 들고 있는 필자와 둘째 줄 중앙에 최창봉 원로, 2005. 7

운영위원으로 참여했던 나는 이 원로들의 프로필을 집필하는 영
예를 누리기도 했다.

10여 년 이어온 추모행사

노정팔은 2002년 7월 31일 향년 83세로 별세했다. 작고하기 얼마
전 병실로 찾아갔을 때 그는 "내가 60대일 땐 해마다 달라지더니,
70대에는 달마다 달라지고, 80대에 들어서니 날마다 달라지네"라
는 말을 남겼다.

내가 KBS 경영진과 협의하여 KBS 신관에 마련한 그의 영

결식장에는 박권상(朴權相, 1929~2014) 당시 사장과 서영훈(徐英勳, 1920~2017) 전 사장 등을 비롯해 박경환(朴敬煥, 1927~2016), 이정석(李貞錫, 1932~2008) 등 KBS에서 본부장(이사) 등을 지내며 그를 보필했던 후배들이 참석했다. 사회를 맡은 아나운서가 영결식 시작을 알리고 고인에 대한 묵념 후에 내가 약력보고를 했다. 이어 그의 평생 방송 동지였던 최창봉이 "바로 엊그제 병실로 찾아갔을 때, 전에 건강했을 때처럼 해맑은 웃음으로 우리를 반갑게 맞아주시던 노정팔 이사장님! 어느새 유명을 달리하여 이사장님 유영(遺影) 앞에 서고 보니 무너지는 마음 걷잡을 수가 없습니다"라고 추도사를 시작하자, 장내가 숙연해졌다. 영결식을 마치고 곧바로 나는 고인을 유가족들과 KBS 대형버스로 모시고 안성묘지에 안장했다. 그가 작고한 후 나는 선배들과 더불어 10주기까지 소박하게나마 추모행사를 가져왔다.　●

독일 신문학 연구의 선구자, 인석 박유봉

•

김학천 | 전 건국대 신문방송학과 교수

언론학 또는 매스 커뮤니케이션 이론을 50년대나 60년대에 강의
했다면 그는 이 분야의 원로로 평가해도 될 것이다. 1940년대나
그 이전에 이 분야를 전공한 학자가 없는 것은 아니지만 실제로
제자를 육성하고 사회현장에 적용하도록 전달하지는 못했기 때문
이다.

인석(仁石) 박유봉(朴有鳳, 1920~1994) 교수는 50년대에 독
일에서 공부한 이론을 독일 방식대로 신문학(짜이퉁스뷔쎈샤프트
Zeitungswissenschaft) 그리고 이론의 이름이 바뀐 신문학(푸블리찌스틱
Publizistik), 또 그로부터 얼마 후 우리말로 번역된 공시학(公示學)을
연구하고 대학과 대학원에서 강의했다. 당시로서는 선구적 역할이
었다.

뮨헨학파(독일이론) 도입, 소개하다

일찌기 언론(초기 유럽의 개념으로는 신문을 뜻함)이 지니는 사회, 경제학적 영향력을 체계있게 정리하고 전문적으로 연구하자는 제안은 독일의 경우 19세기 말과 20세기 초에 발의되었다.

이와 같은 언론학 이론의 체계화는 짧은 기간이었지만 바이마르공화국이 폐쇄되기 전인 1920년대 말에 에밀 도비파트(E. Dovifat)가 완성하였다. 커뮤니케이터를 중심으로, 그리고 개념의 윤리성과 규범성을 중심으로 설계된 이른바 규범론은 그 후 20년 정도 단위로 연구의 대상과 핵심 개념을 확대시키거나 변화시키면서 유지되었다.

독일의 언론학에서 연구대상이나 연구개념이 바뀌었다 함은 에밀 도비파트의 언론의 규범성, 즉 송신자 중심의 연구에만 머물다가 2차 대전이 끝난 직후 제기한 게르하르트 하게만(G. Hagemann)의 '내용체계' 중심의 이론이 대두되었고, 다시 20년 후인 60년대 중반에 헹크 프락케(H. Prakke)가 언론 구성요소들의 '관계', 특히 그동안 소홀했던 수용자와의 사회관계를 중심으로 이론의 구성을 변화시켰음을 뜻한다.

그러므로 분석의 심도와 방향은 조금씩 달랐으나 이미 20년대 이론구성 초기부터 송신자 → 내용 → 채널 → 수신자의 구도는 확립되었으나 흐름의 방식, 즉 화살표의 방향과 각 항목의 기능과 위상이 달라진 것이다.

이들 세 가지 변화 명칭을 각각 규범론(에밀 도비파트), 체계론(게르하르트 하게만), 기능론(헹크 프락케)이라 불렀다. 독일이론의 특징은 이들 이론체계 전부가 공공성(외펜틀리히카이트 Öffentlichkeit)을 존립의 기반으로 인정했다는 점이다. 공공성은 '공익', '공정', '공개', '공영-경제성'을 핵심개념으로 해석했으며 그 실용적 실천모델은 지금까지도 독일의 언론체계에 그대로 적용되고 있는 것이다.

이와 같은 학문체계가 한창 확립되던 시기 즉 50년대 초에 박유봉 교수는 일본 상지대 신문학과에서 수학하고 이어서 독일 뮤헨대학에서 「남한의 현대신문구조(Die Struktur des modernen Presewesens)」로 박사학위를 취득했다. 그는 일본대학에서 먼저 독일어 과정을 마치고 대학본과에서 신문학을 전공한 것으로 알려졌다. 그리고 종전 직전까지 일본군 학병으로 소집되기도 했다.

언론학 교과서를 한국 최초로 저술하다

해방 후 부산 동아대와 한양대에서 신문학을 가르치고 거의 한국 최초의 매스컴학 교과서(『매스커뮤니게이션』. 1965)를 출간하였다. 그리고 그가 국내에서 대학원생을 대상으로 독일신문학을 체계적으로 가르치기 시작한 것은 1968년 서울대에 신문대학원이 설립되고부터였다. 그 60년대 말은 위에 적은 대로 독일에서 헹크 프락케의 기능론이 발표되고 미국에서 연구된 매스컴 이론과 지극히 일부가 연결되긴 했지만 서로 완전하게 접근, 융화하기 어려운 이유

『현대매스커뮤니케이션원론』서울대학교 출판부, 1996
(초판 1쇄 발행 1965년)

들이 발표되기 시작한 때였다.

박유봉 교수는 서울대 신문대학원에서 새로운 학문에 접하는 대학원생들에게 최초로 에밀 도비파트의 신문론(짜이퉁스 레레 Zeitungs Lehre)을 강의하였다. 그리고 「푸블리찌스틱의 이론적 전개」, 방송이 시작되면서 확립된 「푸블리찌스틱에로의 확대」(1970), 또한 시대변화에 따라 학계가 궁금해하는 「푸블리찌스틱과 미국 매스컴학과의 비교연구」(1985년) 등을 집필, 발표하였다. 그가 매우 섬세하게 점검한 「미국 매스 커뮤니케이션학과의 차이」는 당시로서는 매우 필요한 분석이었다. 학문을 체계화하고 연구대상을 구체화하는데 미국은 독일보다 늦은 출발을 했다. 그럼에도 불구하고 당시의 연구 학자들은 대부분 미국 쪽을 경유했고 독일어 논문들이 손쉽게 옮겨지지 못했기 때문에 자연스럽게 미국 이론이 주류를 이룬 이유가 된다.

그러므로 박유봉 교수의 학문활동의 시기는 특이할 정도로 중요한 시점이기도 했다. 즉 독일에서는 기존의 에밀 도비파트의 규범론이 이론적 취약성을 드러내며 게르하르트 하게만의 체계론으로 보강되기는 했으나 역시 매스컴과 사회관계를 명료하게 설명하지는 못했고, 그 두 가지 이론의 취약성을 보완하는 방법으로 매스컴 요인의 사회적 관계를 강조하는 헹크 프락케의 기능론이 크게 인정받기도 전에 매스컴 전체의 이념적, 실용적 모순을 지적하는 비판이론이 크게 대두되고 유럽의 대학생 시위로까지 번졌기 때문이다.

이 시기를 푸블리찌스틱학 공백기라고 지적하는 경향도 있었다. 박유봉 교수의 학문적 역할은 이 시기의 유럽 신문학의 현실을 그대로라도 전해주는 역할을 하는 것이며 그런 면에서는 거의 독보적이었다.

다음으로 60년대 말과 70년대 초는 미국 이론과 독일 푸블리찌스틱학의 특성과 상이점을 전해주는 시기였다. 국내의 언론관련학과와 대학들이 증가하면서 이론적 전문성 확립에 목마른 학생들은 비록 어느 한쪽에 치우친 공부를 하더라도 양쪽 학문의 실상과 의미는 알고 배워야 했기 때문이다.

독일의 독특한 신문학 방법론은 완벽한 철학적 정의에 접근하는 주관적이고, 역사론적 배경을 기반으로 하는 서술방식이었다. 원래 독일에서 경험주의적 방법론이 발전하지 못했던 까닭은 외적으로 대학이 교수 개인중심의 연구풍토를 유지함으로서 집단적 연구를 충족시킬 인원과 재정이 모두 부족한 상태였기 때문이기도 했다.

그에 비하면 미국은 계몽주의, 관념론 또는 낭만주의나 절대주의의 정치적, 지적방황을 거치지 않은 채 자유주의와 실용주의의 활용단계에서 이론을 구성했기 때문에 시장에 영향을 미치는 효과론과 수용자 분석쪽으로 직행한 것이다.

60년대 후반, 박유봉 교수의 신문대학원 활동시기에 독일도 미국방식의 실용주의를 활용하려는 시도는 있었으나 성공하지는 못했다. 오히려 독일 국내에서는 푸블리찌스틱학의 공백기를 메꾸려는 피난처로 선택했다는 비판에 직면했던 것이다.

공산주의 언론에 대한 비판

어쨌든 박유봉 교수는 이 시기에 커다란 세 갈래의 언론학 교차로에서 각기 특색을 비교하고 잘 알려지지 못한 유럽, 독일의 학문체계를 전달함으로써 독일이론 즉 푸블리찌스틱의 길잡이 역할을 한 셈이다. 세 갈래 교차로는 위에 적은 독일과 미국의 이론 외에 독일에서 푸블리찌스틱과 거의 같은 시기에 대두된 비판이론을 뜻한다.

비판이론의 창시그룹인 프랑크푸르트 학파는 바이마르에서 출발하여 1960년대 위르겐 하버마스(J. Habermas)까지 이어지면서 자본주의 사회의 물상화(物象化) 현상에 대한 사회적 관점에서의 비판을 시도했다. 특히 이들이 유지해 온 방법론은 역사성과 변증법적 발전 및 총체성 이해에 기반을 두고 실증주의의 인식유도적 관점을 비판하는 데서 비롯되었다.

60년대에 들어서면서 독일의 푸블리찌스틱 학계 내에도 자생적 비판이론이 발생하여 원래 발생 원인이었던 사회과학 방법론 비판 외에 매스 미디어의 도구적 활용을 가능하게 한 푸블리찌스틱 연구에 대한 비판이 더해졌다. 그리고 독일의 에밀 도비파트와 게르하르트 하게만의 전통이론, 즉 규범론과 체계론, 다음 단계인 헹크 프락케의 기능론이 대두하는 거의 같은 시기인 1968년 경에 이들 이론은 서로 만나고, 대립하고 또 세계 각지로 퍼져나가게 된다.

그 1968년은 위에 적은 대로 서울대학교에 신문대학원이 설치되고 박유봉 교수가 게르하르트 하게만의 체계론이 유지되던 이른바 「뮨헨학파」의 활동시기였다. 그러므로 70~80년대를 풍비했던 비판이론을 이해하기 위해서는 50~60년대의 독일 이론을 이해할 필요가 있었다.

초기의 프랑크푸르트 학파의 논문이 어려운 독일어라서 보급이 안되었다는 지적도 있으나 그보다는 실증주의 방법론에 대한 비판 때문에 오히려 미국이 먼저 그 이론을 분석했고 결국 미국을 거쳐 70년대부터 우리나라에 유입된 순서를 밟았다.

필자도 역시 학부에서 하지 못한 매스컴이론을 서울대 신문대학원 설립과 동시에 접하기 시작했다. 거기에서 에밀 도비파트와 게르하르트 하게만의 이론을 박유봉 교수를 통해 만나게 된다. 그런데 그 무렵 일부 학생들은 고전적 독일신문학보다 오히려 나치시대의 지극히 왜곡된 언론의 행태를 분석하려는 호기심을 보이기도 했다.

그에 대한 응답이었는지 박유봉 교수는 독일이론 외에 공산주의 언론에 대한 분석을 진행하였다. 그는 1981년에 『공산주의 언론비판』(역서)을 내고 「공산주의 언론이론과 소련언론」 등의 논문을 내었으며 이들 논문은 학교의 강의로도 활용되었을 것이다.

어쩌면 박유봉 교수가 비판이론과 나치체제의 언론실상에 접근하지 않은 이유는 전자가 원래 맑시즘에 기본토대를 둔 것이었으며 나치의 언론실용체계는 공산주의를 훨씬 능가하는 체제였다는 점일 것이다. 사실상 80년대 이후의 비판이론의 수용은 대학원 학생들과 일부 교수가 영국과 미국을 통해서 받아들이고 전파한 실적을 남겼다.

여기에서 60년대 말과 70년대 초의 한국의 언론학 현실과 언론사 및 언론인의 학문적 분포를 유념해둘 필요가 있다. 신문, 방송, 그리고 정치 경제가 나름대로 활기를 띠고 양적으로라도 발전과정에 들어서긴 했으나 언론을 전문적 위치에서 연마한 인력은 거의 없는 형편이었다. 한두 군데 있었던 언론전공학과 출신이 현장에 투입되는 숫자는 극소수였다. 그러므로 이 무렵에 크고 작은 언론사의 실무자가 대학원 과정의 전공 연구를 할 수 있었던 것은 실로 이 분야에 '가뭄에 단비' 역할을 한 셈이다.

그 과정에서 앞에 적은대로 잘 모르는 유럽, 독일의 학문실체와 대부분이 그대로 수용할 수밖에 없었던 미국의 실용주의를 비교하고 선택하도록 한 박유봉 교수의 역할은 큰 의미를 지니는 것이다.

70년대 중반부터 80년대에 걸쳐 우리에게 밀려든 비판이론의 분석과 수용도 역시 독일 푸블리찌스틱의 전통이론이 계기를 마련했기 때문이다. 사실상 독일도 전적으로 기존의 전통이론에만 머물러 있지는 않았다. 미국의 실증주의도 어느 정도 반영되었는데 푸블리찌스틱의 마지막 단계인 헹크 프락케와 노이만(Noelle-Neumann), 드뢰게(W. Dröge), 레르그(B. Lerg) 등이 이미 60년대에 게이트 키퍼(gate keeper), 오피니언 리더(opinion leader)와 2단계 이론 등을 수용했으나 대부분 이를 재분석하여 각개의 구성요인 중 계량화할 수 있는 부분과 그렇지 못한 요인을 찾아내는 매우 비판적 수용양상이었다.

독일이론의 현실화와 연구활동의 확대

"신문현상" 자체를 매스컴의 총칭이라고 주장하는 독일의 학풍처럼 독일대학은 물론이고 박유봉 교수가 수학한 일본의 상지대학도 학과 명칭을 지금까지 '신문학과'로 유지하고 있다. 서울대의 학부도 오랫동안 '신문학과'였고 '신문대학원'이었다. 푸블리찌스틱을 공시학(公示學)으로 번역해서 쓰는 것도 우리나라에서 70년대 이후이다. 독일 이론은 보급과 전달 및 그에 대한 평가가 쉽지 않았다.

다시 지적하거니와 독일이론 전공자로서 박유봉 교수가 학계에서 연구와 교육을 시작한 시기는 독일이론의 변화단계의 중간지점이었고 방법론이 전혀 다른 미국이론을 대하게 되고, 여기에 독일에서 발생했지만 독일이론 자체를 인정하지 않은 비판이론까지 만나게 된 때였다.

논문집(회갑 및 칠순)에 수록한 그의 연보에 따르면 그는 한국전쟁이 끝나지 않은 1952년 부산대 강사로 출발하여 동아대와 한양대(신문학과)에 봉직했다.

이 시기에 그는 독일유학을 병행했다. 그러므로 국내에서의 논문은 그가 1963년 한양대 주임교수로 옮기고부터 쓰여졌다. 즉 매스컴 전공자를 위한 최초의 종합교재인 『매스커뮤니케이션』(1965)을 필두로 위에 제시한 「푸블리찌스틱의 성립과 구조」 「신문학의 푸블리찌스틱의 확대」 「푸블리찌스틱과 매스커뮤니게이션이론의 비교연구」 외에 「커뮤니케이션을 중심으로 한 야스퍼스의 철학」(1962) 「독일신문학의 선구자들」(1965) 「신문학에 있어 푸블리찌스틱의 문제점」(1966) 「푸블리찌스틱의 연구동향」(1971) 「뮨헨 신문학파의 체계이론」(1975) 「신문학의 성립과 그 학문적 위치」(1978) 등이 독일신문학의 개요를 전달한 논문이었다.

그리고 80년대에 들어서면서 당시 한국사회의 현실적 과제와 연관하여 「언론, 저널리즘의 이념문제」 그리고 역시 시대의 과제로

등장하는 「공산주의
언론」과 「매스미디어
와 교육」의 문제를 논
문으로 발표하였다.

또한 80년대에 집
필한 「한국언론의 이
념정립」 「언론자유의
발전과정」(1980) 「매
스 커뮤니케이션과 이
데올로기」(1981) 등
이 있다. 이미 70년대
에 시작한 공산주의
연구로 「문혁 이후의

회갑 논문집에 실렸던 인석 박유봉 박사

중공의 매스컴」(1978) 「공산주의 언론의 이론적 배경과 시스템분
석」(1982) 「공산주의 언론이론과 소련의 언론」(1984) 등의 논문 외
에 역서로 「공산주의 언론비판」(1981)과 「맑스주의와 권력의 장악」
(1983)이 있다.

그러나 80년대를 기점으로 넓게 유입된 비판이론은 박 교수의 연
구에는 찾아볼 수 없다. 몇 가지 이유를 추정해 볼수 있다.

첫째는 푸블리찌스틱이 이론정립의 정점으로 다가설 무렵, 이
때는 박유봉 교수도 뮨헨학파의 중심지에서 이른바 게르하르트 하

게만의 체계론을 수학하던 시기로 비판이론은 이 시기의 푸블리찌스틱을 사회경제적, 정치적 측면에서 시대에 부응하는 실천적 기능을 지니지 못한 언어수준의 이론으로 비판했다. 구체적으로 에밀 도비파트의 규범론은 도구적 학문의 영역으로, 뮨헨학파와 기능론에 대해서도 수용자의 이상적 참여가 없는 환상적 이론일 뿐 사회적 실제상황을 은폐한다는 극단적 비판을 가했다.

아울러 전통적인 공시학의 핵심개념인 공공성(외펜틀리히카이트 Öffentlichkeit)은 지배계층과 기득권을 유지하는 계층의 시민적 공공성일뿐 비판이론이 지향하는 프롤레타리아 공공성은 아니라는 것이다.

그와 같은 주장과 대립이 첨예화하여 60년대 베를린학생시위(유럽학생 시위일 수도 있다)가 일었고 그 비판적 문제제기에 관한 해결책을 이론 창시자의 한사람인 테오도르 아도르노(Theodor Wiesengrund Adorno)에게 물었으나 자기는 그 해결방안까지는 준비된 게 없다는 대답을 남기고 교육현장에서 사라지는 사태가 일어났다.

초기의 이른바 권력의 도구이론이나 언어 및 행동의 잠재력(해방의) 등의 날카로운 개념제시에도 불구하고 전통적 독일신문학-공시학의 연구자로서 박유봉 교수는 그와 같은 맑시즘이 바탕이 된 비판논리는 받아들이지 않은 듯하다. 그리고 70년대 중반 이후의 연구, 즉 공산주의 언론과 저널리즘, 언론자유 및 통제에 관한 연구의 동기로서는 당시의 독일언론의 현상변화를 생각할 수 있을 것이다. 그럴만한 이유가 있었다.

그것은 이미 50년대 중반부터 60년대 사이에 당시 서독으로서는 푸블리찌스틱 – 언론현상 – 사회체계 전반에 결정적 영향을 미치는 헌법재판소 판결이 나오게 된 것이다. 즉 1956년의 '공산당 위헌판결', 1958년의 '뤼트(Lüth)판결', 그리고 1962년의 '슈피겔(Spiegel) 관련판결', 1961년과 71년의 '제1, 2차 TV판결'을 의미한다.

첫 번째 공산당 위헌판결은 나치체제의 궤멸 이후 연합군, 특히 소련이 포함된 연합군 체계가 독일을 양분하여 점령하고 이른바 냉전체제가 공고해질 무렵에 나온 판결로 '특정한 이데올로기만을 추구함으로써 인간의 기본권이며 발전의 바탕인 사상 및 자유를 제한하지 않도록 보장하는' 조치였다.

두 번째 이른바 뤼트판결은 나치 때 활동한 일이 있는 영화인과 영화사를 대상으로 한 판결로 '자유롭고 민주적인 국가질서를 위해서 기본권으로서의 자유로운 의견발표와 논쟁의 가치를 보장한다'는 것이었다.

세 번째 슈피겔판결은 시사주간지 슈피겔이 「팔렉스(Fallex) 1962」라 명명된 나토의 기동훈련 관계기사와 관련하여 반역죄로 소추된 사건을 말한다. 판결에서 '기본법 제5조의 해석을 바탕으로 언론의 독립성이란 정보의 수집에서부터 전파에 이르기까지 해당되기 때문에 언론과 정보제공자 간의 신뢰 역시 자유언론 개념에 포함되어야 한다'는 것이다.

네 번째 TV방송 판결은 서독 연방정부가 새로 설립되는 독일 제2TV인 ZDF를 "독일 TV 유한회사"로 만들어 정부직영을 시도하자 각 주의 공영방송 등이 이를 저지하는 소송을 말한다. 법원 역시 '기본법 5조를 기반으로 정부 직영방송을 못하도록 하는' 판결을 내놓았다. 1971년의 2차 판결은 공영방송의 본질을 규정하고 상업주의와 구분해야 하는 당위성을 제시했다.

이들 판결내용은 박유봉 교수의 공산주의 연구 및 저널리즘의 독립성 연구와는 별도로 제자들까지 포함되어 장기적으로 심지어는 지금까지도 참고하고 연구하는 판결인 것이다.

이 네 가지 판결은 바이마르공화국 이후 여러 정치체제를 겪으면서 확립해 온 독일 언론학-푸블리찌스틱의 결론 및 사회적 적용방법을 뜻한다. 시기적으로는 박유봉 교수가 독일에서 연구하던 때로 이론의 단계적 변화가 거의 종료되던 시기와 겹친다.

독일사회가 해결해야 했던 무거운 과제 즉 나치체제의 찌꺼기와 공산주의에 대한 결정(뤼트판결과 공산주의 판결), 그리고 저널리즘-신문출판의 언론자유에 대한 해석과 결정(슈피겔판결), 막강한 영향력을 갖는 방송에 대하여는 권력과 방송의 관계, 상업주의와 방송의 관계(TV판결) 및 공공성 적용을 위한 구체적 결론을 내었기 때문이다.

60년대 이후 독일의 전통이론보다 이와 같은 실증적 판결, 판단들은 한국사회에도 큰 영향력을 미쳤다. 그 영향력의 바탕에는 이론과 실천모델의 원본을 전달해 준 박유봉 교수가 있었다.

덧붙인다면 필자는 박유봉 교수의 지도로 1979년부터 서울대 학위과정에서 독일이론의 발생과 독일사회에 적용 과정을 총정리해서 그가 퇴직할 무렵인 1980년 중반에 학위논문을 작성했다. 감사한 일이다.

추모(追慕)에 덧붙여서

박유봉 교수에겐 그가 평생 연구하고 가르친 학문 외에 기록할 만한 또 한 가지 특성이 있었다. 그가 참으로 유별난 호주가(好酒家)란 점이다. 여기서 유별나다고 쓴 것은 자칫 다른 사람에게 부담을 주거나 가정경제에 영향을 주거나 본인 건강에 상처를 줄 수도 있지만, 자신의 건강은 물론 타인에게도 전혀 부담을 주지 않고 그와의 술자리는 주변 모두를 즐겁게 했기 때문에 표현한 것이다.

60, 70년대에 언론현장에서 일하면서 다시 공부를 시작한 나이든 대학원생들은 어쩌면 강의의 시작보다 끝나는 시간을 더 기다렸을지도 모를 일이다. 끝나기가 무섭게 무교동이나 광화문 뒷골목쯤으로 즉시 자리를 옮겨 낙천적이고, 호탕하고, 그리고 속이 후련해지는 뒷풀이 세미나가 시작되었기 때문이다.

당시의 사회분위기는 매스컴 부문의 인텔리에겐 은연중의 억압이나 유혹이 끊이지 않았지만 그는 그런 복잡한 세태에는 전혀 관심을 두지 않은 채 제자, 후학들과 필요하고 즐거운 대화에만 몰두했다. 이와 같은 즐거운 소통의 자리를 마련하는데 댁의 사모님도 똑같은 기질을 발휘하셨다. 그 대화의 채널은 물론 대부분 술이었다. 모두들 마음을 열고 좋아했다. 그래서 어려운 독일 신문학이 전공이 아니어도 그의 주변에는 늘 많은 제자들이 모여들었다.

필자가 어느 날 궁금한 것 한 가지를 물었다. 회상하면 대강 이런 내용이다.

"대체 교수님은 언제부터 그렇게 술을 좋아하셨습니까?"

"응? 그거 아무래도 20대 초반 일본에 학병으로 끌려간 때겠지……."

"학병으로 술 드시긴 어려웠을텐데요."

"모르는 소리, 나는 그때 술을 안 먹고는 못 배겼어."

"군대에서 배급이라도 주었나요?"

"…… 나는 일본군 훈련대의 소총수가 아니라 나팔수였어. 하루 이틀 걸러 병영을 떠나 골짜기에 들어가 나팔 연습을 해야 했거든. 그런데 골짜기에 들어서자마자 이런저런 걱정과 불안에 몰래 얻어온 중국술만 마셔댔거든……."

"그래서요……."

"뭐가 그래서요야, 그런 상태로 부대에 돌아와 밤시간에 취침나팔을 불어야 하는데 기상나팔을 불었나봐……."

"……."

"몹시 맞았지, 일본군 특유의 기합으로 매를 맞았지. 조금 자고 일어나서 기상나팔을 불라는데 또 취침나팔을 불고…… 또 맞

서울대 학위 수여식에서 필자(왼쪽)와 박유봉 교수(오른쪽), 1987

고, 또 마시고, 또 맞고…… 그때 도망을 했어야 했는데. 때를 놓친 거지, 어이 이 얘긴 내가 처음 하는거야, 정말야……."

나는 웃지 않았다. 그 후엔 술에 대해 묻지 않았다.

1973년에 나는 서독 쾰른(Köln)의 도이체 벨레(Deutsche Welle)에서 장기연수 중이었다. 박유봉 교수가 유럽에 시찰여행을 오신다는 연락을 받았다. 내가 유숙하던 숙소의 집주인에게 부탁해서 깨끗한 방 하나를 며칠 빌리도록 조치해 놓았다. 그런데 박 교수께서 이탈리아 로마에 먼저 도착하여 서울대 신문대학원을 수료하고 로마에서 공부하고 있는 제자 H군을 만나서 같이 오신다는 전갈이었다. 며칠 후 박 교수와 H군이 내 숙소에 도착했다. 나는 반갑게 인사를 하는데 박 교수께서 물으셨다.

"어이, 김학천 니 가위 있나?"

"이 친구 머리 좀 잘라라. 나 보는데서 시원하게 잘라내라."

H군은 그때 유행하던 히피머리 중에서도 아주 긴 장발을 하고 있었다.

나는 눈 딱 감고 야박할 정도로 썽둥썽둥 잘라내었다. 그때 H군이 눈물을 흘렸는지는 기억에 없다. 다만 서운한 기색은 역력했어도 박 교수 앞에서 저항하는 몸짓을 못한 것으로 기억한다. 우리는 그날 저녁 커다란 들통에 닭 3마리를 푹 고아 먹고 박 교수를 선두로 독일 맥주집에 가서 늦도록 마시고 독일가곡 한 곡씩을 부른 추억을 갖고 있다. 독일 술집은 시간이 되어 문을 닫을 때 같이 노래를 부르는 풍습이 있었다.

식민지 청년의 약간은 서글픈 나팔수 추억 때문인가, 박 교수는 정년퇴임을 한 후에도 모 종교단체에서 운영하는 가곡연구회에서 활동하셨다. 그가 어떤 가곡을 정식으로, 정통으로 연구하시는지는 자세히 묻지 못했지만 짐작으로는 노래 부를때는, 또는 부르기 전후로는 적정량의 술을 곁들이지 않았을까 생각된다.

　　어쨌든 정년 후 10년 가까이 될 무렵 사모님이 먼저 서거하셨는데 1994년 가을인가, 필자가 건국대학교 신문방송학과에서 강의를 맡았을 무렵(충주 소재) 충주로 단풍 구경을 오시겠다는 전갈을 받았다. 나는 그날 강의가 없어 집에 있었으므로 그날 충주에 오시면 수안보에서 주무시도록 조치해 놓았다.

　　그런데 박 교수는 충주에서도 풍광이 좋은 탄금대에 친구 몇 분과 함께 도착하여 물가에 자리를 잡고 점심상을 받으셨다.

　　"자, 듭시다." 곁들인 소주잔을 그대로 드신 채 심장마비로 영면하신 것이다. 그때 연세가 75세이셨으며 사모님이 서거하신지 일 년도 못 되는 때였고 단풍이 들기 시작한 10월이었다.　　　•

새로운 세상을 찾아 말처럼 달린, 동호 장용

•

정대철 | 한양대 명예교수

요즘은 과거를 회상하기 쉽지 않은 세상이 되었다. 세상이 빠르게 변화하고 수많은 기억 중 좋은 것을 가려내기가 쉽지 않고, 마구 섞여져 갈피를 잡기도 어려워지니 더욱 그렇다. 이 와중에 옛 기억들이 허물어져 가고 있다. 40년이 훨씬 넘어섰다. 가끔은 꿈속에서 뵙는 일도 있었지만, 선생님과 관련한 많은 부분이 지워져 있었다. 이 원고를 써야 하는데 시작도 못하고 있을 무렵 두 번이나 꿈속에서 만나 뵈었다. 밝은 표정으로 중절모에 코트를 말끔히 차려입으시고 학교 연구실에서 바삐 일을 하신다면서 마치 게으른 나를 재촉하고, 채근하듯 나타나기도 하였다. 동호(東灝) 장용(張龍, 1926~1977) 선생님과의 인연은 10년이라는 짧은 시간이었지만, 여러 가지 많은 기억들이 단편으로 남아 서로 섞여 있었다.

10년의 시간이 열리면서

"말처럼 달린다. 새로운 세상을 찾아 달린다." 서정주 시인이 장용 선생님의 비문에서 시작한 글이다. 바쁘게 달려간 시간은 우리 사회가 겪은 고비처럼 대학에서 신문학이 발판을 쌓아가는 시간이었다. 대부분 초창기에 겪는 상황들은 새로운 기류를 받아들이지만, 충돌이라는 장벽을 넘어가면서 방향을 바꾸고 또 다져지는 과정을 반복하여 왔다. 한양대학교에서 신문학과(1963년)로 시작하여 신문방송학과를 거쳐 미디어 커뮤니케이션 전공으로 변화하는 곡선이 시작되는 첫 번째 단계가 되는 시기였다.

1967년 어수선하던 시대에 선생님과 첫 만남은 강의시간에 이루어졌다. 큰 키에 기름한 얼굴에는 안경과 치켜세운 눈썹이 어우러져 안경 너머로 보는 시선이 까다로운 인상으로 비쳐졌다. 미국에서 석사·박사를 하셨다고 수군거리는 소리를 들은 정도였다. 그 당시만 하더라도 강의시간이 정해진 시간보다 20분이나 30분 늦게 시작되는 경우가 당연시되었던 시절이었다. 어느 날 강의시간보다 늦은 시간에 강의실 문을 열고 들어섰는데, 선생님이 한쪽 자리에 앉아 학생들을 기다리고 있었다. 난 놀라기도 했지만, 뜻밖의 상황에 맨 뒷자리에서 숨 죽이고 답답한 가슴으로 앉아 있었다. 그 시간이 어찌나 길던지. 그러다 한 학생이 들어오면서 역시 놀라며 움츠리고 자리를 잡았지만, 나와 비슷한 심정이었을 것이다. 그 시간이 길게만 느껴졌던 기억이 아직도 생생하게 남아 있다. 학생들이 어느 정도 강의실에 들어서자 출석 체크를 하고 수업을 진행하였지만, 학생들에게 시간을 맞추라는 그런 얘기는 없었다. '왜 하지 않을까?' 궁금하기도 했다. 그 후부터 강의시간이 지켜지는 계기가 되었다. 예나 지금이나 충고나 지적에 대해서 곱게 받아 들이지 않는 풍조 때문이었는지, 학생들이 스스로 터득하고 개선하라는 의미였는지 궁금했지만, 그 답은 시간이 훨씬 지난 후에 알게 되었다.

1968년 2월이었다. 프레스센터 지하다방에서 선생님은 나에게 조교로 일해 보라고 하셨다. "이런저런 일을 해보았지만, 대학이 그래도 보람도 있고 제일 나은 것 같더라" 하시면서 권유하셨다. 그때 생각으로는 잠시 도와드린다는 맘으로 시작한 일이 평생으로 이어져 인생을 결정한 순간이 되고 말았다. 대학원을 세우는 준비를 하고, 또 진학하고 강의를 시작하면서 힘든 고비를 넘기는 여정이 시작되었다.

바뀌어 가는 교육과정

1968년 3월부터 학과 주임교수로 활동하시면서 교과과정, 강사진, 실습실 등 교육방향에 새로운 변화가 나타나기 시작하였다. 저널리즘에서 신문학으로 다시 매스컴으로 바뀌어 가면서 이론과 실습으로 교육과정의 기틀을 만들어 갔다. 방송 실습실, 사진 실습실, 실습신문 『미네르바』, 출판잡지 실습지 『크로노스』을 발행이 이어졌으며, 이는 지금까지 이어오고 있다.

　장용 선생은 주임교수로서 저널리즘 이론과 실습의 중요성을 하나하나 실현해 나갔다. 우선 강사진이 현역 언론인으로 보강되었고, 시사영어, 원강 등 외국어 실력 향상에도 비중을 두었다. 신문편집, 신문문장, 취재보도, 평론, 스피치, 출판 인쇄, 사진에 이르기까지 실무영역에 치중한 교과과정이 마련되었다. 사진, 방송, 과학보도, 광고 등 매스 커뮤니케이션의 영역이 확장되면서 분주하게 교과목을 수정하는 열성을 보여주셨다. 아마도 40대의 패기와 정열, 그리고 한국인으로서 미국 최초의 신문학 박사라는 긍지도 작용했을 것이다. 저널리즘 교육은 언론계 현장에서 활동하는 분들로 강영수, 임방현, 남재희, 계광길, 유지호, 김수득, 오소백 등이 강의해 주셨고, 기초과목으로 조순 교수도 경제원론을 강의해 주었다. 팽원순, 리영희 선생님도 이때부터 연을 맺기 시작하였다. 방송에 강현두 교수가 부임하였고, 광고 분야까지 넓게 지도를 그리고 있었다.

　출판학과에도 관심이 많으셨던 선생님은 안춘근 선생과 도모하여 출판학과를 계획하였으나 성사를 보지 못하고 중단되었지만, 아마 저널리즘 스쿨이나 단과대학을 염두에 두고 추진했던 계획이었다.

　새로운 일을 추진하는 것은 예나 지금이나 힘들기는 마찬가지이다. 대학 운영자입장과 학과의 필요성이 평행선으로 갈 때가 대부분이다. 한 가지 일을 성사시키기 위해서는 끈기와 인내와 열정

장용 선생

이 동반되어야 결실을 얻을 수 있었던 시절이었다.

1970년에는 신문방송연구소(언론문화연구소-커뮤니케이션연구센터)를 설립하였고, 연구진도 확보하였다. 대학원 석사과정도 신설하여 학생을 모집하였으나 한 명뿐이었다. 나는 조교로 일하면서 대학원 과정을 이수하는 이중생활이 시작된 셈이다. 이 무렵 실습실도 R-TV방송 실습실, 사진 실습실을 마련하여 실습교육을 통해 현장 경험을 높혀 나가도록 주선해 주었다. 사진 실습실은 이신복(성균관대학) 선생님의 주도로 이루어졌다. 방송 실습실의 기재는 당시로서는 대학에서 수용하기는 어려운 실정이었다. 더욱이 실습기자재를 한 번에 세트로 구입할 수 없기 때문에 부분 부품으로 나누어 학기별로 구입하는 데도 역시 어려움은 쌓여만 갔다. 실습실 공간 확보, 납품업자의 농간, 구매담당자의 늑장, 고비용의 예산 등등은 실습실의 필요성에 장애가 될 뿐이었다. 이런 문제들을 풀어가는 과정은

회의와 실망을 겪어내지 않고는 이루어 내기 힘든 과정이었다. 담당자를 만나 호통과 설득을 반복하면서 학생실습을 위하여 분투하는 모습은 열정이 없이는 불가능한 일이었다.

시청각교육원을 설립

1974년 무렵에 본격적인 방송스튜디오 설립을 위한 활동을 시작하셨다. 이화여대의 김은우 교수와 물리학과 정병두 교수를 만나 시청각교육원에 대한 실무적인 자료 도움을 받아 한양대학에도 시청각교육원을 추진하여 외국어 실습실과 방송스튜디오를 통합하여 운영하는 방향으로 추진하여 오랜 시간을 두고 밀고 당기기를 여러 차례 반복하다가 그 결실을 본 것이 1976년이었다.

신문학과 방송실습, 연극영화과와 교육공학과가 공동으로 활용하는 시청각교육실습을 위한 스튜디오였다. 끈질긴 집념과 전공실습을 위한 그 단초는 쉽게 얻어진 결실이 아니었음을 알고 있었다. 공간 마련, 비용 감당, 효용성에 대한 강박한 요구 등을 옆에서 지켜보면서 말처럼 달려가는 선생님의 열정은 신념과 투지가 아니고는 감내하기 어려운 과정들로 채워져 있음을 보게 되었다. 시청각교육원 원장을 하면서 열악한 조건을 해결하고 성과의 토대를 마련하는 걱정도 끊이지 않았다. 반면에 생산성과 효용성을 성급하게 요구하는 세력도 만만치는 않았지만, 버티고 극복하는 끈기와 인내와 추진력은 쉽게 볼 수 있는 일은 아니었다.

1회 졸업생들과 장용 선생(오른쪽 뒤편). 신문학과 총동창회 사무실 현판식에서, 1976.6.13.

　　현재는 교육학과에서 관장하고 있지만, 다시 보아도 대학의 실
습공간으로서는 규모나 시설이 일반 방송스튜디오 규모로 전문가
의 설계와 자문으로 신축건물에 자리 잡게 되었다. 한때는 캠퍼스
투어 코스에 들어갈 만큼 자랑할만한 교육시설로 이용되기도 하
였다. 한국 대학에서는 거대한 스튜디오를 유지, 운영하는 것이 무
척 어려운데 그럼에도 기술인력, 기자재 도입, 비용 감당을 계속적
으로 보완하고　이어가는 그 추진력이 놀라웠다고 볼 수밖에 없
다. 당시 열악했던 방송스튜디오 사정에 비추어 외부에서도 이용
할 수 있는 스튜디오를 생각했던 것 같다.

교수와 저널리스트로 활동

한양대학에 오시기 전부터 언론계 활동은 꾸준히 이어져 왔었던 것 같다. 특히 월간지 『신세계』 발행인 겸 편집인을 맡은 시기가 언제였는지 찾아내지는 못했지만, 선생님의 이력에는 늘 기록되어 있었다.

　1962년 8월에는 그 해 6월에 실시된 화폐개혁 후에 경북 월성군 감포면에서 일어났던 사전(私錢) 기사 보도로 기자가 구속되자 한국신문편집인협회에서 이에 대한 진상조사가 이루어졌다. 한국일보 임방현 논설위원과 장용 선생님은 조사단으로 현지에 파견되어 신문이 과장과 선동적인 프레임으로 보도한 것으로 파악하였다. 이 프레임의 원인을 규명하여 신문의 속성을 탓하면서, 법원의 억압적인 구속도 문제가 된다는 보고서를 작성하기도 하였다. 동국대학교 영문학과 교수를 하면서 경향신문 논설위원으로 활동하신 것 같다. 이 기간 전후로 일요신문 편집국장(1963년), 월간 『신세계』 발행인 겸 편집인으로 활동한 경험이 매스컴의 연구로 저널리즘의 이론과 현장교육에 더 많은 관심을 기울였던 것 같다. 신문학 그 발판을 만드는 데도 기여한 것이다.

　1956년~58년 미주리대학에서 석사학위를 마치고 귀국한 후에 언론계 활동에 깊이 관여하신 것으로 보인다. 전문지에 발표된 평론이나 논문에 나타난 주요 관심분야는 "언론자유와 관련한 젱거(John Peter Zenger)사건", "국제정치와 방송", "커뮤니케이션과 객관적 보도", "신문의 책임" 등 신문 저널리즘에 비중을 두고 있었다. "미국의 신문학교육", "신문학 교육에 대한 제언" 등 신문학 교육에도 관심을 두고 있었던 때였다.

70년대를 넘어가면서 교과과정은 기존의 틀에서 바뀌어 가면서 확장되었다. 그렇지만 그에 따른 교재나 참고서가 부족한 상황이었다. 교재가 부족한 시대에 번역서가 나오고, 복사판이 나오면서 복사 교재가 나온 것은 훨씬 뒤에 80년대로 기억된다. 언론계 활동과 학회 활동도 적극적으로 하고 있었다.

1959년 신문학회가 발족하면서 간사로 박권상 선생과 함께 간사 일을 보고 『신문학보』의 편집위원으로 활동하면서 신문학 교육과 저널리즘 현장을 함께 달리는 영역으로 보고 있었다. 주한 미국신문직업동지회(SDX) 한국지회 회장을 역임하기도 했다.

언론법제 연구를 개척

1969년에 저술된 『언론(言論)과 인권(人權)』은 한국에서 처음 나온 언론법제 연구서이다. 국내외 언론법 관계 참고 문헌서지까지 당시에는 자료를 수록한 방대한 저술이었다. 정리하는데 많은 사람들이 참여하였고, 학생들을 아르바이트로 동원하면서 국회도서관, 중앙도서관을 찾아 판례들을 수집 정리하는 작업에 많은 시간과 품이 들어갔다. 연구실이 협소하다 보니 주로 선생님 댁에서 학생들과 여러 날에 걸쳐서 작업이 진행되어 출판된 책이었다. 책 내용에 대한 것은 '한국 언론학 1세대'에서 이재진 교수가 분석 정리한 바와 같다. 우리나라 언론법의 개척자로 자리매김한 이 책을 준비하고 출판하는데 조력한 점에 대해서는 자랑스럽지만, 그 힘든 과정을 보고 겁에 질린 것도 있었다.

이와 관련한 논쟁도 있었다. 1970년대의 암울한 시기에 사회에 논쟁을 도모하는 신문이나 잡지에서 쟁점을 논쟁으로 끌고 가는 기획편집이 성행하고 있었다. 교육의 문제, 교수의 문제 심지어 종교문제 등 사회적 갈등이나 대립의 주제들을 선발해서 공개적 쟁점으로 부각시키는 기획이 많았다. 그중 어느 종합지에서 서울법대 김 모 교수가 언론과 인권에 대한 비판의 글을 실었다. 이에 반박하는 글이 작성되었을 때였다.

언론과 인권이라는 언론법제가 법학부문 외에서 다루어진 점에서 비난한 것이었으나 이에 냉정하게 이성적으로 대응했던 선생님의 글에서 오히려 서생의 글 장난들이 상업적으로 이용되는 것은 아닌지 실망하였지만, 연장되지 않고 1회로 마무리된 적도 있었다. 시대의 발전인지 아픔인지 가리기 쉽지 않았지만, 단순 번역이나 자료만 연결한 책이 아니라는 점에서 불쾌하기도 하였다. 시각의 차이는 있겠지만, 표현의 방식은 지식인의 조건을 지킬 수 있어야 한다. 잡지사의 편집 조작이 개입했는 지 알 수 없지만, 자극적인 공격 같은 내용들은 비평자의 자질을 의심케 만들었다. 평론의 기본적인 자세를 상실하고 상술에 놀아난 지식인처럼 보였다. 예봉(銳鋒)을 쓰지 않고 완만한 내용으로 대응하는 선생님의 품격이 그 당시로는 좋게 보였다.

15년 후에 추모 학술제

1993년 2월에 언론문화연구소 주최로 〈고 동호 장용 교수(故 東灝 張 龍敎授) 기념학술제〉가 열렸다. 선생님의 연구 업적과 추모의 정을 담아 개최된 모임에서는 학계와 언론계에서 관계가 있었던 분들이 참여하는 큰 행사가 되었다. 언론법제, Q방법론에 대한 연구 업적은 물론 저널리즘 분야에 대한 개척자로서의 면모도 다뤄졌다. 많은 분들이 참석하여 선생님을 기억하는 자리였다. 한병구 교수, 강현두 교수, 차배근 교수, 유재천 교수가 주제 발표를, 토론으로 임상원 교수, 김동철 교수, 이신복 교수, 서정우 교수, 정진석 교수, 김승현 교수, 최현철 교수, 박권상 논설위원, 구종서 논설위원 등등 많은 분이 참석하셨다. 대학에서도 김종량 부총장(이사장) 외에도 교분이 있었던 분들이 참석하여 선생님의 업적과 인간관계를 되새겨 보았던 행사였다. 이외에도 과학보도(서울신문 현원복 부장) 강의가 우리나라에서는 처음으로 개설되고 연구가 시작되었다. 신문방송연구소에서 과학보도 프로젝트도 하면서 과학저널리즘의 기틀을 마련한 것도 이때의 일이다.

장용 선생 기념세미나에서 진행 보는 필자. 한양대 언론문화연구소 주최, 1993. 2.

동문과 학생들 사이에서

교수와 학생의 관계는 무엇인가? 지적 매개로 연결된 스승과 제자인지, 인간적인 관계에서 교육을 매개로 연결된 것인지, 장용 선생님은 가르침과 실천으로 인성과 품성을 보여주었던 롤모델이었던 것 같다. 당시에 교수는 학생들을 뒷바라지해주고, 보호해주는 책임감이 분명하였다. 취업관계에서 연결하였고, 함께 걱정하는 일이 지금보다는 훨씬 많은 시간을 할애해 왔다. 세태가 달라지면서 요즈음은 학생이 주인인지 교수가 주인인지 알 수 없다는 현장 교수들의 볼멘소리가 들리기도 한다. 그때만 해도 요즘에 비할 바는 아니지만, 간혹 문제가 없었던 것도 아니었다. 당시 대부분 학생들은 장용 선생님의 외모에서 풍기는 기세에 눌려 편하게 대할 수 없었지만, 선생님도 거리를 늘 유지하는 편이셨다. 흔히 속정은 있는데 겉으로는 냉엄한 분이라는 인상이었다.

장용 선생님은 학과의 미래와 과거를 연결하는데 애정을 기울이셨다. 동문회 모임은 물론 수학여행 등 학생들 활동에도 소홀히 하지 않았다. 졸업생들이 초대하는 자리나 모임에도 가급적 참석하는 편이었다. 사정이 생기시면, 나에게 당부를 하여 꼭 참석하도록 부탁을 하셨다. 어떤 때는 외부 강의를 맡아 놓았다가 나에게 대신 가서 하라고 하던 일도 몇 번은 있었다. 무슨 이유인지는 몰랐지만, 그만한 사정이 있을 것이라고만 생각하고 불안한 마음으로 대신 나간 적도 있었다. 내게 기회를 주신 것인지, 불가피한 사정이 있으셨는지, 훈련을 시킨 것인지는 분명하지 않지만, 나에게도 힘든 훈련이나 경험을 쌓도록 배려하신 것으로 생각하고 있다.

그때는 졸업생들 결혼에 주례를 보아주는 일이 자주 있었다. 공교롭게도 나는 사회를 보고 선생님은 주례를 해주는데, 갑자기 "신랑 정대철은……" 하면서 신랑 이름을 바꿔 부른 것이다. 신랑이 내 이름과 비슷하기는 했지만, 당황하기는 선생님이나 나나 마찬가지였다. 결혼식장이 웃음바다가 된 것은 물론이다. 식이 끝난 후에 한참이나 얘깃거리가 되었지만, 신랑이나 신부가 과 커플이었기 때문에 즐거운 실수로 넘어갔다. 선생님의 실수로 남아있는 기억일 뿐이다. 이외에도 많은 졸업생들의 주례를 보아주셨다고 들었다.

실습현장에서

1969년부터 매년 지역을 선정해 미디어 이용 실태조사를 2일 동안 학과 행사로 실시하고 있었다. 미디어 실태 설문지를 작성하여 두 개 도시를 정해 학년별로 나누어 현장조사를 마치고, 하루는 그 지역 관광지에 집결하여 관광을 하는 일정이었다. 강원도를 조사대상으로 할 때는 춘천과 강릉지역에서 조사를 마치고 설악산으로 집결하는 식이었다. 전주, 광주 조사를 할때면 내장산에서 관광을 하고 대구, 부산이면 부산으로 집결하여 하루를 쉬는 방식이었다. 학과 전체의 행사로 수학여행을 겸한 학생과 교수가 함께 하는 전통적인 행사였다. 자잘한 사고가 있었지만, 학생들과 대화할 수 있는 기회고, 학생들은 선생님을 알 수 있는 기회였다. 그렇게 한 조사 결과는 학과 실습지 『크로노스』에 특집으로 게재되어 지역단위로 미디어 이용 실태를 파악하는 자료로 활용되었다. 특히 광고회사에서는 평판이 좋았다. 그래서인지 광고회사에서 두각을 나타내는 졸업생들이 많이 나온 편이다.

간혹 술을 마신 학생들이 다투거나 실수를 하는 경우가 종종 있었다. 사고가 나지 않도록 주의를 기울이지만, 의례 일어날 수 있는 학생들 간의 다툼이 사고로 이어질까 걱정하게 마련이다. 시대에 대한 저항이나 반발도 있었기 때문에 긴장하게 되었다. 대부분 조심하는 역할은 젊은 나에게 돌아오는 것이었지만, 선생님이 개입할 때도 있어서 그때는 비틀거리면서 안간힘을 쓰는 학생에게

앞줄 두 번째 필자와 장용 선생. 강원지역 사회조사 후 설악산 흔들 바위에서, 1970. 5.

엄격하리만큼 질책을 하신다. 대학생의 신분을 강조하면서 "사회인이고 성인이 자신에 대한 책임을 질 줄 알아야지" 하면서 걱정을 하였다. 어수선한 시대에 분방한 학생들을 걱정하는 이유이며 또한 인솔자의 책임을 더 크게 생각하였던 것으로 보였다. 그래도 학생들의 식사나 잠자리가 불편하지 않은지 살피라는 관심어린 애정은 늘 간직하고 있었다.

현란한 필체

선생님은 한글 필체가 유난히 어지럽다. 원고를 쓰신 다음에 나를 불러 대필을 부탁하는 일이 여러 번 있었다. 잡지사에 보내는 원고의 경우는 대부분 내 손을 거쳐 갔다. 그런데 신문사에 보내는 사설원고는 별로 기억에 없다. 신문사에는 문선하는 분이 따로 있었기 때문이었다. 그 정도로 혼란스럽고 난해한 필체였다. 학생들의 불만도 있었지만, 강의가 끝난 후에 학생들은 서로 모여 퍼즐을 맞추듯이 정리를 한다고 하였다. 나는 간혹 대필을 하였지만 필체를 이해하는데 걸린 시간은 상당히 길었다. 원고 내용에 부실한 것은 없는지, 혹 문제가 될 소지는 없는지 물어보고 확인을 했다. 그 시대의 정황은 유신정권의 서슬에 신경을 쓰던 시절이었기 때문이다. 그래도 원고를 여기저기 많이 쓰시는 편이었는데, 언젠가부터 대필 작업이 줄어들다가 사라졌다. 알고 보니 타이프라이터를 구입하여 원고를 작성하였기 때문이었다. 그래서 나는 대필 작업에서 해방될 수 있었다.

아쉬움으로 남은 시간들

오랜 지병인 협심증으로 고생하신 것도, 위장이 좋지 않았다는 것도 잘 모르고 지내온 시간이 아쉽다. 궁금한 것을 알아내지 못하고 보낸 시간도 아쉬웠다. 얘기를 많이 하시는 편이 아니어서 40대의 연령에서 그렇듯이 속으로 삭이고, 혼자 해결하려는 의지가 강한 분이었다.

언젠가는 선생님 연구실에 갔더니 리영희 선생님의 문제로 교육부와 안기부에서 대학에 압박을 가하여서 학과에서 감당해야 하는 어려움을 겪고 있었다. "같은 배를 타고 있는데……" 걱정하는 모습은 아직도 남아 있다. 최선은 아니지만 차선으로 해결하는 학교의 의지나 선생님의 투지가 그래도 시대를 극복한 셈이다.

　학과 학생들이 학내 시위에 주동이 되는 경우가 많았다. 본부에서는 학과를 채근하고 학과에서는 선생님이 조정하고 해결하는 순간들이 그 시대에는 끊이지 않았다. 시대의 아픔을 40대에 겪으면서 대학은 정치사회로 변질되어 가고 있었다.

학교에서나 가정에서도 많은 얘기를 좋아하지는 않았다. 사모님이 얘기하시면, 가로막아 멈추게 하는 전형적인 옛날 어른의 모습이었다. 식구들과 식사하는 자리가 있었지만, 역시 조용한 가운데 식사가 끝나는 식이었다. 여름철 뇌염이 성행할 때였다. 예방주사 약을 시중에서 쉽게 구할 수 없어 관심도 없었는데, 어느 날 "예방주사 맞으러 가자" 하신다. 서울시 중구에 있는 개인 집으로 들어가니 연세가 지긋한 분이 반기면서 주사를 놓아 주셨다. 나도 덤으로 예방주사를 맞았다. 잠깐 머물다 나오면서 설명을 해주신다. 의사를 했던 선생님 손위 동서라고 하신다. 1971년엔 춘천에서 세미나가 있었는데 그 자리에서 이근삼 교수를 소개하면서 동창이라는 말도 하신 것 같다. 되묻지 않는 나의 부족함도 있었지만, 선생님도 짧고 간단하게 말씀하시는 편이었다. 긴 얘기를 나누지 못한 아쉬움이 남아 있다. 그래서 오해도 있었고 편견도 있었지만, 그 시대에 공부했던 졸업생들은 선생님 얘기를 많이 한다. 너무나 짧은 시간이었고, 많은 아쉬움을 남기고 떠나셨다.

선생님의 일생

선생님은 평안북도 개천(현재는 평안남도 개천시로 행정개편이 있었음)에서 1926년에 출생하였다. 개천지역의 지명에는 용화(龍和). 용흥(龍興), 용성(龍城)등 유난히 용(龍)자가 붙은 이름들이 많았다. 또 봉(鳳)자가 들어간 지명도 많은 편이다. 개천군에는 용과 봉황과 연관된 전설이 담겨있는 듯 선생님의 함자와도 연관이 있을 것 같다. 서울에서 고등학교를 마치고 혜화전문(현 동국대학교) 영문학부에서 1948년부터 1952년까지 수학을 하셨다. 1953년부터 1956년까지 육군사관학교 교수를 역임하고 1956년부터 1958년까지 미주리 대학에서 「이승만과 언론정책(Survey of Korean Newspapers : Study of Rhee and the press)」이라는 신문을 분석한 논문으로 석사학위를 받았다. 귀국하여 동국대학교 영문학과 교수를 하시면서 신문학원 강사, 1962년 경향신문 논설위원, 1963년 일요신문 편집국장을 하셨고, 월간지 『신세계』 발행인 및 편집인도 하셨다. 미조리 대학에서 박사학위를 마친 1967년에 한양대학 신문학과로 오셔서 신문방송연구소 소장, 방송국 주간, 기획처 처장, 시청각교육원 원장을 하시다 1977년 지병으로 타계하실 때까지 10년이란 시간을 보내셨다.

작은 오케스트라의 지휘자, 소암천 황기오

•

이광재 | 경희대 명예교수

이 글은 황기오의 생애를 요약, 조명한 것이다. 그는 일생의 전반은 군인과 음악인으로서, 후반은 방송인과 언론학 교육자로서 활약했다. 일생의 전반을 신문인과 인쇄인(출판인)으로, 또 후반을 발명가, 외교관, 정치인으로 살았던 미국의 벤저민 프랭클린을 떠올리게 하는 인물이다.

소암천(小岩泉) 황기오(黃基伍, 1924~1986)는 1924년 4월 1일 평안남도 숙천에서 목사인 부친 황봉찬(1897~1991)과 모친 장윤찬 사이의 3남 1녀 중 장남으로 태어났다. 현재 둘째 남동생 기선은 미국에 거주하고 있고, 셋째 남동생 기득과 누이동생 기복은 작고했다. 황기오는 기독교 가정에서 자랐기 때문에 어려서부터 신앙심이 깊었고, 특히 음악에 대한 열정이 대단하였다.

황기오의 조부 황봉걸은 중국 만주에서 복음을 전하다가 순교하였다. 부친 황봉찬 목사는 숭실중학교와 평양신학교를 졸업하고 평남 숙천읍 교회 담임목사를 하다가 1947년 5월 평양에서 열린 미소공동회담에 기독청년 대표의 한 사람으로 참석하여 공산주의를 반대하려 했고, 또한 김일성 외삼촌 강양욱 목사가 기독교공산연맹에 가입하라는 회유를 거절한 이유로 인해 검거되어 1950년까지 3년간 옥중생활을 하였다. 다행히 1950년 6월 25일 아침, 만기 출소하여 죽음을 면했다고 한다. 그 후 월남하여 동대문 회기동에 산정현교회를 설립하여 담임목사를 지냈다(황봉찬 목사, "나의 이력서", 『새가정』 1978년 4월호, 98~100쪽).

일본유학과 영국군의 포로

이러한 독실한 기독교풍의 가정환경은 훗날 그가 성장하여 사회활동을 하는데 큰 영향을 미쳤다. 어려서부터 총명한 그는 1941년 평양 오산중학교를 1등으로 졸업하였다. 그 당시 전국에서 1명을 뽑아 일본으로 유학을 보내는 제도가 있었는데 황기오가 뽑혔다. 일본유학을 고민하고 있을 때 부친이 "호랑이를 잡으려면 호랑이굴에 들어가야 한다"고 권유하여 일본 도야마(戸山) 군악학교로 진학하게 되었다. 열심히 공부하여 1944년에 1등으로 학교를 졸업하게 되었는데 사건이 발생했다. 한국 사람이기 때문에 1등은 안 된다는 것이다. 이 당시 일본은 제2차 세계대전을 치르고 있어서 젊은이들을 전쟁터로 강제로 보내고 있을 때였는데, 졸업생들 중 1,

2, 3등은 징집이 면제되고 학교에 남을 수 있는 제도가 있었다. 황기오는 4등으로 밀려나 버마 전투지로 배속되었다. 전쟁 중 콰이강 근처에서 영국군 포로가 되어 싱가포르 포로수용소에 수감되었다. 제2차 세계대전이 끝난 후 한국인으로 밝혀짐에 따라 석방되어 부산으로 귀국하였다. 그러나 그에게는 갈 곳이 없었다. 38선이 그어져 고향 평양에 갈 수가 없었던 것이다. 그리하여 선택한 것이 군 입대였다. 그의 군인 생활은 민족의 비극에서 시작되었다.

조선경비대 1여단 초대 군악대장

그는 부산에서 서울로 와 제일 먼저 1연대 군하사관(군번 1101392)으로 입대하였다(1946. 9. 1.). 그리고 육군사관학교에도 입학, 1948년에 6기로 졸업하였다(1948. 7. 28.). 졸업과 동시에 소위(군번 11241)로 임관되고 군악장교가 되었다. 그리고 1948년 8월 10일 조선경비대 제1여단 군악대(1949. 5. 12. 여단의 사단 승격과 동시에 보병 1사단 군악대로 개칭) 초대 군악대장(1948. 12. 6.까지)이 되었다. 도야마 군악학교에서 배운 실력을 제대로 활용할 수 있는 환경이 마련된 것이다.

그리고 다음 해인 1949년 25세 때, 부모형제는 이북에 있었기 때문에 참석하지 못했지만 장상순(張相順, 1924~2005)과 결혼하여 슬하에 1남 3녀를 두었다. 2019년 현재 큰 딸 은혜와 막내인 아들 은철은 목사로 목회를 하고 있고, 둘째와 셋째 딸인 은덕, 은영은 브라질에 거주하고 있다. 그는 1950년 9월 28일 서울 수복 후 평양에 입성할 당시 1사단 소속으로 군악대장으로 참전, 군 합창단, 군 교향악단 조직 등으로 군의 사기진작에 크게 기여하였다.

그는 군에 근무하면서도 면학에 열중, 1955년에는 육군대학을 졸업하고 바로 그 해에 육군대학 교수로 부임하였다. 또한 1958년에는 국방대학원을 졸업하고 국방대학원 교수가 되었다. 1961년에는 동국대학교 경제학과를 12년만(1949년에 입학)에 졸업하였으며, 계속 공부하여 1963년에는 서울대학교 행정대학원을 졸업하였다.

서울·텔레비전방송국(KBS-TV)의 초대 방송국장

1961년 군사 쿠데타가 일어나 방송계에 큰 변화의 바람이 불었다. 서울·텔레비전방송국(KBS-TV)이 1961년 12월 31일에 탄생한 것이다. 이 방송국 초대 국장에 그가 선임되었다. 그는 TV 방송이 개국되던 그해 7월에 설립된 서울국제방송국에 부이사관으로 국장에 임명된 경력이 있었다. 당시는 TV 방송 경력자가 별로 없었던 시절이다. 음악이 전공(클라리넷)이고, 군 방송에 관여한 것(국방부 군 방송실장, 1960. 2.~1960. 12.)이 그의 이력이었지만 그는 군 관련대학의 교수직 경험과 군에서 방송의 중요성을 누구보다도 잘 알고 있었던 인물로 평가를 받았기 때문이다.

경희대 홍보학과(신문방송학과) 초대 학과장

그리고 이것이 인연이 되어 1964년 12월에 우리나라 최초의 민영 텔레비전 상업방송인 동양TV(DTV) 방송이 개국하는데 크게 기여하였다. 그는 상무이사로 취임하여 진두지휘하였다. 이러한 방송 현업계의 경험을 바탕으로 그 당시 각 대학에 설치되기 시작한 신문방송학 교육에 참여하기 위해 전업하였다. 그래서 그는 1965년 경희대학교 신문방송학과(당시는 홍보학과) 교수로 전직하였다. 그는 경희대 신문방송학과 조교수로 부임해서 1973년 12월 31일 퇴임할 때까지 부교수, 교수, 신문방송학과장을 역임했고, 총무처장의 보직도 수행하였다. 1973년에는 기독교방송(CBS)의 상무이사 그리고 1975년에는 한양대학교 특임교수를 역임하였다. 이 밖에도 국립극장장, 공보부 방송조사연구실장, 임마누엘음악선교단 단장, 서울시 문화위원 등을 역임하는 등 사회활동도 다양하게 하였다.

경희대학교에서는 신문방송학과 학과장을 역임했지만 학과 창설 이전인 1961년부터 음악대학에서 악기론을 강의하였다. 1960년대 초부터 서울대 신문연구소, 이대, 동국대 등에서도 강의를 하였다.

브라질로 이민

언제 획득했는지 모르지만 그는 수의사 자격증도 갖고 있었다고 한다. 그것은 캐나다 이민(실제는 브라질로 이민)을 위한 준비항목의 하나였다는 것이다. 1976년 브라질로 이주하였고, 그곳에서 10년을 살다가 1986년 10월 25일 상파울루에서 소천하였다.

이주하기 전인 1974년에는 미국 캘리포니아 린다비스타 신학대학원에서 명예인문학 박사학위를 수여받았고, 1975년에는 원당 감리교에서 장로로 취임하였다. 1986년 11월 13일 오후 3시. 기독교100주년기념관 소강당에서 〈고 황기오 장로의 추도예배〉가 있었다.

인생의 전반부는 군인과 음악인으로 보내

황기오는 군에 근무하면서 남들이 하지 않는 일을 하였다. 바로 군악대를 조직하는 것이었다. 1947년 12월 1일 서울 남산에서 조선경비대 제1여단이 창설된 후 1948년 6월 25일 1여단 군악대가 발족되었지만 활동이 부진하였다. 군 당국은 육사 동기인 황기오와 백영준 소위에게 군악대 보강의 임무를 부여하였다. 그들은 서울 장충단에서 대원 56명을 모병하여 1948년 8월 10일 1여단 군악대를 정식으로 창설하였다. 그리고 황기오가 초대 군악대장이 되었다. 그는 군악대를 세련되게 훈련시켜 군악계의 평판이 좋았다. 그래서 1949년 5월 2일 육군군악학교가 창설되었을 때도 교무과장과 부교장, 교수부장을 지내기도 하였다. 그의 군악대 활약상에 대해 육군은 이렇게 기술하고 있다.

"1949. 5. 2.~1949. 9.까지 실시된 전 연대 군악대 군악학교 집체보수교육 1기 수료생 중 육군본부 군악대 요원 일부와 1사단 군악대 요원 일부를 주축으로 28명 내외의 요원을 확보하여 1949년 10월 18일 황기오 중위가 용산에 있는 일본군병영에서 수도경비사령부 군악대를 창설하였다."(『육군군악사』, 1980, 144쪽)

그 후 1951년 5월 20일까지 수도경비사령부(6.25동란 전)와 국방부 정훈국 군악대, 군악학교 군악대장(초대와 3대)을 지냈다. 1951년 5월 20일부터 1951년 12월 5일까지는 국방부 정훈국 군악대에 복무했다. 그의 군 계급은 소위(48. 7. 28.) – 중위(49. 3. 1.) – 대위(50. 3. 1.) – 소령(50. 10. 20.) – 중령(53. 9. 1.) – 대령(56. 4. 10.)으로 이어졌다. 그는 군 복무 중 개인적으로는 큰 슬픔을 안아야만 하는 일도 겪었다. 위기에 처한 민간인을 구하다 피격을 당해 총상을 입은 것이다.

"1950년 10월 유엔군과 더불어 북진을 할 때 숙천 입성식을 마치고 주둔 시 민간인으로부터 카츄사(한국적 미군) 2명이 부녀자를 농간한다는 신고를 받고 군악대장 황기오 소령이 현장에 달려가자 난행 중이던 카츄사가 돌연 사격을 가해와 황기오 대장이 좌측발 하퇴부에 총탄 6발을 관통당해 후방병원으로 후송되었으며……"(황기오 소령 피격사건 비화, 『육군군악사』, 1980, 145쪽)

황기오는 이 사건에서 보듯이 남의 어려움을 외면치 않고, 불의에 항거하고 솔선수범하는 희생정신이 강인한 군인이었다. 그는 KBS-

TV 방송국 국장과 경희대 신문방송학과 학과장이 되기 전까지는 군인과 군악대장으로서 음악을 업으로 삼았다고 해도 과언이 아니다.

한국 TV방송 발전의 개척자

그는 군에 있으면서 군악대장의 일과 군 방송업무를 병행하였다. 1960년 2월에는 국방부 군 방송실장(4대)의 직책을 맡아 방송을 진두지휘하였다.

1961년 7월 1일 서울국제방송국이 개국하자 그는 곧바로 초대 방송국장이 되었다. 군 방송에서의 그의 경력이 인정되었던 것 같다. 그리고 그해 12월 31일 서울텔레비전방송국(KBS-TV)이 개국하여 임시방송을 하고, 1962년 2월 방송국 직제 개편이 정식으로 이루어지자 그는 이 방송국의 초대 국장으로 선임되었다. 불모지인 TV방송계의 사령탑이 된 것이다.

이승만 정부 시절에 수립된 TV방송 설치안이 재원문제로 보류되었다가 박정희군사쿠데타 정부 하에서 빛을 보게 된 것이 1961년 KBS-TV의 탄생이다. 그해 8월에 설치 준비를 시작해서 5개월 만에 개국을 했으니까 정말 속전속결이었다. 그러니 시설의 부족은 물론 인력과 방송 내용의 미숙 등 모든 것이 미비했다. 방송시간도 하루에 4시간 30분씩, 생방송으로 모든 것이 이루어지던 시절이었다. 그러나 그는 이런 난관을 극복하고 일을 능숙하

게 처리하였다. 불모지에서 새로운 길을 개척한 것이다. 그리하여 1964년 동양텔레비전방송(DTV)이 개국할 때에도 상무이사로 참여하였다.

1964년에는 공보부에 방송조사연구실(전신은 방송문화연구실)이 발족하자 초대 연구실장이 되었다. 당시 이 방송조사연구실의 주요 임무 중의 하나는 전국방송 (시)청취율 및 여론조사 연구였다. 훗날 그가 쓴 논문들의 대부분이 이 분야인 것을 보면 이때의 경험이 반영된 것으로 보인다. 이처럼 그는 방송 분야에서도 개척자적인 임무를 수행하였다.

이론과 실무 겸비한 인재 양성

그는 경희대학교 신문방송학과의 책임을 맡으면서 현업에서 보고 느낀 점을 감안하여 교과과정을 만들고, 교수를 기용하고, 실험실습을 위한 시설과 기자재를 확보하였다.

1965년 당시에는 신문이 언론계의 주류를 이루고 있었다. 신문이 사회여론을 조성하고 사회에 미치는 영향력은 방송보다 월등히 강했다. 그럼에도 불구하고 황기오는 학과의 책임을 맡자 방송 관련 교과목을 신문과 비슷하게 개설하였다. 여기에 더하여 방송 모니터, 방송연습, 연극영화론, 연극실기, 음악실기, 음악감상, 미술실기, 레크리에이션, 속기, 타이프, 사진원서 등 다양한 실기과목을 개설하고 교양교육을 강조하였다. 그러한 교육방침은 KBS-TV 방송국장과 DTV(TBC-TV) 상무이사를 역임하면서 얻은 체험의 소산이라고 생각된다.

그리하여 학생들에게는 정규교과과정 이외에 많은 동아리 활동을 장려하였다. 극(劇)연구회, 사진반, 방송반 등이 만들어지고, 학생회와 각 동아리는 외국어이야기 대회, 사진전시회, 연극발표회, 방송 (시)청취율 조사 참가 및 발표 등을 활발히 전개하였다. 이러한 실습교육 덕분에 후에 〈모래시계〉의 연출을 맡아 유명해진 김종학과 같은 훌륭한 PD 등이 배출될 수 있었다.

학생들의 방송실습교육을 위해 최신 기자재의 도입과 시청각 교육센터를 건립하였다. 현업 방송국과 같은 스튜디오, 방송시설,

제1회 졸업생들과 함께(앞줄 왼쪽에서부터 네 번째가 황기오), 1968

아나운싱과 대사 연습 등을 위한 1인용 부스, 각종 녹음·녹화시
설 등을 갖췄다. 당시 우리나라에서는 처음 보는 방송실습시설이
었다. 이와 함께 방송국과 신문사 등의 견학을 통해 현장실습교육
도 철저히 시켰다.

　그는 학생들에게 협동심과 공동체의식 함양을 위해서 쌍타제
(雙打祭) 행사를 마련, 제도화시켰다. 쌍타제는 매년 12월 12일에
졸업생과 재학생, 교수들이 함께 모여 친목을 도모하는 행사인데,
2018년(52회)에는 올해의 신방인상시상, 동문장학금수여, 매기별

입학 50주년 기념잔치, 노래의 향연 등 다양한 프로그램으로 진행되었다. 그는 또한 음악인답게 〈신문방송학과가(歌)〉를 본인이 작곡, 작사하여 학생들과 함께 부르며 신방인 가족정신을 일깨워주었다.

초창기에는 전임교수 확보가 어려웠다. 1965년 황기오가 최초의 전임교수가 되었고, 1967년에 한병구(미국 미주리 저널리즘스쿨)와 민준기(미국 롱아일랜드), 1969년에 김규(미국 시라큐스)와 서영희(미국 미주리 저널리즘스쿨), 1970년에 이광재(경희대)가 전임교수로 발령받았다. 그래서 초창기에는 강사들에게 많이 의존하였다.

경희대에 출강한 교수는 당시 학계와 업계, 관계에서 명성 있는 분들이었다. 순서 없이 열거하면 다음과 같다.

이해창(신문학개론), 이근삼(연극영화론), 김광섭(보도기사론), 홍진태(PR론), 이경렬(레크리에이션), 이효영(연극실기), 박동준(통계학), 임상원(광고론, 사회학개론), 장용(사회심리학, 사회조사방법론), 김동철(인쇄론), 백순재(잡지출판론), 전영우(스피치개론), 장성자(매스컴원론), 오재경(PR론), 김기형(광고론) 등.

초창기 학생들은 교재와 실습기자재 및 시설이 부족했지만 우수한 교수진 덕분으로 충실한 교육을 받을 수 있었다.

수용자 연구의 선구자

그는 현업에 종사하면서도 학문연구를 위해 주경야독한 인물이었다. 해방 후 군에 입대한 상황 속에서도 동국대에 입학하여 12년 만인 1961년에 졸업한 것을 보면 학문연구에 대한 열정이 지고하다는 것을 알 수가 있다.

그의 저서와 논문 목록이 일목요연하게 정리된 것은 없다. 현재 수집된 것만 여기 제시했기 때문에 누락된 것도 많이 있으리라 생각한다. 저서의 경우 출판연도와 출판사를 알 수가 없다. 『악기론』은 이 책을 인용한 논문이 있기 때문에 명시했다.

1) 저서
  『관현악론』, 『악기론』(1967, 경희대음대), 『군에서의 매스메디아 활용』, 『매스메디아 조사론』

2) 논문
- 「한국에 있어서의 TV 방송운영(A Study of TV Management in Korea)」 서울 대 행정대학원 석사학위논문, 1963, 방송문화(1963년 7월호)에 요약분 게재, 34~39쪽
- 「매스 미디어에 대한 대중의 접촉상태 및 의식에 관한 조사」 경희대 정 경논집 5집, 1966, 20~44쪽
- 「한국방송 청취자에 대한 소고 ─서울, 부산, 광주 지역을 중심으로」 경희대정경논집 6집, 1967, 30~47쪽

- 「방송기획연구 ① 방송편성에 선행될 요건」, 「방송문화」, 4월호, 1968, 30~33쪽, 59쪽. 이 논문은 방송기획 시리즈로서 5월호(방송편성의 개요 고찰), 6월호(방송편성에 고려될 사항), 7월호, 8월호, 10월호(방송편성에 고려될 사항)(총 6회)에 걸쳐 게재되었다.
- 「도서지방에 있어서의 매스 미디어 수용실태 조사연구」 한국신문학회 발표, 1969
- 「도서주민의 방송노출 경향 및 태도 – 울릉도 지역을 중심으로」 『심연 김명복 박사 회갑기념논문집』, 경희대출판국, 1972

3) 단문
- 〈국방부 군방송의 1년: 몸부림을 쳐보았으나〉, 『방송』, 송년호, 대한방송사업협회, 1960. 12. 25. 21~22쪽
- 〈나의 버릇: 장소 구별없이 잠을 자〉, 『대학주보』 279호, 1966. 5. 11.

음악이 흐르는 가정

황기오는 '가정의 화목'을 가장 중요한 덕목으로 여겼다. 여건이 아무리 어려워도 항상 긍정적인 마음을 갖고, 서로 협력하며 사는 방법을 자녀들에게 가르쳤다. 남을 비방하거나 부정적인 생각을 가져서는 안 된다고 가르쳤다. 그래서 가장은 가족을 사랑하고, 가족은 가장을 존경하고 사랑하는 분위기를 만들었다.

이러한 분위기를 만든 촉매 역할을 한 것이 음악이다. 가족들은 모두가 악기 하나를 주 특기로 연주할 수가 있었다. 아버지

는 클라리넷, 어머니는 피아노(비올라), 큰 딸은 바이올린, 둘째 딸은 피아노와 무용, 셋째 딸은 플룻, 막내아들은 첼로. 그리고 고모, 큰 삼촌, 작은 삼촌들도 첼로, 타악기 등을 연주하였다. 그래서 음악가족으로 불리어졌고, 그 실력을 인정받아 KBS-TV에도 출연하고, 정동교회에서 가족음악회를 열기도 하였다. 또한 제자들이 집에 오면 음악을 들려주기도 하였다. 가족예배를 드릴 때에는 소프라노, 엘토, 테너, 베이스로 나뉘어 찬양을 불러 성가대 이상이었다. 그의 가족은 작은 오케스트라였다. 도레미송과 에델바이스로 유명한 영화 〈사운드 오브 뮤직(The Sound of Music)〉을 연상케 하는 집안이었다.

이처럼 화목한 가정을 이루는 데는 부인 장상순의 역할이 컸다. 그녀는 황기오와 같은 나이로 신의주에서 출생, 중국 봉천보육학교 교사, 일본 동경 중앙음악학교를 다니다가 이화여대에 입학, 1949년 음대(바이올린 전공)를 수석으로 졸업하고, 그해에 황기오와 결혼했다. 6.25동란 때에는 국방부 정훈국 소속의 한국교향악단 단원으로 종군도 하였다. 1959년에는 서울시립교향악단 단원, 1961년에는 경희대 음대 강사를 역임했다.

황기오는 군인과 군악대장, 교육자로서의 역할은 훌륭히 수행했지만 가장(家長) 역할은 제대로 하지 못한 것 같았다. 가족들의 표현에 의하면 돈에 관한 한 대책이 없는 사람이었다. 생계는 거의 대부분이 그녀가 피아노레슨과 푸른음악원을 운영하면서 해결했다고 한다. 남편의 강직함 때문에 많은 고생을 하면서도 불평 없이

황기오 가족의 연주하는 작은 오케스트라

가정의 평화를 이루어낸 주인공이 부인 장상순이다.

KBS-TV 방송국장 시절 운전기사가 아침마다 집에 오는데 "국장님이 저의 집보다 못 살아서 면구스럽다"라고 얘기할 정도였다. 그때도 그는 남의 집에 세 들어 살고 있었다. 황기오는 자주 이사를 했다. 몇몇 제자들이 이사를 도와준 적이 있는데 모두가 셋집이었다고 한다. 또 경희대 교수로 재직하고 있을 때에는 월 말에 빈 월급봉투를 들고 오면서 "우리 제자 등록금이 없어 내 월급을 다 주었어요"라고 했더니 부인이 "잘 하셨어요"라고 했다고 한다. 자식들이 볼 때에도 돈에 관한 한 정말 대책 없는 분이라고 생각했다는 것이다.

이런 상황 속에서도 집안에서는 항상 음악이 흐르도록 했고, 시간이 나면 여행하기를 좋아했다. 자녀들에게는 자유분방한 분위기를 만들어줬지만 교육은 스파르타식으로 "모든 것은 제자리에"를 강조하는 군대식이었다고 한다.

짧고 굵게 산 낙천가

그가 1976년 한국을 떠나 브라질로 이민을 간 것은 경제적인 어려움과 건강상의 문제(망막증) 등이 중요한 이유라는 것이 주변 사람들의 설명이지만 정확하지는 않다. 원래는 캐나다로 이민을 가려고 했지만 그 당시 캐나다가 한국 이민을 받아주지 않았기 때문에 파라과이를 경유, 브라질로 정착지를 바꿨다고 한다.

브라질에서의 생활은 초반부터 녹록치가 않았다. 언어도 그렇고, 경제상황도 그렇고, 더군다나 서울에서 부친 이삿짐이 기한이 지났는데도 도착하지 않았다. 사기를 당했다는 것이다. 그 당시만 해도 해외운송체계가 허술하여 일반인들이 사기당하는 일이 비일비재하였다.

이처럼 난감한 상황 속에서도 그는 자녀들의 기를 죽이지 않기 위해 1인당 100달러씩 나누어주면서 너희들이 가보고 싶은 곳을 찾아 마음대로 여행하라고 하였다. 수중에 남은 돈은 한정되어 있었지만 자녀들을 위해 대책 없이 돈을 써버린 것이었다. 뒷감당은 역시 부인 장상순의 몫이었다. 브라질에서의 생계는 부인과 자

황기오가 브라질에서 서울에 있는 제자에게 보낸 편지, 1982. 3. 6.

녀들이 꾸려나갔다. 부인은 재봉일, 피아노교습, 자녀들은 택배회사 등에서 일하면서 학교를 다녔다. 모두 열심히 공부하여 대학을 졸업하고, 막내아들 은철은 목사가 되었다.

황기오는 상파울루에서도 열심히 살았다. 어려운 여건(브라질에서 제자에게 보낸 황기오의 1982년 3월 6일자 편지) 속에서도 커뮤니케이션에 관한 책도 저술하고, 대학(성베르나르도대학에서 커뮤니케이션 개론 영어강의)에서 강의도 하였다. 그가 저술한 책은 『커뮤니케이션 입문』(A4 용지 250쪽 분량으로 1982년 4월 1일 탈고)인데 유고(遺稿)로 남아 있다. 브라질에서는 종교활동에 더 심혈을 기울인 것 같다. 브라질 동양선교교회를 설립하여 교세를 넓혔고, 다국적교회로 발전시켜 외국인 신자가 한국인보다 많게 되었다. 막내아들 황은철 목사가 이 교회의 담임목사로 있다가 2019년 1월에 귀국하였다. 〈브라질 교민의 노래〉(황기오 작곡, 장상순 작사)도 만들어 열심히 보급하였다. 뿐만 아니라 칸타타 〈예수나심〉을 작곡하여(1981~1982) 상파울루 연극공연장에서 여러 번 공연하였는데 평이 좋았다고 한다.

그러던 중 막내아들이 결혼한 1982년부터 심장병이 발병하여 수술을 받고 5년간 투병하다가 1986년 10월 25일 가족들이 지켜보는 가운데 62세로 이 세상을 떠났다. 소천하기 직전 아들이 왜 이민 와서 이렇게 고생하시느냐고 물으니까 한참 생각하더니 "은철아, 그래도 인생은 한 번 살아볼 만한 가치가 있단다"는 유언을 남겼다고 한다.

일찍 결혼한 큰 딸 황은혜 목사는 함께 이민을 가지 못해 아버지에 대한 그리움이 누구보다도 지극하다며 최근 아버지에 대해 이렇게 회상했다.

"우리 황기오 아버지, 자랑스런 나의 아버지, 너무 짧게 사셨으나 이 나라, 이 민족, 후학을 위해 굵게 사셨습니다. 존경합니다. 사랑합니다."

이 글을 쓰는데 귀중한 자료와 사진, 증언 등으로 도움을 준 분들은 다음과 같다.

강봉식(경희대 신문방송학과 1회 졸업생)

안인창(육군본부 18대 군악대장)

김성호(한국언론연구회 총무, 전 광운대 정보콘텐츠대학원장)

홍순목(산정현교회 안수집사, 육군사관학교 군종부 출신)

황은혜(큰 딸, 목사)

황은철 부부(막내아들, 목사, 부인은 도은미 목사)

이분들께 감사의 뜻을 표합니다. •

언론이 진실을 보도하면
국민들은 빛 속에서 살 것이고,
언론이 권력의 시녀로 전락하면
국민들은 어둠 속에서 살 것이다.

– 김수환 추기경

우리 시대의 언관(言官) 사관(史官), 후석 천관우

·

최정호 | 연세대 명예교수

사학계와 언론계에 남긴 굵직한 발자국

종래 우리나라에서 '언론사'라고 하면 대부분의 경우 신문의 역사였다. 그건 신문사(社)의 역사, 신문 미디어의 역사였다. 언론의 범주에 방송이 들어온 뒤에도 마찬가지로 그것은 방송사(社)의 역사, 방송 미디어의 역사를 다루고 있다. 언론사(史)가 언론사(社)의 역사로, 곧 미디어의 역사로 동일시되어온 것이다.

그러나 인간사회의 언론현상, 언론활동은 근대적인 신문 방송의 출현 이전에도 있었다. 원래 언론현상, 언론활동은 1차적으로 미디어가 아니라 사람이 있어서, 메시지를 주고받는 사람이 있어서 비로소 가능했다. 그러한 메시지를 가진 사람이 곧 그 시대의 언론인이었다. 메시지가 먼저 있고 훨씬 뒤에 미디어가 나타났다.

먼저 언론인이 있고 훨씬 뒤에 언론사가 나타난 것이다.

　따라서 언론의 역사는 언론사(社)가 아니라 언론인(人)의 역사에서 출발해야 마땅하다. 독일의 뮌헨 대학에서는 이미 1980년대 초에 언론인(Publizist)의 역사를 다룬 세미나가 개설되어 있던 것을 보았다. 그에 앞서 1970년대의 출판계에선 언론사학 시리즈에서 마르틴 루터로부터 시작되는 『언론인사』가 간행되고 있었다 (cf. Heinz-Dietrich Fischer: Deutsche Publizisten des 15. bis 20. Jahrhunderts. 1971.).

　신문(Presse)의 역사를 엮어낸 또 다른 총서에서도 그 출발을 유럽에서 최초의 근대적 신문 매체가 등장한 17세기에 앞서 15세기로부터 시작하고 있다(cf. Margot Lindemann: Deutsche Presse bis 1815. 1969.).

　몇 해 전부터 우리나라에서도 작고한 언론인에 관한 평전(評傳)들이 간행되고 있다는 것은 매우 의미 있는 일이라 나는 생각하고 환영하고 있다. 미디어(언론매체)의 역사에 가려져 버린 메시지(언론인)의 역사를 비로소 조명하게 됐다는 뜻에서다. 이번에 한국언론연구회에서 『한국 언론학 설계자들』을 기획 출판한다는 얘기를 듣고 여기에 기꺼이 참여하게 된 연유이다.

후석(後石) 천관우(千寬宇, 1925~1991)는 바로 그처럼 미디어를 초월해서 자기의 말, 자기의 메시지를 가졌던 대(大) 언론인이었다. 뿐만 아니라 학자로서도 한국의 언론사를 신문 방송과 같은 근대적 미디어가 등장하기 이전으로, 왕조시대의 언론인("언관言官 사관史官")으로까지 거슬러 올라가서 조명한 아마도 최초의 사학자가 아닌가 나는 생각한다(천관우:『언관사관』. 1969).

다만 꺼림직함은 조금 남는다. 천관우를 과연 한국 언론학의 설계자로 자리매김하는 데 문제는 없는 것일까 하는…….

학문의 전공(discipline)으로 따지자면 그는 원래 역사학자였다. 그것도 여느 역사학자가 아니라 재야 사학자로서 틈틈이 발표한 후석의 논문이나 저서들은 그때마다 대학의 어느 역사학 교수 못지않은 비중으로 학계의 주목을 끌고 화제가 되곤 했었다. 이미 20대 초반에 쓴 졸업논문「반계(磻溪) 유형원(柳馨遠) 연구 – 실학 발생에서 본 이조사회의 일 단면」은 국사학의 태두 이병도(李丙燾) 박사가 이를 두고 "실학연구의 방향을 제시한 군계일학(群鷄一鶴) 같은 업적"이라고 격찬했다는 것은 널리 알려진 얘기이다.

그럼에도 불구하고 사학계와 언론계의 두 영역에 걸쳐 큰 족적을 남긴 후석을 감히『한국 언론학의 설계자들』쪽에 모시려 하는 것은 그 스스로 "기자를 업(業)으로 삼으면서 틈틈이 한국사에 관계되는 글을 써온 나(『한국사의 재발견』 1974, 서문에서)"라 자임하고 있고, "스스로 직업란을 기입할 때엔 '기자' 혹은 '신문인'이라고 했다.(『나의 학문의 길』천관우, 산문선散文選, 1991)"는 신상 언급을 그대로 받아들이고자 하기 때문이다.

뿐만 아니라 보다 일반적인 견지에서 보더라도 언론학과 같은 새로운 학문의 설계자들은 당연히 언론학 탄생 이전의 인접 학문

분야, 예컨대 정치학, 경제학, 역사학, 어문학 등 다양한 분야의 석학들이었다는 것은 독일이나 미국의 초기 언론학에서도 매한가지였다(Cf. Otto Groth: Die Geschichte der deutschen Zeitungswissenschaft. Probleme und Methoden. 1948. Hanno Hardt: Social Theories of the Press. Early German & American Perspective. 1979).

따라서 역사학자가 언론학자, 심지어 언론학의 설계자가 된다는 것 자체에는 아무런 문제가 없다. 실제로 후석은 1952년 9월부터 다음 해 5월까지 6.25 전쟁 중에 미국대학에서 유학한 최초의 언론인으로서 귀국한 후에는 서울대학교 문리과대학 등에서 신문학에 관한 역시 최초의 강의를 개설한 위인이기도 했다. 물론 본인은 1년도 채 안 되는 미국유학에 대해서 "미네소타 대학에서 신문학 공부를 합네 하고 돌아왔다"(천관우: 육십자서(六十自敍), 『천관우선생 환력기념한국사학논총(千寬宇先生還曆紀念韓國史學論叢)』, 1985)고 겸양을 떨고는 있지만……

"20대 주필 대망론"의 아우라 속에서

후석 천관우는 '거인(Titan)'이었다. 기골이 장대한 몸집부터 거구였을 뿐만 아니라 그의 삶의 궤적이 또한 거인다운 생애였다. 나는 다소의 머뭇거림을 누르고 그를 "영웅적인 생애"였다고 적어 두련다.

실제로 내 회상 속의 천관우에는 언제나 여러 개의 '수퍼러티브'(superlatives - 형용사, 부사의 최상급)가 따라붙었다. 이미 앞에서도

우리 시대의 '름官 史官'

천관우 선생 추모문집간행위원회

巨人 천관우

일조각

『거인 천관우』, 일조각, 2011

그의 미국 유학과 대학의 신문학 강의에 '최초'란 수퍼러티브를 몇 차례 선보였다. 그에 이어 그는 내가 만난 최초의 언론사 시험관이었다. 내가 1955년 1월 한국일보사의 수습기자 시험을 치렀을 때 그는 반년 전(1954년 6월)에 창간한 이 신문사의 논설위원으로 나를 면접했다. 그의 나이 당시 만 29세. 그는 내가 아는 한 그 무렵 우리나라 언론계에서 가장 젊은 논설위원이 아니었던가 싶다.

당시 한국일보는 '젊은 신문', '젊음의 활기에 넘치는 신문'으로 독자들을 모으고 있었다. 거기에는 물론 34세의 약관에 한국은행 부총재(1960년)가 되고 36세에 조선일보 발행인(1952년)이 되고 38세에 한국일보를 창간한 장기영(張基榮, 1916~1977) 사주의 인품과 비전이 큰 몫을 하고 있었다. 장 사장은 평소 '동아일보' 창간사의 대문장을 쓴 주간이 당시 25세의 장덕수(張德秀, 1895~1947)였다는 사실을 떠올리면서 '20대의 주필 대망론'을 기회 있을 때마다 되뇌곤 했었다.

　과연 1950년대 말의 한국일보에는 그러한 '대망론'에 부응할 만한 젊은 논객들이 많았다. 최병우(崔秉宇, 1924~1958) 코리아타임스 편집국장, 홍승면(洪承勉, 1927~1983) 한국일보 편집국장 등이 그런 반열에 오른 사람들이다. 이들이 아직 편집국의 외신부장 자리를 이어받고 있을 때 천관우는 이미 가장 먼저 논설위원으로 필봉을 날리고 있었다.

　거의 연년생인 이 세 논객 중에서 후석은 가장 한문(漢文)의 조예가 깊었다. 서울대학교 교수들 사이에서도 그건 이미 소문이 나 있었다. 후석은 악수할 때 사람 손을 잡기도 쉽지 않은 매우 불편해 보이는 오른손(육손)으로 펜보다는 붓으로 집필하는 것을 즐기는 듯했다. 그는 내가 받은 엽서도 대부분 붓으로 써 보냈을 뿐만 아니라 급할 때도 (한가할 때만이 아니라) 먹을 갈아 붓으로 사설을 써내곤 했다.

한국일보에 입사해서 얼마 되지 않은 어느 날 저녁 나는 혜화동 로터리에서 우연히 친구랑 어울려 지나가던 후석을 만난 일이 있다. 그는 나를 알아보고 반기면서 같이 한잔하러 가자고 로터리 옆의 어느 술집으로 끌고 갔다. 놀라운 것은 후석의 주량이었다. 그는 소주를 대접으로 마시며 나에게도 권했다. (1950년대의 소주는 요즈음의 싱거운 희석주가 아니라 독주였다.) 그때는 나도 20대 초반의 원기 왕성한 주도(酒徒) 시절이라 사양 않고 소주 대접을 들이 마셨

● 아래 엽서 석 장은 후석이 필자에게 보낸 연하장 중에서 붓으로 직접 적은 것이다.

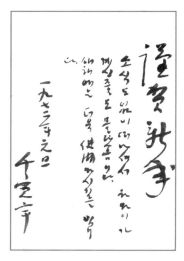

하와이의 이스트 웨스트 센터(East-West Center)에 가 있을 때 받은 엽서, 1972

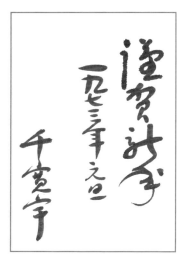

유신체제 하의 서울에서 받은 연하장, 1973

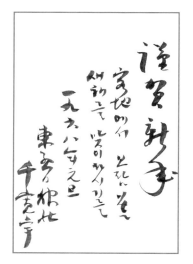

필자의 유럽 유학 마지막 해 신정에 받은 엽서, 1968

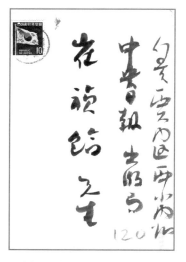

후석이 붓글씨로 쓴 봉투

다. 그러나 그것으로 끝난 것이 아니다. 통행금지 시간이 가까워오자 친구들과 헤어진 후석은 날더러는 집에 가 2차를 하자며 혜화동 골목 안으로 이끌고 갔다. 어느 큰 저택의 별채에 사는 누님 댁에 같이 살던 후석은 술상을 차려 와서 한 되 병의 정종을 함께 마셔 비웠다. 그러고선 다시 정종 한 됫병을 꺼내오는데 소주를 대접으로 들이 마신 뒤끝에 두 병째 정종을 마셔야 한다 생각하니 너무 끔찍했다. 나는 가짜로 자는 척하느라 앉은 채 코를 골았다. 후석은 이 친구 벌써 골아떨어졌다 하면서 그제야 비로소 잠자리를 폈다. 이후 나는 더불어 대작하기 가장 힘든 몇 안 되는 모주꾼의 한 사람으로 후석을 든다.

후석은 또한 주사의 난폭함에 있어서도 언론계에 타의 추종을 불허했다. 술 취해 야밤중에 신문사에 후석이 나타나면 그날 밤으로 편집국의 전화통은 온통 절단이 났다. 후석을 아끼던 장기영 사장은 그 주사를 잘도 참아 주는 듯했다. 그러나 그 뒤 후석이 조선일보로 옮긴 뒤에도 그 주사를 계속하자 방우영 회장은 도저히 감당할 수 없었다고 회고록에 적은 것이 기억난다.

그건 어떻든 조선일보에 가 있던 후석이 1960년 4.19혁명 전에 다시 한국일보로 돌아왔다. 그때는 그러한 시절이었다. 나도 1955년에 수습사원으로 한국일보에 입사한 뒤 열 달도 못돼 퇴사하고(최병우 부국장의 강권으로 '사직원'을 '휴직원'으로 바꿔 썼지만) 1957년에 다시 복직했다가 반년 만에 또 때려치우고 1958년 초에 삼세번째 재입사하면서 그때부터야 비로소 자리 잡고 열심히 일하게 된 전과가 있다. 그 무렵엔 기자들이 신문사를 무상출입하며 여러 군데를 오가는 일이 관행처럼 받아들여진 때였다. 후석의 한국일보 복귀를 모두 다 반겼고 특히 그의 명문을 높이 사고 있던 장 사장이 가장 반겼다. 그러고 보니 생각이 난다.

한국일보 창간 사주 장기영은 우리나라 신문 사주 가운데서 아마도 드물게 보는 빼어난 문장력과 문장 감각을 지닌 분이 아니었던가 생각된다. 나는 그의 미국 기행(『태평양 항로』 - 눈으로 보고 눈으로 들은 미국, 미국인, 미국 경제. 1956)이 책으로 나오기 전 신문에 월여(月餘) 동안 연재되고 있을 때 그 글을 읽고 편집하면서 그렇게 생각하게 됐다. 그 뒤에도 장 사장은 이따금 글을 써서 편집부에 보내올 때엔 이 글을 먼저 논설위원실의 후석에게 보이라고 쪽지에 메모해오곤 했다.

확고한 역사의식과 이로정연한 논설

후석이 한국일보에 다시 돌아온 그 무렵(1959)은 해방 후 한국 신문이 처음이자 마지막으로 조석간 제도를 도입해서 하루에 두 차례 신문을 발행하던 때였다. 신문의 칼럼 란을 무척이나 좋아한 장기영 사장은 후석이 재입사하자 그를 위층의 논설위원실에 '가둬'두지 않고 편집국의 맨 앞쪽 홍승면 편집국장 석 옆에 또 하나의 국장급 책상과 의자를 마련하여 앉혔다. 조간의 단평란 '지평선(地平線)'과 같이 석간에도 '메아리'란 새 칼럼을 개설해서 후석으로 하여금 집필을 연재케 하기 위해서였다. 이렇게 해서 당대의 두 명문 칼럼니스트가 한 신문의 조간과 석간에 다투어 날카로운 필봉을 휘두르던 한국일보 칼럼의 쌍두마차 시대가 열렸다.

세상은 바야흐로 이승만 정부의 장기집권을 위한 갖가지 무리수가 극으로 치달아 올라가면서 어떤 극적인 상황이 벌어지지 않을까 불안한 조짐이 점차 짙어가던 때였다. 그러다 1960년 봄, 3.15부정선거에 대한 항의시위가 불붙기 시작하면서 마침내 마산 사태가 벌어졌다.

장기영 사장은 이런 때엔 신문의 논설에도 현장 감각을 살려야 된다면서 천관우 논설위원을 편집국 정치부 기자단과 함께 마산 현지로 '특파'해서 사건 현장에서 사설을 집필해 송고토록 조치했다. 장 사주다운 아이디어였다.

한국일보를 그만 두고 나갔다 재입사한 후의 후석은 전과는 달리 어딘지 사내에서 겸연쩍어 하는 눈치였다. 점심 때가 되면 조선일보에서 비슷한 시기에 한국일보로 옮겨온 이목우(李沐雨)씨 하고만 늘 같이 나가 요기하고 돌아오는데 그때마다 반주로 소주 한두 병을 비운다는 것이었다. 그러나 예전과 같은 주사는 볼 수 없었다. 다만 '특파 논설위원'으로 마산에 다녀온 때는 달랐다. 술에 만취한 모습으로 후석이 편집국에 나타난 것이다. 소리는 지르지 않고 주사도 없었지만 후석의 내공(內攻)하는 노기와 불만이 폭발 직전임이 금세 감지됐다. 웬일인가 알아봤더니 마산 앞바다에서 김주열 군의 시체가 떠오른 날 밤에도 동행한 정치부 간부가 현지

경찰서장의 기생파티에 초대받아갔다는 것이었다.

독한 술을 그리 많이 마시면서도 후석의 글은 그러나 흐트러지는 일이 없었다. 신문에는 언제나 이로정연(理路整然)하고 당당하고 기품있는 논설과 칼럼을 쏟아내고 있었다. 뿐만 아니라 후석은 사설란에만 갇혀있는 논설위원이 아니었다.

얘기가 뒤로 거슬러 올라가지만, 한국일보가 창간된 이듬해인 1955년 당시 후석은 그해 8월 15일부터 12월 1일까지 64회에 걸쳐 한국일보 2면에 "사료(史料)로 본 해방십년약사(解放十年略史)" 제하의 내리닫이 기사를 장기 연재하고 있었다. 그를 아직 기억하고 있는 까닭은 그 연재를 위해 옛 동아일보사의 원로 나절로 선생 댁에 가서 해방 후의 신문 자료들을 내가 자주 빌려 후석에게 전했기 때문이다.

돌이켜보면 이 기획은 한국 현대사를 정리 기록한 최초의 시도가 아니었던가 생각된다. 당시 구미선진국에서도 현대사 연구는 저널리즘과 아카데미즘이 생산적으로 만나 협력해야 하고 또 협력할 수 있는 영역으로 자리 잡고 있었다. 그러고 보면 사학자이자 언론인인 후석이 해방 후 한국 현대사의 정리 기록에 선편(先鞭)을 쳤다는 것은 당연한 일이요, 다행스러운 일이었다고도 생각된다.

후석을 위해 알게 된 나절로 선생과는 또 다른 얘기의 인연도 있다. 나는 대학에 입학하기 전후해서 지어 본 내 아호, 하이재(何異哉)와 제대로(諸大路)에 대해 후석의 자문을 구한 일이 있다. 그때 후석은 '제대로'는 '나절로'의 모방이라 안 된다고 언하에 실격(失格)시켜버리는 것이었다. 실은 그때까지 나는 나절로(본명 우승규禹昇圭)란 사람의 이름도 알지 못했던 터라 좀 억울한 생각이 들기는 했지만, 그 후 수십 년 동안 '제대로'란 호는 쓰지 않았다.

나절로 선생과 관련한 사사로운 얘기를 하나만 덧붙이겠다. 나는 20대 초반의 풋내기 수습기자 시절에 1955년 10월 27일부터 11월 22일까지 한국일보에 "북한에서의 운명 – 독일 신부 수녀들의 수난기"라는 번역 기사를 26회에 걸쳐 연재한 과분한 영광을 누린 일이 있다. 그때 이 연재가 시작되는 첫날의 지면에 장문의 "소개의 말"을 써주신 분이 나절로 선생이었다.

유신에 온몸으로 맞선 용감한 언론인

한편 이 무렵 한국일보에는 우리나라의 근·현대사 정리를 위한 또 하나의 큰 기획번역물이 아마도 후석의 발의로 연재되기 시작했다. 1955년 5월 21일부터 이후 해를 거듭하고 수 백회에 걸쳐 이어 갔던 "한말풍운비화(韓末風雲秘話) 매천야록(梅泉野錄)"이 그것이다. 지면에는 국사편찬위원회 초록(抄錄)으로 돼 있으나 실제로는 후석이 초역자가 아니었나 생각된다. 마감 시간을 앞두고 후석이 쫓기듯 붓으로 적어 갈긴 번역원고를 내놓는 걸 나는 여러 번 보았다.

4.19혁명 후 후석은 내가 존경하는 고우(故友) 김철순 형이 그

1972년 여름부터 필자는 성균관대학교 교수직에 있으면서 중앙일보 논설위원을 겸직했다. 그리고 그 해 10월 중순 월간『중앙』의 주간까지 겸직하게 되었다. 바로 그날 유신 개헌을 준비하는 계엄령이 발포됐다. 계엄체제하에서 잡지를 편집한다는 어려운 상황에서 필자는 해외 기사와 역사 기획기사 속에 탈출구를 찾기로 마음먹고 장기 연재물로 '이조의 선비사', '한국사의 왜곡사'를 기획했다.
사진은 자문회의 광경(좌로부터 시계방향으로 이우성, 김열규, 이기백, 필자, 이종복, 천관우), 1972. 11.

의 숙부 김원전(金元全) 사장과 함께 창간한『민국일보』에 편집국장으로 옮겨 갔다. 나도 오라는 끈질긴 권유가 있었지만, 독일 유학을 앞두고 있던 때라 고사했다.

1960년 10월 말 나는 독일로 떠나고 다음 해 5월 객지에서 외신을 통해 한국의 쿠데타 소식을 들었다. 그로부터 훨씬 뒤 귀국해서 들은 얘기지만 박정희 군사정부는 집권 초기에 후석을 공보부 장관에 기용하려고 교섭했으나 성사시키지 못했다는 것이다. 그랬을 것이라고 나는 생각했다. 후석은 장관직을 고사한 한국 현대사의 불과 몇 안 되는 인사 가운데 첫 번째 사람이다. 그게 얼마나 장한 일이요, 희한한 일인지…….

　유럽 체류 중 나는 1966년 가을 베를린 오페라의 서울 공연을 위해 일시 귀국한 일이 있다. 그때 동아일보 주필로 있던 후석을 찾아가 인사드렸다. 그는 내가 그전 해(1965년) 비엔나에서 프란체스카 여사의 친정 언니를 만나 이승만 대통령 처가와 영부인의 초혼 및 재혼 사실을 파헤친 특종기사를 크게 칭찬해주었다. 우리나라에도 외국처럼 신문기자상이 있다면 그건 당연히 최형의 비엔나 특종이 타야 했을 것이란 과찬의 말도 해 주었다.

　1968년 내가 유학을 마치고 귀국하자 이내 동아일보사에서 연락이 왔다. 고재욱 사장, 천관우 주필, 박권상 논설위원이 광화문 근처의 어느 한정식집에 나를 불러 '동아'에서 같이 일하자고 권유하는 것이었다. 불행히도 나는 대학교수직의 겸직 문제 등이 걸려 그때도 후석의 권유를 받아들이지 못했다.

　그 뒤 박정희 정권이 유신체제를 빙자해 장기, 영구 집권을 획책하게 되자 후석은 언론계에서 물러나 유신정권에 맞서 재야의 거물 인사로 사회참여에 앞장서는 투사가 됐다. 그는 참으로 용감한 언론계(출신)의 몇 안 되는 투사, 아니, '지사'로 주목받았다. 이후 천관우의 삶은 유신 독재체제에 정면으로 맞선 민주수호, 민주회복을 위한 재야의 "영웅적" 투쟁의 역사 그 자체였다. 그 암울한 시대에 힘겨운 저항운동의 최전선에서 후석은 온몸을 던져 이 땅에서 민주수호 역사의 큰 줄기를 이끌어갔다.

박정희 유신체제는 1979년 10월 26일 궁정동의 총성으로 갑작스러운 종언을 맞는다. 1980년 '서울의 봄'이 도래한 것이다.

　　나는 그때 지금이 기회라 생각하고 오래전부터 기획해 온 일을 하나 꾸미고 있었다. 바로 한국 현대사에 대한 학계와 일반의 관심을 진작시키기 위해 계간지 '현대사'를 창간해 보자는 프로젝트이다. 그래서 그 무렵 창립된 서울언론문화클럽의 이사진을 설득해서 '현대사'를 클럽의 기관지로 발행하기로 찬의를 얻는 데 성공했다. '현대사'야말로 학계와 언론계가 함께 할 수 있는, 아니 함께해야 될 최적의, 가장 생산적인 분야라는 내 평소의 소신을 이사진이 수긍해준 것이다. 편집위원의 인선(김영호, 양호민, 차기벽, 차하순, 한배호, 홍순일)과 창간호 편집계획 등은 마음먹은 대로 큰 어려움 없이 진행되었다. 편집인으로서 잡지의 책임을 맡은 나는 고문도 서너 분 모시고자 생각하고 있었다. 원로 언론인 홍종인 선생과 김상협 당시 고대 총장은 금방 고문직을 수락해 주셨다. 그러나 그분들에 앞서 꼭 모시고자 했던 첫 번째 분이 후석이었다.

　　당시 불광동에 살던 후석을 찾아간 것이 1980년 4월경이었을까. 나는 1955년 후석이 내 수습기자 시절의 한국일보 지면에 "사료로 본 해방 10년약사"를 연재하여 광복 후 우리나라 최초의 현대사 정리와 기록을 시도한 사실을 상기시키며 우리가 창간을 기획하고 있는 '현대사' 전문지의 고문을 맡아주시기를 간청했다. 그러나 "그 뜻은 좋으나 지금은 맡을 수 없다"는 후석의 반응은 뜻밖이었다. 유신 체제하에 강제로 해직된 '동아 투위'의 동지들이

전원 회사에 복직될 때까지는 어떤 자리도 맡지 않기로 했다는 것이 고문직 수락 불가의 이유였다. 그 서릿발 같은 해명은 너무나도 엄중하고 단호했다. 나는 크게 실망은 했으나 후석에 대한 경의를 새롭게 하며 그냥 물러났다.

'타이타닉 호 침몰'의 충격

바로 그런 일이 있었기에 그로부터 얼마 후 5.18 광주의 피바다를 거치며 집권한 전두환의 대통령 취임식 단상에 후석이 임석했다는 소식은 청천벽력이었다. 후석은 도저히 풀이할 수 없는 가장 어려운 수수께끼라는 또 하나의 '수퍼러티브'를 갖다 안겨준 것이다. 후석의 그 처신은 아무리 머리를 굴려 봐도 나에겐 이해하기 어려운 수수께끼다. 그리고 이 수수께끼는 아직도 아무도 내게 시원한 풀이를 해주지 못하고 있다.

후석이 내가 그처럼 경모하던 '거인(巨人)'이 아니었다면 수수께끼는 쉽게 풀 수 있었을 것이다. 그러나 그 야릇한 변신의 주인공은 여느 누구가 아닌 후석, 한국 언론계의, 한국 지식인 사회의 타이탄(Titan) 후석 그 사람이다. '동아 조선 자유언론투쟁위원회'의 정신적 지주이고 '재야 민주화 투쟁의 중심'에 자리 잡고 있던 거함(巨艦) 후석이다. 그 거함이 가라앉다니…… 그것은 아무도 있을 수 없는 일이라고 생각한 거함 '타이타닉 호의 침몰'의 소식에나 비길 충격을 여러 사람에게 안겨주었다.

혹시 후석이 그동안 온몸으로 저항 투쟁을 한 맞수는 그쪽도 거인인 이승만이나 박정희라야 하지, 쩨쩨한 신군부의 전(全), 노(盧) 같은 졸자들은 맞수가 못 된다는 말인가.

아무도 예측하지 못했던, 예측할 수 없었던 거인의 변신에 대해서는 그의 생전이나 사후에나 갖가지 추측과 억측만 무성하게 나돌고 있다. 그러나 그 어느 것도 나를 납득시킬 수 있는 것은 없다. 돈을 먹었을 거라고 말하는 사람은 후석이 아니라 그 말을 하는 사람의 됨됨이만 밝혀줄 뿐이다.

한 가지 분명한 것은 후석이 신군부의 유혹에 발목 잡혔다거나 심지어 매수당했다고 떠벌리는 사람들은 유신 독재 시대에 후석의 천분의 일, 만분의 일도 저항하지 않던 사람들, 그저 세상을 방관만 하고 집에서 편하게 발 뻗고 지내던 사람들이 대부분이고 그 암울한 시대에 민주회복을 위해 함께 저항하고 투옥되고 고생한 사람들 가운데엔 그렇게 가벼운 입 놀림을 하는 사람은 거의 찾아볼 수 없다는 사실이다.

후석과 민주화 운동을 같이하고 옥고도 같이 치렀던 작가 이호철은 그의 저서 『이 땅의 아름다운 사람들』(2003, 현재)에서 그가 만난 '아름다운 19명' 중에서 제일 먼저 천관우를 들고 있다(제1장 재야단체의 효시, "민주수호국민협의회" 활동의 핵이라 제(題)한 글에서).

유신 체제하에서 민주수복운동에 참여했던 김정남도 "민수협의 활동은 그 대부분이 천관우가 주도한 것"이었으며 "3인, 또 4인 대표시절에도 언제나 그 중심은 천관우였다"고 밝히고 있다.(김정남:

되새기는 잊혀진 거목.『거인 천관우』, 천관우선생추모집간행위원회, 2011)

'영웅은 지쳐있던 것'일까

세상이 또 한 번 크게 바뀐 1988년 가을쯤. 서울 프레스센터에
서 고(故) 홍승면 선배의 평론집『화이부동(和而不動)』의 출판 기념
회가 있었다. 내 기억이 틀림없다면 후석은 홍승면 유저(遺著)의 간
행위원장을 맡았던 듯싶다. 그날 밤은 천, 홍 두 선배의 많은 후배
언론인들이 모인 자리였으나 웬일인지 후석의 주위에는 민망할 정
도로 아무도 가까이 가지를 않았다. 내가 다가가 인사드리고 그렇
게 약주를 많이 드셔도 괜찮으시겠느냐고 물어봤다. 이런 기쁜 날
에 어찌 마시지 않을 수가 있겠느냐는 대답이었지만 그리 기쁜 모
습은 아니었던 것처럼 보였다.

　　김정남은 이러한 후석에 대해서 "내가 생각하기로는 그분은
그 무렵 너무 지쳐 있었고 그리고 자신을 지켜나가기 힘들 만큼
가난에 쪼들리고 있었다"고 적어놓고 있다. '영웅들은 지쳐있던 것
(Les héros sont fatigués)'일까?

　　그 뒤 최일남과 고인이 된 이규태를 만나 그날 밤 애기를 했
다. 두 친구는 지금도 예전처럼 후석을 계속 모신다는 것이었다.
최일남은 '동아'의 해직 언론인이고 이규태는 후석이 조선일보 편
집국장 당시 발굴한 언론인이었다.

● 아래에 천관우의 언론계 활동에만 국한해서 간략한 연표를 적어 둔다.

1925년   충북 제천에서 태어났다. 청주 제일공립중학교를 졸업

1944년   경성제국대학 예과 문과 을류(인문계) 입학

1946년   국립 서울대학교 문리과대학 사학과에 진학, 1949년 졸업

1951년   6.25 전란 중 임시 수도 부산에서 대한통신 기자가 됨

1952년   유네스코 기금으로 미국 유학, 미네소타대학 신문학과 수학
          귀국 후 서울대학교 등에서 강사로 매스컴 이론에 관한 강의

1954년   한국일보 창간에 조사부 차장으로 입사, 곧 논설위원이 되다

1956년   조선일보 논설위원으로 옮겨가서 1958년엔 편집국장이 되다

1959년   다시 한국일보 논설위원으로

1960년   세계일보(후에 '민국일보'가 됨)에 입사. 1961년 편집국장

1961년   서울 일일신문 주필로 있다 5.16 쿠데타로 폐간되자 퇴사

1963년   동아일보 편집국장, 1965년 동아일보 주필 이사

1968년   '신동아 필화사건'으로 동아일보 퇴사

1969년   신문론 논집 『언관(言官) 사관(史官)』 백영사 간행

1970년   동아일보에 상근이사로 복귀

1971년   동아일보 재퇴사

1980년   국토통일원 고문

1981년   민족통일중앙협의회 창립의장. 한국일보 상임고문

1991년   자택에서 서거   ●

한국 방송의 개척자, 최창봉

•

강현두 | 서울대 명예교수

세계 방송계의 전설

나라마다 방송의 길을 닦아 놓은 전설의 인물이 있다. 미국에는 데이빗 사노프(David Sarnoff)가 있고, 영국에는 존 리스(John Reith)가 있으며, 사회주의 구소련에는 블라디미르 레닌(Vladimir Lenin)이 있다. 그리고 한국에는 최창봉(崔彰鳳, 1925~2016)이 있다.

1912년 '결코 가라앉지 않는다'는 호화선 타이타닉 호가 침몰되는 사건이 생겼다. 세계 유명인들이 탄 배다. 당직으로 모스(Morse)의 무선통신을 받던 청년 사노프에게 세계의 눈과 귀가 쏠렸다. 사노프는 일약 언론계의 스타가 된다. 전설은 여기서부터 시작된다. 그는 라디오가 발명되기 전에 그 출현을 예언했다. 유명한 '라디오 뮤직 박스'라는 편지가 그것이다. 또한 미국식 네트워크 시스텀을 만들었으며 RCA를 초 거대기업으로 성장시켰고 그 산하에 NBC를 두어 CBS, ABC와 함께 20세기 지상파 시대를 열었다. 뉴욕에서 첫 텔레비전 공개 실험방송을 하였고 세계대전 발발로 잠시 중단됐다가 전후 다시 시작한 전설의 인물이다.

영국은 1922년 민영 상업방송사가 최초로 방송을 시작했고 첫 방송국장에 리스가 임명된다. 리스는 상업국 국장인데도 공사체제를 꿈꿨다. 고급문화는 상업적으로 운영될 수 없을 뿐 아니라 경쟁 상황에서는 '악화가 양화를 구축'하게 된다. 독점적으로 운영되는 공영방송만이 고급문화의 기능을 할 수 있다고 믿고 'BBC의 공사화' 작업을 하였다. 1927년 그의 노력으로 탄생한 방송이 영국이 자랑하는 공영방송 BBC다. 그는 BBC의 총국장(Director-General)이 되었다. 리스는 국민의 문화수준을 고급문화 수준으로 끌어올리는 것이 꿈이었다. '문화적 실험'을 시작했다. 격조 높은 방송을 하기 시작했다. 뒤따르는 총국장들도 제3방송을 편성했다. 지금도 영국은 기본적으로 리스 경이 깔아놓은 그 길을 따라 방송을 하고 있다고 한다.

1917년 10월 30일 레닌이 이끈 볼셰비키 혁명군이 성공을 거두고 새 시대를 열었다. 혁명 소식은 러시아 전역으로 순식간에 전달됐다. 광활한 영토, 열악한 도로 사정, 다민족 사회, 높은 문맹률, 이런 악조건에도 새로 발명된 무선통신 덕분에 러시아혁명이 전국에 실시간으로 알려졌다. 레닌은 이 모습을 놓치지 않았다. 1920년 그는 무선통신 부호가 아니라 육성으로 전달되는 진공관 라디

오 발명을 명했다. 새
로운 혁명매체인 라디
오를 동네마다 설치하
게 했다. 레닌은 혁명
을 이끄는 선전 선동
의 사회주의 방송 체
제를 만들었다.

한국 TV방송의 전
설은 최창봉에서 시
작된다. 최창봉을 한
국 방송의 설계자며
개국 전문가라고 한

최창봉 선생

다. 거의 모든 한국의 방송을 그가 개국하였기 때문이다. 1956
년 HLKZ-TV 개국 연출을 맡아 한국 최초의 TV PD가 되었다.
1959년 HLKZ-TV가 화재로 전소한 후 1960년 서울에 최초의
민방 MBC라디오 개국 준비를 맡았다. 준비 중에 5.16이 일어났
다. MBC 개국 마지막 점검 중, 군사정부는 그를 KBS-TV 개국 책
임자로 차출했다. 1961년 12월 31일 KBS-TV를 개국했지만 정부
는 군 출신 TV국장을 임명했고 최창봉은 떠나야 했다. 최창봉은
1962년 동아방송 개국을 맡게 됐고 다음 해에 개국했다.

　1971년, 정국은 어수선했다. 편파방송으로 KBS의 신뢰가 땅

에 떨어졌다. 정부는 동아방송 최창봉에게 다시 KBS를 맡겼다. 최창봉은 KBS가 정부로부터 독립하는 것 밖에 다른 길이 없다고 생각하고 'KBS 공사안'을 정부에 내놓았다. 절대 불가능하다 했지만 그는 불가능한 일을 해냈다. 그러나 최창봉은 또다시 KBS를 떠나야 했다. 1989년, 최창봉은 노조 문제로 복잡한 MBC의 새 사장으로 선임됐다. 갈등 속에서 '사실의 시대'를 선보였다. 임기를 마친 후 그는 서울대학 특임교수로 방송 강의를 맡았다. 그리고 2016년 12월 28일에 돌아가셨다. 향년 91세였다.

HLKZ-TV 개국과 PD 1호의 꿈

한국은 일제에서 해방되고 몇 년 안 돼 6.25전쟁을 겪었다. 가난과 피난생활 속에 라디오도 없이 전파상 앞에서 연속극이나 뉴스에 귀를 기울이며 어렵게 지냈다. 어려웠던 피난생활은 접었다고 하나 전쟁 폐허 속에서 지내기는 마찬가지였다. 그런 한국의 50년대에 선진국의 최첨단 문명 텔레비전 방송을 알 리가 없다. 1956년 5월 12일, 세계에서 가장 가난한 나라에 어울리지 않게 텔레비전 방송을 시작한 것이다. 세계에서는 15번째, 아시아에서는 4번째로 한국이 TV국이 되었다. 미국 RCA 본사와 서울 지사가 제휴해서 탄생한 상업 방송국이었지만, 상업적 계산은 할 수도 없을 때다. 서울 종로구 관철동 동아빌딩 3, 4층에서 호출부호 HLKZ-TV, 채널 9, 주사선 525로 방송을 시작하였다. 동아빌딩은 종로 사거리 보신각 옆에 있었다. 길 건너 화신백화점이 있고 그 아래쪽으로 YMCA가 있었다. 동아빌딩 쪽으로는 한국외국어대학이 초기에 잠시 그곳에서 강의하던 때였다. 양복점도 더러 있었던 것으로 기억된다.

　　1956년 3월 공개 채용 시험에 무려 300여 명이 응시했다. 6.25 참전 장병들도 많이 응시했다고 한다. 서류심사, 과목과 논문시험, 면접 등 여러 가지 테스트가 있었는데 최종 합격자는 PD 지망자 단 한 명뿐이었다. 그가 바로 최창봉이었다. 조세프 밀러 (Joseph B. Miller) 사장과 연극인 최창봉의 만남을 필자는 하늘의 뜻이라고 생각한다. 한국에 지사장으로 오기 전 밀러 사장은 뉴욕과 할리우드에서 연극 영화 제작에 많은 경험이 있었다. 특히 텔레비전 초창기 경험이 많았다. 미국 텔레비전 초기방송이 어떻게 시작했는지도 잘 알고 있었다.

　　세계대전이 끝나면서 귀향한 연극배우 지망 젊은이들, 새로운 예술을 갈망하는 공연예술가들, 아직 직업이 없는 젊은 연극인들이 새로 나온 텔레비전 방송의 문을 두드렸다. 생방송으로 시작된 초기 텔레비전 방송은 연극무대 진행과 너무도 비슷했다. 공연예술에서 훈련된 사람이나 공연예술 경험이 있는 사람들이 쉽게 적응할 수 있는 매체가 TV라고 생각했다. 텔레비전은 공연예술을 구현할 수 있는 좋은 매체라고 여겨 연극, 무용, 음악계 등 뉴욕 예술인들의 관심이 높았다. 텔레비전 방송이 뉴욕을 중심으로 발전된 것도 그 때문이다. 밀러 사장은 한국의 6.25 전후 상황에서 미국의 2차 대전 참전과 미국 텔레비전 방송 발달 과정을 떠올렸을 것 같다.

최창봉은 1925년 6월 12일 평안북도 의주군에서 태어났다. 청성보통학교 6년과 신의주중학교 5년을 졸업하였고 1945년 8월 6일 징병으로 평양 일본군 부대에 끌려갔다. 그러다 해방을 맞아 고향으로 돌아왔다. 다음 해 여름, 고려대학교 영문과에서 연극 공부를 하려고 38선을 넘어 월남했다. 최창봉은 보통학교와 중학교를 다닐 때 연극을 무척 좋아했다고 한다. 영문과에서 연극을 가르친다는 얘기를 듣고 고려대학 영문과 예과에 입학한 것이다. 예과 지도 선생은 오화섭 교수였다. "연극공부를 하고 싶습니다."라고 하니 오 교수는 최창봉을 데리고 연극연습실로 갔다. 한참 루신의 〈아Q정전〉 연습 중이었다. 그의 대학생활은 이렇게 고려대 연극 연습실에서 시작되었고, 많은 대학 연극인들을 만나며 대학생활을 보냈다. 1946년 '고대극회'의 루신 작 〈아Q정전〉, 1948년 손 오케이시 작 〈쥬노와 공작〉, 1949년 루이지 피란델로 작 〈천치〉 등에 출연했다. 오화섭 선생은 연희대(현 연세대)로 자리를 옮기고 조지훈 선생이 연극 지도교수가 됐다. 예과 2년을 끝내고 본과 3학년 과정을 마치고 있는데 6.25전쟁이 일어났다.

1951년 소대장으로 임명되면서 치열한 전투에 많이 참전했다. 1955년 10월 예비역 대위로 제대한 뒤 연극 활동을 재개하여, 바로 11월 고대극회의 존 프리스틀리 작 〈에바 스미스의 죽음〉을 한국 최초의 원형무대로 연출했다. 1966년 4월 김경옥, 차범석 등과 함께 '제작극회'를 창립하고 창립기념 작품으로 홀워시 홀 작 〈사형수〉를 공연했다. 이와 같은 최창봉에게 HLKZ-TV의 문을 두드리게 한 밀러 사장은 하늘이 주신 보석 같은 선물이었고, 방송의 전설(傳說)이 될 기회를 준 은인이었다.

최창봉을 면접한 밀러 사장이 뉴욕 연극계 이야기부터 꺼낸 것은 그가 연극인임을 알았기 때문일 것이다. 연극과 공연예술 전공자를 많이 뽑겠다는 등 속 마음을 드러낸 것도 그 때문일 것이다. 얘기를 마치고 나올 때 밀러 사장은 최창봉에게 루디 부리츠(Rudy Britz)의 책 『텔레비전 제작기술(Techniques of Television Production)』과 기타 자료를 건네주며 읽고 공부하라고 했다. 최창봉은 밀러 사장이 준 책을 몇 번이나 읽었다. 개국을 지휘해야 할 텐데 그는 TV 화면을 본 적도 없고 더군다나 프로를 만들어본 적도 없었다. 당시에는 텔레비전 자체를 본 사람이 없던 시기이다.

1956년 5월 12일은 첫 방송이 나가는 날이었다. 최창봉은 사장이 준 한 권의 책을 유일한 안내자로 삼고 연출석에 앉아 역사상 첫 큐 사인을 내렸다. 최창봉은 어려움 속에서도 스태프들에 대한 책임감과 새로운 매체에 대한 호기심으로 열심히 프로그램을 개발해 나갔다.

텔레비전 방송을 1년쯤 경험한 최창봉은 1957년 6월 미 국무부 초청으로 미국에 가게 되었다. 세계 24개국에서 모인 방송인 30명이 보스턴대학교 커뮤니케이션 대학에서 연수를 받게 된 것이다. 보스턴에서 5주간의 연수가 끝나고 뉴욕에서 4주간, 할리우드

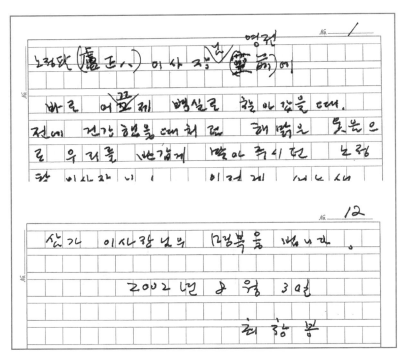

최창봉 선생 자필 원고

에서 3주간씩 머물면서 NBC, CBS, ABC 등 3대 네트워크 방송사들의 주요 프로그램 제작 현장에 배치되어 실습 겸 견학을 했다.

1948년부터 1958년까지 10년간을 '미국 텔레비전의 황금시대(Golden Age of Television)'라고 한다. 1957년 VTR이 발명되지만, 뉴욕의 생방송은 한두 해 더 계속되었다. 아서 펜(Arthur Penn), 존 프랑켄하이머(John Frankenheimer), 시드니 루멧(Sidney Arthur Lumet) 같은 최고의 연출가들, '텔레비전 드라마의 입센'으로 불리는 유명 작가 패디 차이예브스키(Paddy Chayefsky)나 레지날드 로즈(Reginald

Rose), 로드 설링(Rod Serling) 등 최고의 작가를 탄생시킨 크라프트 극장(Kraft Theater), 필코 플레이하우스(Philco Playhouse), 스튜디오 원(Studio One) 같은 앤솔로지 드라마(anthology drama)의 시대였다. 또한 텔레비전물로 제작한 오페라 프로그램들, 아르트르 토스카니니(Areuteureu Toscanini), 레너드 번스타인(Leonard Bernstein) 같은 명 지휘자들의 심포니 오케스트라 공연물, 차이코프스키(Pyotr I. Tchaikovsky)의 발레 음악이나 발란쉰(G. Balanchine)이 안무한 무용 프로그램이 꽃 피웠던 고급예술의 TV 시대이기도 하였다.

　이처럼 시대의 명장들의 작품 제작과정을 눈앞에서 견학한 것은 최창봉의 방송 인생에 꿈과 같은 일이었다. 아마 그는 "나도 한국에서 텔레비전 예술을 꽃 피우리라"라는 꿈을 마음에 새겼으리라. 세미나를 전부 마치고 보스턴으로 돌아온 최창봉은 커뮤니케이션대학에서 머리 예거(Murry Yaeger) 박사의 마지막 수업을 끝으로 수강생들과도 헤어졌다.

　연수차 떠나있는 동안 방송국 경영주가 조셉 밀러와 황태영 공동 대표에서 한국일보 장기영 사장으로 바뀌었다. 얘기로는 수상기 보급이 예상대로 되지 않아 광고 수입에 차질이 있었기 때문이라고 한다. 회사명도 '대한방송(DTV)'이라는 새로운 이름으로 바뀌었다. 최창봉은 편성부장으로 승진했다. 미국 연수 성과를 살려서인지 방송 프로그램은 날로 개선되어갔다. 1958년은 새 사장과 함께한 해였다. 1959년 새해를 맞이하여 사장은 새 장비와 새 청사를 마련하겠다는 포부도 밝혔는데, 뜻밖에 2월 2일 새벽 원인

모를 화재로 방송시설이 전부 타버렸다. HLKZ-TV는 그것으로 막을 내렸다.

서울 MBC 라디오 개국을 맡다

1958년 봄 부산에서 친구 정환옥이 최창봉을 찾아왔다. "부산에서 한국 최초로 상업방송을 시작하니 개국을 맡아 달라"는 부탁이었다. 그러나 HLKZ-TV를 구실로 거절했다. 이번에는 사주가 올라왔다. 이번에도 같은 이유를 들어 어렵게 거절했다. 그런 일이 있은 지 2년이 지났다. 1960년 정환옥이 서울에서 민방 MBC를 설립한다며 이번에는 꼭 최창봉과 같이 일하고 싶으니 거절하지 말아달라고 했다. HLKZ-TV도 문을 닫았고, 부산 때처럼 핑계도 댈 수 없어 MBC 개국 업무를 맡게 됐다.

최창봉은 1961년 정월 첫날부터 방송준비를 시작했다. 4.19 직후 정부 허가를 받아 '민간방송주식회사'라는 이름을 임시로 정했다. 호출부호는 HLKV였다. 그해 1월 인사동 네거리에 있는 동아가구점 건물 5층을 스튜디오로 개조했고 3, 4층에 사무실을 잡았다. 회사 이름은 'MBC-한국문화방송주식회사'로 변경했다. 6월 6일 신규 방송요원 채용시험이 있었고, 12일에는 요원 교육에 들어갔다. 최창봉은 매일 불철주야로 개국 준비에 매달렸다

합숙 여관에서 새벽 총소리에 깨어나 보니 5.16이었다. 라디오에서 군사혁명을 알렸다. 개국일을 10월 10일로 잡았으나 5.16으

로 불투명하게 됐다. 개국을 위한 만반의 준비를 했지만 언제 개국하게 될지 걱정이었다. 9월 초 어느 날 외출에서 돌아온 최창봉을 전무가 따로 부르더니 난처한 얼굴로 한참 망설이다 하는 말이, "최 부장, 공보부에서 자넬 찾고 있는 것 같아"라는 것이었다. "왜요?" 전무는 대답이 없었다. 얼마 전부터 공보부가 곧 국영 텔레비전을 시작한다는 소문이 돌고 있었다. 정환옥 전무의 표정을 읽고 최창봉은 "난 갈 마음 없습니다"라고 잘라 말했다. "내가 며칠 피신해 있지요"라고도 했다. "최창봉을 안 보내주면 문화방송 개국 허가를 안 해준다"라는 위협적인 연락이 또 왔다. 당시 군사정부는 무엇이든 할 수 있던 시대였다. 개국 면허도 취소할 수 있을 것 같았다. 개국을 눈앞에 두고 떠나야 할지, 최창봉은 속수무책이었다. 고심 끝에 최창봉은 인사동 사무실에서 작별인사를 나누고 정부 청사로 향했다. 그가 떠난 후 후임으로 배준호가 개국 책임 방송부장으로 들어와 12월 2일에 문화방송은 무사히 개국할 수 있었다.

국영방송 KBS-TV 개국을 맡다

오재경 장관에게 텔레비전 방송의 개국 준비기간은 최소한 1년이 필요하다고 최창봉이 말하자 장관은 '국가재건최고회의'(혁명정부) 분위기를 설명하며 하루가 급하니 오히려 더 앞당겨야 한다고 다그쳤다. 결국 준비 기간을 6개월로 잡고 다음 해 4월 중에 개국하기로 정했다. 개국(설립)준비위원장을 맡은 최창봉은 국가적인 방송이고 복잡한 텔레비전이므로 HLKZ-TV 때와는 완전히 달라 제대로 준비를 갖추고 시작하려면 최소 1년은 걸리며 6개월은 턱없이 짧은 기간이라고 생각했다. 그도 그럴 것이 세계적인 수준의 방송을 많이 보았기 때문이었다. 최창봉은 경험 있는 HLKZ-TV 스태프들을 개국 기간요원으로 소집했다. 전 해에 미국에서 TV 영화를 전공한 정일몽 교수(중앙대)에게 도와달라고 해 그도 합류시켰다. 그는 외국의 TV를 공부한 유일한 전문가였다. 연극영화계 스태프 중에서도 합류 인원을 찾았다.

한편 10월 초 국가재건최고회의 명의로 신규 텔레비전 방송요원을 공개 모집했다. 서대문 네거리 근처 국제대학에서 선발 시험이 있었다. 1,800여 명이 응모한 가운데 최종적으로 합격한 사람은 필자를 포함해 프로듀서 10명, 기술직 4명이었다. 대부분이 그랬겠지만 필자도 텔레비전을 본 적도 없고 알지도 못했지만 사회학을 공부하면서 텔레비전이라는 말이 낯설지 않아서 지원했다. 필기시험에 합격해 면접에 임하게 되었는데 그때 면접 시험관이 최창봉 선생과 윤길구 중앙방송국장이었고 합격한 피면접자들은 강현두(서울대 명예교수), 김영호(재미 방송인), 김용구(작고), 김철린(전 TBC 보도국), 신윤생(전 KBS 본부장), 오승호(재 칠레), 이남섭(작고), 최한영(전 문공부), 홍두표(전 KBS 사장), 황정태(전 KBS 이사) 등이었다.

신규 PD들은 최창봉 선생이 개국하면 TV국장이 될 분이라고들 했다. 최창봉 선생은 신규 PD 교육책임자였다. 교육 장소는 남산 KBS라디오 스카이라운지였다. 건너편 한양교회 터 대지에 세워지는 KBS-TV 청사 기공식이 11월 6일에 있었다. 11월 10일 방송 기자재가 도착했으나 아주 부족한 시설이었다. 공사가 철야로 진행되면서 기간요원들도 밤을 새며 개국 준비에 몰두했다. 우리의 학습 교재는 루디 부리츠의 책『텔레비전 제작기법』번역서였다. 별다른 시설은 없고 수업 기간에 번역서를 읽고 AFKN-TV를 보면서 토론하는 것이었다. AFKN-TV는 미국 NBC, CBS, ABC 등 방송 3사의 인기 프로그램을 편성한 것이다. 다만 해외 주둔 미군들을 위한 위안 방송이기 때문에 오락 프로그램이 주를 이뤘다.

텔레비전 제작의 복잡성과 준비 과정을 모르는 군사정부의 방송은 속전속결 군사작전을 진행하는 식이었다. 준비기간 단축에 단축을 거듭한 끝에 본격적으로 시작한 지 2개월여 만에 개국하는 방송이 되었으니, 아마도 KBS-TV가 세계 방송에서 최단기간에 준비한 방송이었을 것이다. 그러지 않아도 1년이 못 되는 6개월로 너무 짧은 기간이었는데 1962년 4월 예정보다 더 앞당겨 1961년 12월 24일로 개국일을 정했다. "국가재건최고회의는 국영방송 개국을 이미 국민에게 주는 크리스마스 선물로 결정했으니 24일에는 반드시 개국하라"는 '명령'이었다. 스튜디오 TV 카메라와 기자재도 선박이 아니라 비싼 항공으로 미국에서 공수해왔다. 그러나 마지막 준비와 시설 공사가 마무리되질 않았다. 군사정부도 어쩔 수 없이 12월 24일부터는 채널 9로 시험방송만 하게 되었다. 해를 넘길

네덜란드 암스테르담 대학 햄링크(Hamelink, Cees J.) 교수와 오른쪽 최창봉 선생과 필자

수 없다는 강행군 속에 무슨 일이 있어도 12월 31일에 개국한다는 최종 결정을 내렸다. 최창봉 이하 기간 방송요원들은 근처 여관에서 합숙하며 밤늦게까지 작업했다.

1961년 12월 31일 오후 7시 HLCK의 호출부호로 KBS-TV가 정식 출범함으로써 역사적인 본방송이 시작됐다. 추운 겨울에 창문도 없고 시멘트벽도 마르지 않아 얼었다 녹은 물이 흘러내리는 가운데 '국가재건최고회의' 박정희 의장이 혁명주체 장교들을 대동하고 군복차림으로 축사를 하였다. 최창봉은 국가를 대표하는 방송이라 준비를 잘해 품위 있고 멋지게 방송을 해보려 했지만 준비기간이 거의 없어 아무것도 할 수 없었다. 좋은 방송, 멋있는 방송을 하겠다는 최창봉의 꿈이 무너지는 순간이었다.

1962년 2월 정부는 황기오 대령을 KBS-TV 국장에 임명했고 그해 3월 최창봉은 KBS-TV를 떠났다. 최창봉이 떠나자 경험 있는 HLKZ-TV PD들이 공보처가 선발한 신규 PD들에게 크고 작은 프로그램들을 넘겨주며 떠나기 시작했다. 2월 들어 첫 주부터 3시간 생방송을 해야 했다. 4월 1일부터는 4시간 50분 생방송을 해야 했다. 불가능할 정도로 벅찬 일이었으나 신규 PD들은 그 일을 해냈다.

필자도 텔레비전 제작에 대해 알고 싶은 것이 많았지만, 주변에 아는 사람이 없었다. 텔레비전 본고장으로 유학을 결심했다. 그렇게 KBS-TV를 떠나 보스턴대학 SPRC 유학길에 오른 것이 1963년 7월이었다.

동아방송 개국을 맡다

1962년, 최창봉은 동아방송 개국을 맡았다. 1963년 4월에 개국한 동아방송은 방송역사에 새로운 획을 긋는 창조적이고 개척적인 방송을 선보였다. 방송을 심심풀이 오락 매체로 여겼던 청취자의 인식을 단번에 바꾸어 놓았다. 동아방송은 방송 저널리즘이 무엇인지, 격조 있는 방송이란 어떤 것인지를 보여주는 방송을 시작했다.

동아뉴스는 포맷부터 새로웠다. 아나운서들의 '읽는 뉴스'를 하던 기존 방송들과 달리 동아뉴스는 취재 기자들의 '보도하는 뉴스'를 선보였다. 한국 최초의 방송언론으로 청취자들의 신뢰를 받았다. 격조와 창의성이 넘쳤다. 〈여명 80년〉, 〈정계야화〉, 〈특별수사본부〉 등은 저널리즘과 드라마를 접목시키는 실화극이었다. 〈여명 80년〉은 최창봉이 기획했다. 갑신정변에서 해방까지 80년 동안과 해방 후의 사건들을 극적으로 구성한 실화극 시리즈였다. 동아의 마이크는 국내외 이슈를 찾아 현장을 누비며 생생한 목소리를 담아냈다. 동아방송은 한국방송사상 처음으로 디스크자키를 도입했고, 〈탑튠쇼〉, 〈3시에 다이얼〉, 〈밤에 플랫폼〉 등은 편성 사각지대라는 오후 3시와 심야 시간을 황금 시간대로 바꿔놓았다.

동아방송은 제4부로서 방송언론의 중요성을 일깨워 주는 언론이었다. 그러기에 동아의 방송저널리즘은 순탄하지만은 않은 어려운 길을 가야만 했다. 방송언론의 날을 세울수록 정권과의 대립은 숙명적이었다. 한국 최초로 방송언론 탄압이 시작되었다. 1964년의 '앵무새 사건'은 우리나라 방송사상 최초의 '설화' 사건이었다. 이로 인해 방송부장 최창봉, 뉴스실장 고재언, 편성과장 이윤하, 제작과장 조동화, 담당PD 김영효, 집필자(제작국 외신부장) 이종구 6명이 남산 부근 치안국 안가로 연행되었다. 연행된 지 10일 만에 계엄사령부에 의해 반공법, 형법 위반 혐의로 제6관구 보통군법회의에 구속 송치되었다. 계엄사령부가 발표하여 연행된 지 13일 만에 세상에 알려졌다. 이들은 그동안 혹독한 옥고를 치러야 했다. 그런 수난을 겪고 나서도 동아방송은 공정한 논평과 사실보도에 충실하려는 언론 본연의 사명에 더욱 의연하게 매진했다. 정부와의 긴장관계는 계속되었고 제4부 언론의 견제도 계속되었다.

1971년 4월 대통령 선거가 있었고, 5월에는 국회의원 선거가 있었다. 6월에는 김종필 내각이 들어섰다. KBS는 정치적 편파방송으로 국민의 원성과 저항에 부딪혔다. 정부는 신뢰 회복에 골몰했다. 국민의 신뢰를 받는 동아방송의 방송전문인 최창봉을 다시 불러 KBS를 맡기는 것이 최선이라고 생각했다. 신임 공보부장관 윤주영은 최창봉을 만나 "KBS를 맡아달라"고 청했으며 동아일보 김상만 회장에게도 여러 번 부탁했다. 윤장관은 "KBS는 그래도 국영인데 최 국장이 와서 선진국 방송처럼 만들어 놓으면 국가적으로 좋고 최 국장 자신을 위해서도 좋지 않겠는가? 벌써 대통령께도 보고를 드렸으니 장관 입장을 봐서라도 최 국장을 보내 달라"며 간청했다. 김 회장은 결국 타협안을 낼 수밖에 없어 "최 국장이 아주 갈 수는 없으니 2년간 출장 조건으로 보내겠다"고 합의했다. 김상만 회장은 이 말을 최창봉에게 전했다. 최창봉을 떠나보내면서 김 회장이 스태프들에게 이렇게 말했다. "오늘부터 최 국장자리는 그가 다시 동아방송으로 돌아올 때까지 공석으로 비워 놓겠다."

관영방송 KBS를 '한국방송공사'로

1971년 최창봉은 KBS의 중앙방송국장으로 부임했다. 지난날 KBS에 대해 섭섭함이 많았지만 KBS를 살리기 위해 떠난 지 10

년 만에 다시 KBS로 돌아왔다. KBS를 어떻게 살릴 것인가 고민했다. 결국 KBS를 정부로부터 독립시키는 방법 외에 다른 방법이 없었다. 1971년 10월부터는 프로그램 전면 개편에 들어갔다. 최창봉은 이번 개편의 중요성을 '민방과의 차별화'에 두었다. 그는 대담하게 '정당 토론회'를 신설했다. 지금까지 야당은 KBS 정치토론에 자유로운 출연이 막혀 왔기 때문에 이번 신설 프로그램을 환영하면서 쟁쟁한 토론자를 라인업하기 시작했다. 그러자 여당에서도 질세라 막강한 투사들을 맞대결시켰다. 시청자들의 반응은 아주 뜨거웠다. 〈총리와 대화〉라는 프로그램도 신설했다. 신문기자들이 질의 응답하는 포맷인데, 시의적절한 주제에다 김종필 총리의 능란한 언변과 '비주얼'이 아주 돋보이는 프로그램으로 인기가 높았다.

한편, 드라마 부문에서 '한국고전 시리즈'를 시작했다. 차별화 전략의 일환으로 고전의 원점에서 출발한다는 의미로 〈춘향전〉부터 제작을 시작했다. 〈심청전〉, 〈장화홍련전〉으로 이어가면서 우리 고전에 대한 이해를 높였다. 스포츠 연예오락으로 〈전국노래자랑〉, 〈전국씨름대회〉 등도 신설했는데 〈전국노래자랑〉은 지금까지도 계속되는 방송 프로그램의 고전이 되었다.

사회교양 부문 연말연시 특집으로 〈주한 외교사절 공관 순례〉는 영국, 미국, 일본 등 20여 개국 대사관 사절들이 사는 모습을 소개하는 프로였다. 서로의 이해를 돕고 친선을 도모하는 KBS식의 외교 프로그램인 셈이다.

이런 노력으로 멀어졌던 국민의 신뢰를 단기적으로는 회복하겠지만 중장기적으로 신뢰를 얻는 길은 KBS가 정부로부터 독립하는 개혁적인 변화였다. 정부에 예속될 수밖에 없는 관영체제에서 영국의 BBC처럼 독립적인 공사체제로 구조를 바꿔야 했다. 최창봉은 정부에 'KBS 공사안'을 내놓았다. 정부는 난감해했고 불가능하다며 반대했다. '공사안'에 대해 윤주영 문공부 장관과 깊이 의논했다. '공사화 문제'는 총리실 브리핑까지 끝내고 대통령의 결심을 기다리는 상태라고 했다. 최창봉은 '대통령의 결심'을 초조하게 기다렸다. 마침내 "KBS 공사화에 대해 나는 이의가 없다"라는 대통령의 승인을 얻어냈다. 한국 방송 역사상 가장 어렵고 불가능한 일을 최창봉은 해낸 것이다. 1973년 3월 3일 한국방송공사의 창립식이 거행됐다. 초대 사장에 홍경모 문공부 전 차관이 임명됐으며, 부사장 겸 방송총국장 겸 방송센터 건설 본부장으로 최창봉 KBS 전 중앙방송국장이 임명됐다. 방송공사의 새 체제와 방송센터 건립 일을 마무리한 다음 임기가 만료되자 최창봉은 공영방송 KBS를 떠났다.

MBC 문화방송 사장을 맡다

28년 전, 최창봉이 개국 직전에 떠나야 했던 그 MBC에 신임 사장으로 취임했다. 서울 문화방송 개국을 준비하던 때, 인사동 사무실에서 인사를 나누며 헤어질 때 생각이 주마등처럼 지나간다. 한국방송위원회 부위원장인 최창봉은 1989년 1월 이사회에서 문

호암상 시상식장에서(왼쪽부터 필자, 이어령 씨, 최창봉 선생, 이병호 씨), 1993. 3. 25.

화방송의 신임 사장 내정자로 선임됐다. 그러나 MBC는 강성 노조 문제로 사정이 복잡하여, 사장 자리가 내키지 않았다.

한 달 후 주주총회를 통해 사장 선임이 확인된 다음 날 2월 11일에 취임식을 가졌다. 그는 취임사에서 '사실의 시대'를 선언하였다.

"우리는 너무나 오랫동안 허구의 세계에 살았습니다. 이미 세계의 선진 방송들은 허구의 드라마 시대에서 사실의 다큐드라마(Docudrama) 시대로 바뀌는데 한국방송은 여전히 멜로드라마 연속극이 주종을 이루는 시대에 머물러 있습니다. 우리 MBC가 '사실의 시대'의 문을 열어야 할 것입니다."

보도 프로그램뿐 아니라 교양, 오락과 드라마 프로그램에서도 사실성이 나타나는, 리얼리즘 시대의 방송을 개척해 나가자는 주문이었다.

새 사장은 민주화의 열망과 함께 이념의 시대에 들어서면서 분출하는 갈등 구조를 조정하는 일로 시달리며 '사실의 시대' 방송을 구현하기가 매우 어려웠다. 한국판 다큐드라마 〈여명의 눈동자〉는 크게 성공했지만 50회 예정했던 김기팔의 〈땅〉은 15회로 조기 중단됐다. 논란이 많았지만 한국에서는 리얼리즘 방송이 그리 쉽지 않다는 것을 의미했다.

그런 가운데 1993년도 호암상 언론부문에 최창봉 사장이 선정됐다. 심사위원들의 평에 의하면 동아방송의 '앵무새 사건'과 MBC의 '사실의 시대 선언'을 가장 높게 평가했다고 했다. 최창봉은 1993년 중임의 임기를 마치고 MBC를 떠나 서울대학교 언론학과 특임교수로 한국방송 현장과 정책결정에 대한 경험담을 중심으로 강의를 엮었다.

20세기의 아날로그 방송 시대는 막을 내리고, 21세기 디지털 시대가 열렸다. 새로운 방송 역사가 시작된 것이다. 필자와 최창봉은 『우리방송 100년』이라는 책을 공저했다. 끝으로 이 책의 머리글 한 토막을 인용한다.

"필자 두 사람은 한국방송의 역사 40여 년 동안 함께 방송계에 몸담고 그 현장을 지켜보았다. 최창봉 선생은 첫 텔레비전 방송인 HLKZ-TV에서 연출을 시작하였고⋯⋯ (중략) 현재 강현두는 한국디지털위성방송 사장으로 스카이라이프(SkyLife) 개국의 책임을 맡고 있다. 우리 두 사람은 한국 텔레비전 방송의 처음과 끝에 있는 것이다."

2011년부터 동아일보, 조선일보, 중앙일보, 매일경제 네 신문사가 일제히 종합편성방송을 시작하였다. 그들은 사실의 방송, 리얼리티의 방송을 표방, 보도뿐 아니라 오락 드라마까지 사실성을 내세운다. 최창봉이 주도한 동아의 저널리즘방송, MBC의 사실의 시대 선언이 21세기 새시대의 방송까지 이어지고 있는 것이다.

　　최창봉은 20세기 한국 방송의 설계자였다. 모두가 그가 깔아놓은 길을 따라 걸어왔지만, 새로운 세기, 아무도 가보지 않은 길은 어떻게 찾아가야 할까. 이제 그 안내자는 누가 될까. 오래 전 '텔레비전의 황금시대'를 목도하며 최창봉이 꾸던 그 꿈이 한국방송 역사에 새롭게 기록되며, 또 다른 새 개척자들이 등장하기를 희망해 본다.　　●

출판 사랑, 남애 안춘근

•

이종국 | 전 대전과학기술대 교수

안춘근 선생의 흔적을 찾다

남애(南涯) 안춘근(安春根, 1926. 7. 27.~1993. 1. 22.)은 우리나라에서 처음으로 출판학과 서지학을 일으킨 '책의 학자'였다. 그는 61권의 저서를 남겼으며, 2만여 권이 넘는 장서를 모은 대수집가로도 유명하다. 그의 열정이 배어든 열람거(洌南居, 남애의 상도동 서재, 연민(淵民) 이가원(李家源)이 지어 편액하다)에는 언제나 풍성한 책의 도열로 넘쳤다. 그러한 '책의 대창고' 안에서 오로지 책과 더불어, 그 성 안에 영어(囹圄)됨을 더 없는 기쁨으로 받아들인, 그야말로 '책 바보'로 살아간 인물이 남애 안춘근이었다. 이 때문에 고고학자 김원룡(金元龍)은 그런 남애를 가리켜 '한국 서치(書癡)의 서치'라 했고, 국내 최고의 잡지 수집가이며 연구가인 백순재(白淳在)는 '삶보다도

그 사랑보다도 책, 책을 사랑한 이'라고 평설했다.[1]

안춘근은 강원도 고성군 외금강면 남애리 96번지에서 안태현(安泰賢, 1891~1957) 씨와 박계춘(朴桂春, 1893~1962) 여사 사이에 2대 독자로 태어났다. 그의 선친은 소규모로 농수산업을 겸업한 남애리 토박이였으며, 동네에서 사숙을 열고 인근 학동들을 가르친 유학자였다.

그런 한편으로 수산업도 겸한 연안 마을 특유의 생업을 꾸렸다. 하지만, 형편이 영세하여 산전답 몇 뙈기와 작은 어선(전마선) 한 척을 띄워 때때로 집안 살림에 보태는 정도였다. 이렇듯, 남애리 사람들은 소규모나마 농사를 짓고 동네 앞 바다에서 고기잡이를 겸업하는 주민이 대부분이었다. 그런데 1930년대 초부터 이어온 바다 일은 안춘근이 초등학교를 졸업하던 1941년까지만 유지되었다. 가세가 기울어 어선을 타인에게 넘겼기 때문이다.

안춘근은 실향민이다. 그의 고향인 고성군 북부 지역이 해방 직후부터 북한 관할로 넘어갔기 때문이다. 그가 고향 이야기만 듣게 되면 망연히 허공을 바라보곤 하던 모습이 떠오른다. 자신의 아호를 '남애(南涯)'라 한 것도 갈 수 없는 고향 땅, 아름다운 금강산 기슭의 남애리를 그리워하여 그렇게 지었다는 것이다.

2016년 11월 20일, 필자는 속초행 고속버스에 몸을 싣고 있었다. 날씨도 11월 하순이어서 그런지 꽤 쌀쌀했다. 고속버스는 산벼

---

1. 『남애선생저 동양수진본원고출판기념회첩명첩』, 1965. pp. 13~14

남애 안춘근

랑에 트인 차도를 따라 계속 북쪽으로 달렸다.

이 길은 70여 년 전, 그러니까 6.25전쟁 무렵만 해도 노면이 무척 사나운 산중 도로였다. 하기야 1960년대까지만 해도 서울에서 속초까지 무려 9시간이나 걸리지 않았던가. 도무지 직선 소통을 틔워 주는 터널도 없었고, 그저 깎아지른 산벼랑을 오르내리고 휘돌아가는 그런 산길일 따름이었다.

특히 엄혹하던 전쟁 시기, 병력 수송 차량들과 전선으로 투입되는 군수 물자를 동부전선 최전방 지구로 이송하는 트럭들이 긴 대열을 이어가던 '군용 도로' 중의 하나가 또한 이 길이었다. 강원도 출신이 아닌 필자에게도 그 시절의 장면이 마치 눈에 익은 것처럼이나 선연하게 떠올라 짐짓 미묘한 감회를 느끼게 했다.

필자는 '안춘근 중위'의 흔적을 살피려 속초를 찾았다. 고속버스가 서울을 출발한 지 약 3시간 만에 부월리(浮月里) 속초터미널에 당도했다. 이곳이 오늘의 조양동(朝陽洞) 1418번지 일대이며, 제1군단이 주둔했던 병영 터라 알려진 곳이기도 하다. 터미널 동쪽으로 검푸른 동해 바다가 끝 간 데 없이 펼쳐 있고, 그 내륙 안쪽에 시가지가 자리 잡고 있었다.

필자는 그곳에서 병영을 들고나는 수많은 우리 병사들의 역동적인 움직임을 보는 듯했다. 그들은 동해의 파도소리를 가르는 우렁찬 함성을 지르며 힘찬 구보로 병영에 쇄도하고 또 빠져나가기를 반복했다. 거기에서 몇 명의 미군 장교들과 어울린 안춘근 중위의 모습도 스쳤다. 해맑은 얼굴에 총기로 빛나는 눈매를 번득이는 25세의 통역장교 안춘근 중위를 떠올리고 있었던 것이다.

안춘근 중위가 속초의 제1군단 제101부대에 부임한 것은 매서운 추위가 휘몰아치던 1951년 12월이었다. 그는 제297부대(서울 덕수궁 소재)에서 3주간 남짓한 짧은 전선 투입 훈련을 받고 육군중위로 임관되어 이형근(李亨根) 중장이 지휘하는 동부전선 최전방 부대인 속초의 제1군단으로 배속된 것이다.

당시 안 중위는 경기사범 속성과를 졸업하고, 1년 6개월여 동안 서울 우신초등학교에서 교사 생활을 했으나, 이를 접고 성균관대학 정치학과에 입학해 만학의 길을 걷고 있던 터였다. 그러한 과정에서 6.25전쟁이 일어나는 바람에 학업을 중단하고 말았다. 이보다 앞서, 서울시 세무공무원 시험에 합격(1950. 4.)한 일이 있고, 또 전쟁이 일어난 직후에는 경찰 간부후보 시험에도 합격(1950. 10.)하는 등 진기록을 세우기도 했다. 그의 경찰 입문은 현실화되어 잠시 일선 경찰서에서 근무하다가 '전시병력 수용 긴급 정책'에 따라 미 제1기갑사단으로 전출, 그곳에서 10개월 동안 근무하던 중 영어 통역장교 후보 시험에 응시(1951. 11. 제8기)하여 제1군단 제101부대 소속 통역장교로 임관되었던 것이다.

평화를 누리는 시대에도 이런저런 직업을 선택하거나 자리바꿈이 도무지 쉽지 않은데도, 남애의 경우는 특이한 데가 있었다. 그는 처세술에 능한 쪽이 아니었으나, 어떤 당면한 문제에 직면할 경우 과감하게 돌파하는 민첩함과 천재성을 발휘하는 인물이었다.

필자는 선생님의 젊은 시절을 상상하면서 우선 전상희(全商熙, 1925~2017) 옹부터 뵙기로 했다. 그리고는 30분쯤 뒤 속초시 외곽의 작은 포구 대포동에 있는 한 음식점에서 전 옹을 뵐 수 있었다. 선생은 이미 망백(望百, 92세)을 넘기셨는데도 귀가 어두워 필담이 곤란한 경우를 제외하고는 의사소통에 별 문제가 없는 편이었다.

선생으로 말하면 안춘근 중위가 속초에서 군 복무를 할 때 이 지역 최초로 창간(1952년 4월 15일 창간, 등사판 4면 500부 발행)된 일간지 『동해일보』의 경리 겸 업무부장으로 근무한 분이었다. 단축해 말해서, 안 중위에게 원고료를 셈해 주던 분이 '전상희 부장'이었던 것이다. 뒤에 말하겠지만, 안춘근은 군인이면서도 끊임없이 필봉을 멈추지 않은 특이한 문한(文翰, 글을 짓고 발표하는 등 글과 가까이함) 이력의 소유자이기도 했다.

전상희 옹은 안춘근 중위를 신문사 근처 '가야다방'에서 처음 만났을 때의 인상을 다음처럼 들려주었다. "커피를 매우 좋아한 젊은 장교였으며, 늘 번득이는 두뇌의 소유자였다"며 "안 중위는 맺고 끊음이 분명했고, 잘 웃지 않는 차가운 인상이었다"고 덧붙였다. "그런데도 점차 시간이 지나면서 『동해일보』의 박태송(朴泰松) 사장과, 자존심이 드높은 예닐곱 명 기자들이 안 중위를 무척 좋아했으니 사뭇 신기하기조차 했다"고 말을 이었다. 문득 고당(孤塘) 김병철(金秉喆) 교수의 말이 떠올랐다. "남애는 접근하기가 쉽지 않은 쌀쌀맞은 에고이스트이며 패러운(차갑고 비사교적이라는 뜻의 개성 사투리) 사람이었지만, 경우가 밝은 데는 감탄할 정도다"[2]라는 것이다. 전상희 옹은 안춘근의 군 시절을 기억하고 있는 유일한 생존 인사로 '동해일보 사람'이었다.

안춘근 중위는 속초 시절에 나병하(羅炳夏, 뒤에 『매일경제』 편집국장, 사장, 회장 역임), 김재익(金在益, 뒤에 『강원일보』 사회부장, 주필 등 역임) 등 패기만만한 젊은 기자들과 자주 어울렸다고 한다.

필자는 전 옹의 배려로 안춘근 중위가 복무한 제1군단 제101부대 옛 터와, 그의 미국인 전우인 군목 마샬 대위(Marshall, J.), 그리고 또 한 사람의 미군 군목인 씰(Seal, Henry Samuel) 소령과 함께 봉

---

2. 김병철, 『세월 속에 씨를 뿌리며 - 김병철 수상록』, 서울: 한신문화사, 1983, p. 69, p. 72.

사한 진중교회 자리 등을 살폈다. 이들 두 이방인 장교들은 계급
상 안 중위보다 상위자였지만, 늘 터놓고 지내며 우정을 키워 온
사이였다.

안 중위는 당시 미군 측에서 건축 기자재를 지원받는 등 많은
노력 끝에 병사들과 그 군속들의 영혼을 수련하는 진중교회를 건설
할 수 있었다. 오늘날의 그곳은 오래전부터 주택 단지로 조성되어,
먼발치에서나마 옛 터를 살피는 것만으로 아쉬움을 달래야 했다.

기실, 안 중위는 소년 시절에 미국 장로교회 소속의 선교사인
데이빗 스미스(David Smith) 씨를 만나면서 기독교를 믿게 되었다.[3]
이 부분이 남애에 대한 잘 알려지지 않은 사실이기도 하다. 그는
신앙인으로서 자기 수양에도 엄격했던 것이다.

현역 장교 기고자

안춘근은 동해북부선 남애리역에서 북으로 7km 떨어져 있는 장
전심상소학교를 졸업하고(1941. 3.), 고향을 떠난 그해 4월 서울의
선린상업학교 전수과(5년제)에 입학한다. 해방이 되면서 졸업을 불
과 7개월여 앞둔 상태에서 학교가 문을 닫게 되어, 오늘의 서울교
육대학교 전신인 경기공립사범학교 속성과에 들어간다. 이 학교를
수료(1946. 9.)함과 동시에 앞에서 말한 서울 우신초등학교에서 잠

---

3. 이에 관해서는 『남애 안춘근의 생애와 학문』(이종국 저, 근간) 중 제1부 제2장 1~2 참고.

시 교원 생활을 했으나, 이를 접고 성균관대에 진학하여 정치학을 공부하는 것으로 급선회하게 된다.

안춘근은 1956년 10월에 이르러서야 대학을 졸업했다. 무려 8년여 뒤의 일이었다. 그의 학창 시절에 걸쳐 있던 시대적인 환경이 복잡했을 뿐만 아니라, 군 생활 등 중요한 개인적인 조건들이 모두 그 시기(1948. 9.~1956. 10.) 안에 들어 있었기 때문이다.

또 한 가지 새삼스러운 사실은 남애 안춘근으로 말하면 출판학과 서지학을 일으킨 학자로 알려져 있어 당초의 기고 활동이나 그의 유고들이 오로지 그쪽에 치우쳐 있을 것이라고 생각하기 쉽다. 그러나 남애의 초기 기고 내용을 보면 정치나 시사적인 비평 분야로 거의 일습화되어 있음을 엿볼 수 있다.

예컨대, 1954년 5월 18일부터 6월 25일까지 『동해일보』에 잇따라 11편을 발표한 일련의 정치·시사 칼럼들과, 같은 해 7월 7~8일 양일간에 걸쳐 정부의 문자 정책이 빚은 난맥상을 고발한 「한글 간화(簡化)에 대한 불만」 등이 그러했다. 그런가 하면, 『전남일보』에도 「민생 문제 해결책」(1954. 7. 31.)이란 주제로 무능한 공무원을 질타하는 글을 기고하여 정부의 대민 정책을 고발하기도 했다. 안춘근은 그렇게 현역 장교 신분임에도 용기 있는 발언을 거듭 쏟아냈다. 지금 생각해 보면 참으로 보기 드문, 특별한 고발 자세를 내보인 사례였다고 하겠다. 학창 시절, 정치학의 바이블 격인 한스 켈젠의 『법과 평화, *Low and Peace*』, 『정치학, *Allgemeine politische*

Theorie』을 읽고 큰 감명을 받았던[4] 남애는 전쟁 시국의 무질서한 사회상이 자신의 내면으로부터 의분으로 표출되고 있었던 것이다.

청년 장교 안춘근의 기고 활동은 『동해일보』를 중심으로 중앙 일간지인 『평화신문』에도 「민주주의의 원리와 공식」(1954. 10. 10.)이라는 주제의 정치 칼럼을 발표하는 등 끊임없는 기고 활동이 이어졌다.

뒤의 일이지만, 1959년 5월 11일 같은 신문에 「잡문가 지원서」, 그리고 같은 해 2월 18일에는 『조선일보』를 통해 「기타학의 전공」이라는 글을 발표하여 출판학 연구에 관한 중요한 동인을 제공하기도 했다. 그는 평소 학제적 연구인 출판학의 성립 문제를 고심하던 차 그러한 생각의 일단을 내보였던 것이다. 이와 관련하여, 남애는 오랫동안 고민해 왔던 출판 연구에 대한 학문적 관심을 그의 『출판개론』 머리에서 고백하고 있음을 본다.[5]

안춘근이 군 생활 시절에 만났던 『동해일보』는 영동지역 중에서도 설악권 이동에서 최초로 창간된 일간지였다. 이제 『동해일보』는 1953년 4월 17일자(제333호) 양면분과 1954년 6월 25일자의 것(제700호) 4면분, 그리고 겨우 부분적(스크랩된 것)으로 남겨진 몇 점만이 필자가 소장하고 있을 뿐이다. 그나마 지파(紙破) 현상이 매우 심각한 상태다.

---

4. 김용선, 「명사의 독서 편력 – 안춘근」, 『중앙경제신문』, 1990. 11. 19. (4)
5. 안춘근, 『출판개론』, 서울: 을유문화사, 1963, pp. 5-6.

통역장교 안춘근 중위(오른쪽 끝)와 전우들. 왼쪽 끝은 미군 군목 마샬 J. 대위, 1953

안춘근의 기고는 보다 많을 것으로 추정된다. 왜냐하면, 그가 속초로 배속된 시점이 『동해일보』가 창간(1952. 4. 17.)된 때보다 5개월 먼저인 1951년 12월(~1954. 10.)이었기 때문이다. 요컨대, 그의 첫 기고가 1954년 5월 18일자로 나타나, 2년 5개월여의 여백이 존재한 터여서 그 상한을 자연스럽게 앞당겨 유추할 수 있다.

　이제 곧 『동해일보』는 창간 70년을 맞이한다.[6] 특히, 이 신문으로 말하면 6.25 전란기라는 특수한 시대적 환경 속에서 민간이 출자했으며, 그들에 의해 발행된 순수한 민영 신문이었음을 재평가

6.　『동해일보』는 춘천의 『강원일보』와 강릉의 『강릉일보』와 함께 영동권 3대 일간지로 꼽혔다. 1955년 3월 공보처로부터 전후(戰後) 언론 통폐합 정책에 따라 폐간되었다.

해야 될 것이다.

삶의 다섯 가지 즐거움

남애 안춘근 선생님은 1954년 10월 말 대위로 진급하면서 광주의 육군교육총본부로 전출되었다. 거기에서 최초의 전문 연감인 『육군교육연감』을 편찬했다. 미 8군과의 소통과 영문 번역 업무도 병행하면서 연감 편찬을 맡았던 것이다.

연감 편찬을 성공적으로 마치고 1955년 10월 10일에 전역하게 된다. 만 4년간의 군 생활이었다. 이로부터 2주 뒤인 10월 24일 선생의 인생에서 굵은 족적을 남긴 을유문화사에 입사한다. 그 후 이 출판 기업에서 22년 8개월 동안 직무(1954. 10. 24.~1978. 6. 10., 기획출판부장, 이사, 주간)하면서 무려 43종의 전집과 914종에 이르는 단행본을 기획 출판하는 대기록을 세웠다. 출판학 연구가 왕성하게 이어진 것도 을유 시절과 병행하여 서울신문학원(1958)[7]을 시작으로 이화여대 대학원(1963) 등 여러 대학에서 출판학을 가르치며 더욱 큰 업적을 남기게 된다.

필자가 남애 선생님을 간접적으로나마 뵌 것은 고려대학교 민족문화연구소에서 일하던 1970년대 초였다. 필자는 이 연구소의 연구원이었으며, 당시 『한국논저해제』 편찬을 진행하고 있었다. 모

---

7. 남애는 을유문화사에 근무하면서 서울신문학원(원장: 곽복산)을 졸업(전수과정 제11기, 1958. 3.)했고, 이 학원의 강사(1958. 4.~1960. 3.)로서 출판학을 가르쳤다.

든 작업이 장서 현장인 각 국공립 및 대학 도서관에 직접 출장하여 현물(분야별 논저들)을 수작업으로 검색해야 했으므로 '직무상 독서'가 필수적이었다. 그래야만 해당 논저를 해제해 넣을 수 있었기 때문이다. 바로 그 무렵에 '책', '출판'이라는 말이 들어간 특유의 도서들을 만났다. 요컨대, 남애 선생님의 노작들이었던 것이다.

그 후 정산(靜山) 민병덕(閔丙德), 항심(恒心) 윤병태(尹炳泰) 선생을 만나면서 남애 선생님이 회장인 한국출판학회 학회지 『출판학』 창간호도 받아볼 수 있었다. 물론, 이후로도 학회지에서 호를 거르지 않고 발표된 선생님의 귀한 연구를 학습하며 출판학에 대한 지적 호기심을 키워 갔던 것 같다. 특히, 윤병태 선생(뒤에 충남대 교수)은 고려대 중앙도서관 사서로 근무했으므로 필자와는 캠퍼스에서 자주 만나는 사이이기도 했다.

나는 마침내 남애 선생님의 가르침을 받기로 결심하고 중앙대 신문방송대학원의 출판학 전공에 입학원서를 냈다. 여러 개인적인 사정으로 꽤나 뒤늦은 1985년 전반 학기의 일이었다. 당시만 해도 나는 학우들 중에서 나이가 제일 많은(42세) 처지였다.

남애 선생님을 강의실에서 뵐 때마다 '동서양의 지식이 통하지 않는 게 없으신 분'이라는 강한 인상을 받곤 했다. 「출판학원론」, 「출판문화사 강론」은 언제나 새롭고 신선했다. 1주에 2일 강의가 있는 그날이면 나는 어느새 신바람 난 프레시맨이 된 듯했다.

1985년 6월 하순이었다. 하루는 선생님께서 나를 보자시더니 그 특유의 단축 화법으로 "출판학회 사무국을 맡아줘야겠소." 하

제4회 국제출판학술회의에서 중국대표들과 함께, 왼쪽부터 한승헌 변호사, 자오빈(상해신문출판국장), 이경훈(보성사 대표), 송웬팡(상해편집학회장), 안춘근(한국출판학회 명예회장), 윤형두(한국출판학회장), 필자, 위 원내는 다이원바오(중국 난카이대 교수). 도쿄, 1989. 10. 23.

시는 거였다. 이에 나로서는 전혀 뜻밖이기도 해서, "좋은 사람들이 많은데 저는 많이 부족합니다." 하는 투로 극력 사양했으나 결국 받아들여지지 않았다.

이후로 필자는 무려 7년간이나 출판학회 사무국장으로서 최선을 다했다. 그러면서 여러 차례에 걸친 국내외 학술대회와 또 해외에서 열리는 학술행사에 선생님을 모시고 참가하는 기회도 잦아졌다. 지금 생각해 보면 과분한 경험이었다.

관철동 한국기원 골목으로 옛 을유문화사가 있던 언저리에 원산옥이라는 한식집이 있었다. 나는 선생님께 급한 회무를 보고할 일이 있을 경우 그곳에서 뵐 경우가 자주 있었다. 선생님의 구수동 집필실까지 가기가 시간상 어렵다고 판단되면 식사도 대접해 드릴 겸해서 그리로 모셨던 것이다. 또, 청계천 고서점가와 장안평이 지척이기도 해서 식사 후에 선생님의 탐서 행로를 좇아 감히 한수 배워보겠다는 욕심도 있었다. 그러던 어느 날, 선생님으로부터 '특별한 탐서 방법'을 경청하게 되었다.

"진본이란 가지런히 정돈된 서가에서는 기대하기 어렵지. 사실은 서점주의 금고 속에도 있긴 하나, 그보다도 더 귀한 책은 넝마나 파지더미 안에 있기 마련이야."라고 말씀하셨다. 그럴 때 필자의 머리를 타격하는 무엇이 있었다. 아아, 한국 최초의 근대 교과서인 『동몽선습』 원본도 고서점 안에 아무렇게나 쌓여 있던 넝마더미 속에서 찾아낸 보물이 아니었던가. 민제인(閔齊仁, 1493~1549)이라는 원저자명은 물론, 출판 근거가 선명하게 표시된 바로 그 책! 이로써 우리 교과서사와 출판역사를 고쳐 쓰게 하지 않았던가.

남애 선생님의 책에 관한 일화들은 일일이 예거하기 어렵다. 워낙 방대한 범위에 걸쳐 있기 때문이다. 선생님은 모든 소통 행위의 뿌리인 책과 출판을 극진히 사랑한 최고의 애서가였다.

선생님의 책 사랑, 출판사랑은 다음과 같은 「삶의 다섯 가지 즐거움」이란 글에서도 잘 나타난다.

"제일 기쁜 일이 저서가 출판되는 일이요, 제2는 귀중본을 입수했을 때요, 제3이 독서할 때요, 제4가 저술할 때요, 제5가 친한 벗과 맛있는 음식을 먹을 때다.
저서가 출판될 때마다 자식을 낳는 기쁨을 맛보니 제일가는 기쁨이요,

나의 유일한 취미가 고서 수집이니 귀중한 것을 헐값으로 구했을 때 마치 광산에서 금덩이를 캐낸 기쁨이요, 독서는 만고의 위인과 시공을 초월해서 접할 수가 있으니 기쁜 일이요, 저술이란 나의 정신적인 분신이 탄생하는 것이니 기쁜 일이요, 친한 벗과 맛있는 음식을 먹는다는 것은 육신을 위해서 필요한 음식을 친한 벗과 담론하면서 먹으니 아울러 정신적인 양식이 곁들여 얻어짐으로써다.[8]"

위의 내용은 평소 '듣고(聆) 살핀(睹) 기록'이라는 뜻의 『남애영도기』라는 출판 평론집에 실려 있다. 여기서, 친한 벗과 음식을 나누는 즐거움이란 당연히 책에 관한 소통을 함께 할 때 더욱 유쾌한 섭취를 즐길 수 있다는 것이다. 이렇듯, 남애 선생님은 즐거움의 종류를 모두 책에 관한 일 – 책의 출판, 수집, 읽기, 저술, 그리고 책 이야기로 소통하며 음식을 나누는 것, 이렇게 5대 희락 대상을 꼽았다.

　　이제 선생님께서 타계하신 지 4반세기나 흘렀다. 선생님은 1979년 6월 한국학중앙연구원에 1만여 권의 장서를 위양했고, 책을 사랑하는 한 출판인(윤형두 선생이 유족으로부터 유상 인수)에게 다시금 1만여 권을 간수하도록 함으로써 생전의 뜻이 기림 되고 있음을 본다. 선생에 대한 여러 다양한 관점에서 후학들의 연구가 더욱 기대되는 오늘이다.　●

8.　안춘근, 「희락서열론」, 『남애영도기』, 서울: 성진문화사, 1974, pp. 113~114.

한국 매스컴학의 이정표를 세운, 남정 김규환

•

오두범 | 청주대 명예교수

『한국 언론학 설계자들』이라는 이 단행본 제목은 필자가 소개하려 하는 남정(南汀) 김규환(金圭煥, 1929~1985) 박사에게 참 어울리는 제목이라고 생각한다. 이분이야말로 진정한 의미에서 한국 언론학의 '설계자'이다. 지금에 와서는 김규환 박사도 1세대 언론학자로 불리게 되었지만 김규환 박사가 처음 학계에 들어왔을 때만 해도 그의 학문 세계는 그 이전의 언론학 세대와는 확연히 구분되는 것이었다.

김규환 이전의 한국 언론학은 '신문학' 즉 저널리즘 언론학이라고 할 수 있다. 거기에 비한다면 김규환의 언론학은 매스 커뮤니케이션 언론학이라고 할 수 있겠다. 김규환 선생은 한국 언론학을 저널리즘 연구로부터 매스 커뮤니케이션 언론학으로 한 단계 격상시켰으며 오늘날의 한국 언론학, 그리고 지금의 언론학회를 재탄생시킨 분이다.

　김규환은 1929년 2월 12일 경북 선산에서 태어났다. 1945년 3월에 경북중학교를 졸업하고 11월에 경성대학교 예과 을류에 입학하여 1947년 6월에 수료했다. 1947년 서울대학교 문리과대학 정치학과에 진학하여 3년 수료 후 일본으로 건너간 뒤 1952년 4월부터 도쿄대학교 신문연구소에서 수학했다. 도쿄대 신문연구소에서 1955년에 사회학 석사학위를 받았고 이어 박사과정에 진학하여 1959년 사회학 박사학위를 받았다.

생애주기(生涯周期)를 10년씩 앞당겨 살다

김규환은 부친이 국회의원으로 정계에서 활발하게 활동할 만큼 부유한 가정환경에서 자라났다. 김규환은 동양통신 사주이자 당시 민주공화당 국회의원이던 김성곤(金成坤) 선생과 특별한 관계에 있었다.

　물론 일본의 명문 도쿄대학에서 언론학 박사학위를 받은 인재이기도 했지만 동양통신 사주와의 특별한 인연 때문에 귀국하자 바로 김규환은 동양통신사 외신부장 겸 편집부국장에 임명되었던 것 같다. 다른 사람들 같으면 통신사에 입사하여 한 10년쯤 하위직으로 근무해야 올라갈 수 있는 외신부장 겸 편집부국장의 직위에 입사하자마자 바로 올랐으니 말이다.

언론윤리위원회법 철폐투쟁 대열에 참가한 김규환 박사, 1965

언론자유 수호투쟁

이 무렵 5.16 군사혁명이 일어났고 군사정부가 언론을 강력히 규제하기 위하여 언론윤리위원회법을 제정하자 이에 크게 반발한 언론계는 언론윤리위원회법 철폐투쟁에 들어갔다. 이때의 언론계는 한국신문발행인협회, 한국통신협회, 한국신문편집인협회, 한국신문윤리위원회와 국제신문인협회(IPI) 국내위원회의 5개 단체가 대표하고 있었다.

당시 김규환은 동양통신 편집국장 신분이었지만 IPI 한국위원회 사무국장직도 맡고 있었기 때문에 5개 언론단체 대표의 일원으로 이 언론윤리위 법안 철폐투쟁에 앞장섰다. 이때 5개 단체 대표들은 김규환보다는 연령상으로나 언론계 지위 면에서 10여 년 이상 연배가 높은 인물들이었다. 김규환은 당시 36세였다.

타율적인 윤리위원회법을 철회하는 대신 만들어진 자율적인 윤리위원회의 강화된 내용 중 가장 중요한 것이 윤리위 내에 상설 심의실을 설치하는 것과 제재 규정을 강화하는 것이었다. 심의실은 매일 발간되는 신문·통신 기사의 자체 심의와 접수 사건 심의를 병행하였다. 강화된 제재 규정에 따라 윤리위의 결정 사항을 각 신문·통신이 공표하고 수락하도록 강제 규정을 두었다.

언론학 교육과 연구에 관한 남다른 비전

김규환은 당시 언론계에서 벼락 출세를 한 몸이다. 도쿄대학 언론학 박사로서 정계 및 언론계의 내로라하는 실력자인 통신사 사주의 신임을 한 몸에 받고 있었다. 그러나 김규환은 자신의 그러한 유리한 입장과 위상에도 불구하고 스스로의 입신 출세나 일신상의 안일을 도모하는 데 몰두하지 않았다. 그의 놀라운 점이 바로 이것이다.

그는 놀랍게도 편집부국장에 취임하자마자 통신사 편집국원들을 상대로 세미나를 지속적으로 개최하여 기자들 상호간의 학술 교류와 자발적 자기 계발을 독려했다. 보도 사명의 완벽을 기하기 위해서는 이 길만이 최선이라고 믿었던 것이다. 그는 이미 힘 있는 언론인이 되기 이전에 공부하는 언론인으로서 남다른 비전과 신념을 가지고 현업에 임했던 것이다.

언론계가 소위 '윤리위 파동'이라는 소용돌이를 겪는 과정에서도 언론학 교육과 연구에 관한 김규환 특유의 비전과 신념은 빛을 발했다. 윤리위 기능 강화와 같은 직접적인 처방 대신에 언론계의 체질 개선이라는 보다 본질적이고 본원적인 대응책이 필요하며 이를 달성하기 위해서는 전문적인 연구와 언론인 교육이 필수적이라는 소신을 굳혀 갔다.

김규환은 '공부하는 언론과 언론인이 돼야 한다'는 소신을 구현하기 위해 특유의 실천력과 추진력을 발휘하여 '언론에 대한 전문적인 연구·교육 기관'의 설립을 성사시켰다. 그 첫 번째 출발점으로 서울대에 신문연구소를 설립하고 또한 같은 맥락에서 한국신문연구소의 재출발을 성사시켰다.

신문연구소를 세우다

5.16 혁명이 일어난 이듬해인 1962년에 군사정부의 최고회의에서는 '언론정책'을 공포하고 뒤 이어 '언론정책 시행기준'을 발표하였다. '언론정책'의 제13항에는 "언론의 품위와 자질의 향상을 위한 제반 연수 활동에 대하여 정부는 적극 지원한다"는 규정과 이어서 "품위, 자질의 향상과 신문의 연구를 위하여 교육 기관을 설립함

에 정부는 이를 지
원한다"(14항)는 조
항이 들어 있었다.

이 내용은 김
규환이 이미 5.16
군사혁명이 일어나
기도 전인 4.19 직
후에 당시 언론계
혼란상의 극복과
언론계 체질 개선
의 방안으로 제시

김규환 선생. 신문대학원 원장실에서, 1970

하였던 주장과 일맥 상통하는 것이었다. 즉 김규환은 이미 5.16 전
에도 업계 및 정부가 주체가 된 연수 및 연구기관의 설립과 육성
이 필요하다고 주장하였던 것이다.

그런데 이때의 '언론정책 시행기준' 제 10항에는 "서울대학교에
설치될 신문연구소를 적극 지원 육성한다"라는 사항이 명시되어
있었다. 군사정부가 '언론정책'을 수립할 때 서울대학교에 신문연구
소를 설치하도록 규정을 넣은 것은 김규환이 당시의 공보부 장관
에게 요청하여 이루어진 것이라고 한다.

이런 덕분에 서울대학교 신문연구소 설립이 신속히 추진되어
1962년 12월 각의의 의결로 서울대학교 신문연구소가 설치되었
고 정부지원금 40만원을 받아서 이듬해 3월에 20명의 현역 기자

서울대 신문대학원 설립 10주년 기념식에서 김규환 원장에게 공로패를 증정하는 최정호 언론학회 회장

를 제1기 연구생으로 모집하였다. 초대 소장은 경제지리학자 육지수 교수였다.

김규환은 동양통신사 편집부국장의 신분으로 신문연구소의 설립과 동시에 연구부장을 맡아 연구소 운영을 실질적으로 책임졌다. 이렇게 하여 서울대학교 신문연구소는 우리나라 최초로 사회과학적 방법론에 입각한 매스컴 연구의 토대를 구축했다.

한편 언론 현업 측에서는 1962년 4월에 한국신문연구소 설립을 의결한 바 있는데 이때 김규환은 설립위원회 5인 중 한 사람으로 참여했다. 1964년에 이르러서야 법인체로 발족했지만 발전은 답보 상태에 머물러 있었다. 그러다가 1966년에 김규환의 교섭으로 IPI 아시아 지부로부터 연간 1만2천5백 달러의 보조금을 지원받아 본격적인 발전을 하게 되었다. 이때 오종식(吳宗植)이 제2대

소장을 맡았고 김규환이 운영위원장을 맡았다.

　김규환은 언론의 권위와 내용을 도모하는 가장 견실한 방도는 언론 교육을 통한 언론인의 자질 향상과 윤리 수준을 향상시키는 것이라는 그의 언론 철학을 서울대학교 신문연구소 설립과 한국신문연구소의 발전을 촉진하는 것으로 구현시켜 나갔던 것이다. 그는 능력 있는 실천가였으나 동시에 원대한 경륜을 지닌 언론 학자이기도 하였다.

한국 최초의 언론대학원, 서울대 신문대학원 설립

김규환은 1967년 서울대 신문연구소의 초대 소장을 맡고 있던 육지수 교수가 작고하자 동양통신사 편집국장직을 사임하고 서울대학교 교수로 부임하면서 연구소장직을 맡게 되었다. 서울대 신문연구소는 경험적 데이터 확보를 위한 연구 활동과 함께 현직 언론인들을 연구생으로 모집해서 교육(1년 과정)하는 교육 연수 활동을 병행했다.

　그렇게 4, 5년간 교육을 계속하다 보니 연구생 대부분이 연구생 과정의 석사 과정 승격을 열망할 뿐 아니라 원래부터 뜻한 바 있던 언론인 자질 향상과 전문성의 제고를 위해 보다 본격적인 교육이 필요함을 느끼게 되었다. 그리하여 미국 대학들이 운영하고 있는 '저널리즘 스쿨(School of Journalism)'과 비슷한 체계와 기능을 갖춘 신문대학원 창설을 구상했다. 이러한 생각을 서울대학 당국은 물론이고 각 언론사와 언론단체 그리고 정부 요로와 협의한 끝에 1968년 3월, 드디어 서울대학교 신문대학원이 문을 열게 되었다.

이 서울대 신문대학원은 제1기생으로 석사과정 50명, 연구과정 17명을 모집해서 발족했다. 석사과정 50명 중 15명은 대학을 갓 나온 사람들이었고 나머지는 모두 현직 언론인 아니면 홍보직에 종사하는 사람들이었다. 김규환이 염두에 둔 언론학은 어디까지나 현직 언론인에 대한 재교육이거나 적어도 언론인이 될 사람을 양성하는 언론학이었다.

1975년 서울대학교는 서울 시내 전역에 흩어져 있던 12개 단과대학 중 대부분을 관악 캠퍼스로 불러들여 재출발하는 서울대학교 종합화 계획을 시행했다. 이 계획에 따라 신문대학원은 발전적 해체를 하고 대신 서울대학교 사회과학대학에 신문학과(현재의 언론정보학과)로 개편하여 재출범하게 되었다.

이로써 서울대학교에서는 김규환의 노력으로 1963년에 설치되었던 신문연구소가 모체가 되어 1968년도에 신문대학원으로 발전할 수 있었고, 또 그 신문대학원을 모체로 오늘날의 언론정보학과로 발전하게 되었으니 뭐니 뭐니 해도 서울대 언론학 학맥의 토대와 기둥은 김규환에 의해 세워진 것이라 할 수 있다.

한국언론학회를 재건하다

한국언론학회(처음 이름은 '한국신문학회')가 창립된 것은 1959년이었다. 초대 회장은 우리 나라 신문학 분야의 선구자이며 해방 후부터는 줄곧 기자 양성에 전력을 쏟은 곽복산 교수였다. 한국신문학회는 창립 이듬해인 1960년에 『신문학보』 1호를 출간한 뒤 별다른 사업과 활동을 하지 못하고 8년의 세월이 흐르고 있었다.

김규환 선생 주도하에 발행된 『신문학보』 제2호, 1969

　　그러던 중 1969년에 김규환이 회장에 선출된 뒤 학회를 새롭게 변모시켰다. 그는 성곡언론재단의 재정 지원을 받아 연구 발표회를 열고 『신문학보』 2호도 발간했다. 김규환의 신문학회장 임기는 2년으로 끝났지만 그가 관여했던 성곡언론재단의 학보 발간 지원은 계속되었고, 『신문학보』는 매년 한 호씩 정기적으로 발행될 수 있게 되었다. 정체 상태에 있던 한국신문학회가 1968년부터 김규환을 구심점으로 재출발하게 되어 마침내 오늘의 한국언론학회에 이르게 된 것이다.

김규환의 학문세계

해방 이후 1980년대까지 한국 언론학 연구는 다음의 4단계를 거쳐 발전해왔다고 할 수 있다.

첫째, 해방 후부터 1950년대에는 저널리즘 교육 연구가 시작됐다. 둘째, 1960년대에는 매스 커뮤니케이션 교육 연구가 본격적으로 이뤄졌다. 셋째, 1970년대에는 커뮤니케이션학이 사회과학으로 확대 발전했다. 넷째, 1980년대에는 비판커뮤니케이션 연구가 등장했다.

이렇게 한국 언론학의 발전 단계를 네 단계로 대별하여 보았을 때 김규환은 두 번째 단계인 매스 커뮤니케이션학의 시대를 연 인물로 기록될 수 있겠다. 한국에서는 1961년에 KBS-TV가, 1964년에 DTV가 개국됨으로써 언론계 자체가 신문, 잡지, 라디오, TV의 4대 매스미디어 체제로 확대되면서 이른바 매스 커뮤니케이션 시대가 열렸다. 이에 발맞춰 언론학도 매스 커뮤니케이션학 체제로 확대 개편되기 시작했고, 연구 방법에 있어서도 규범적 방법 대신 경험주의(실증주의) 연구 방법이 적용되는 시대가 열렸던 바, 이러한 변화의 중심에 김규환이 있었던 것이다.

김규환은 1963년에 발족한 서울대학교 신문연구소의 설립 목적을 '매스 커뮤니케이션 연구'로 하고 영문 명칭도 'The Institute of Mass Communication'으로 했다. 또 1968년도에 출범한 서울대

학교 신문대학원의 설립 목적도 '매스 커뮤니케이션 및 그 인접 과
학의 이론을 심오정치하게 연구'함으로 정의했다. 또 신문대학원의
영문 명칭 역시 'The Graduate School of Mass Communication'이
라고 했다. 뿐만 아니라 김규환을 새로운 회장으로 선출함으로써
재건의 길을 걷게 된 한국신문학회도 그 연구대상을 '저널리즘 및
매스 커뮤니케이션'으로 고쳤으며 학회의 국문 명칭은 그대로 두
었지만 영어 표기는 'Korean Society of Journalism'에서 'Korean
Society of Journalism and Mass Communication'으로 바꾸었다.

라스웰 류(類)의 내용분석 연구

김규환은 자신이 지향하는 언론학을 매스 커뮤니케이션학으로 명
칭부터 고쳤을 뿐만 아니라 선진국의 매스 커뮤니케이션 이론과
연구 및 그 방법론을 한국에 도입하여 한국에서의 매스 커뮤니케
이션 연구의 꽃을 피우려 했다. 잘 알려져 있다시피 미국의 매스
컴 이론은 라스웰(H. Lasswell), 라자스펠드(Paul F. Lazarsfeld), 레윈(K.
Lewin), 호브랜드(C. Hovland) 등 네 창시자의 연구를 원류로 하여 진
행되어 왔다고 한다.

　　이 네 명 창시자의 이론 체계 및 연구 접근 방식 중에서 김규
환이 우선적으로 관심을 가지고 한국의 매스컴 연구에 적용하려
고 하였던 것은 라스웰과 라자스펠드에 의한 매스 커뮤니케이션
이론과 그 연구 방법론이었다.

전남대에서 언론학회 총회를 마치고, 1983. 10.

그중에서 우선 라스웰 학파는 미국에서 제2차대전 당시 신문과 방송(라디오) 매체에 의하여 전달되는 보도와 논설물들에 대한 연구를 많이 하였는데 그때 사용한 방법이 소위 내용분석이었다. 김규환은 1963년에 서울대에 신문연구소가 설립되자 연구부장직을 맡으면서 한국 매스 커뮤니케이션에 관한 실증적 데이터를 얻기 위한 연구생들의 연구를 지도하였다. 이때 많이 사용한 방법이 라스웰, 또는 베렐슨의 매스컴(신문) 내용분석의 방법이었다.

사실 커뮤니케이션 연구에 있어 내용분석은 매우 중요한 것인데 김규환은 일찍이 일본 도쿄대학교에서 연구할 때부터 이 방법을 많이 썼으며 귀국하여 국내 학계에 이 방법을 많이 보급시켰던 것이다.

라자스펠드의 이론·방법론 소개와 연구 적용

필자가 신문대학원에 입학한 첫 학기에 김규환이 '매스컴 기초이론'이라는 과목을 강의했다. 김규환의 강의를 들을 때 필기했던 강의 노트가 지금도 필자의 서가에 꽂혀 있다. 당시 그의 강의 내용 중에서 생생하게 기억나는 것은 '커뮤니케이션의 2단계 흐름', 그리고 '여론지도자' 등이다.

김 교수의 강의노트에 의하면 '커뮤니케이션의 2단계 흐름'의 연구는 1947년에 출간된 라자스펠드, 베렐슨과 고뎃의 '민중의 선택(People's Choice)'이라는 연구에서 시작되었다. 이 연구는 1940년에 있었던 미국 대통령 선거에서의 유권자 투표 행위를 분석한 것이었다. 즉 유권자의 투표 행위에 미치는 매스컴의 영향이 일반적으로 생각할 수 있는 것처럼 유권자에게 직접적으로 나타나는 것이 아니라는 것이다. 매스미디어에 노출된 정보의 효과는 먼저 '여론지도자'에게서 나타나고 그 다음에 일반 유권자와 여론지도자 간의 대인적 커뮤니케이션의 결과로 최종적으로 나타나게 된다는 것이다.

그런데 이러한 '민중의 선택'의 연구는 2단계 흐름과 여론지도자의 존재의 실마리를 찾아낸 것에 불과했다. 그래서 미국 컬럼비아대학교의 응용사회과학 연구소는 이후 약 17년에 걸쳐 이 '민중의 선택' 연구 결과를 확인하고 보완하는 후속 연구를 꾸준히 진행시켰으며 그 결과 가장 권위 있는 학설로 정립시킬 수 있었던 것이다. 그런데 이 민중의 선택 연구와 후속하는 연구들에서 라자 스펠드 학파가 주로 사용한 연구 방법은 사회조사방법이었다.

김규환은 서울대 신문연구소나 신문대학원을 중심으로 국내에서 이러한 라자스펠드식의 문제 의식하에서 실증적 사회과학적 방법을 통한 매스컴 연구가 활발하게 이루어지도록 하는 학풍을 스스로 조성하고 이끌었다.

개혁의 확산, 발전 커뮤니케이션 연구

김규환은 라자스펠드 학파의 초기 매스컴 이론에 이어지는 매스컴 연구의 국제적 동향을 주시하면서 한국의 커뮤니케이션 연구의 바람직한 방향을 모색해 나갔다.

매스컴 연구의 국제적 동향 중에 첫 번째로 김규환이 주목한 것은 스탠퍼드대학의 로저스(E. M. Rogers) 교수에 의한 '개혁의 확산(Diffusion of Innovation)' 연구다. 김규환은 라자스펠드 학파의 2단계 흐름의 연구에는 이미 '개혁의 확산'이라는 주제가 배태되어 있었다고 해석한다. 즉 라자스펠드, 카츠 등에 의하여 컬럼비아대학의 응용사회과학 연구소에서 약 17년에 걸쳐 연구된 2단계 흐름에 관련된 큰 프로젝트 중에 맨 마지막으로 발표된 것이 콜맨, 카츠와 멘젤에 의한 '의약품 연구(drug study)'였다.

이 의약품 연구는 미국의 중서부에 있는 4개의 도시에서 진행되었는데 여기서는 의사 사회에서 신약의 채택에 관련된 영향원

(influential)은 사회적 통합도가 강한 '여론지도자'이며 매스미디어는 신약이 출시되었다는 정보만 알려줄 뿐이라는 사실 등이 확인되었다.

이러한 의약품 연구가 동기가 되어 스탠퍼드대학의 로저스 교수는 혁신(신기술, 신상품, 신문물)이 확산되어 나가서 사회적으로 포만 상태가 되는 일련의 과정에서 매스 커뮤니케이션과 퍼스널 커뮤니케이션이 어떻게 보완적으로 작용하는지를 규명하는 일련의 프로젝트를 진행시켜 나갔던 것이다.

또 김규환은 매스 커뮤니케이션과 사회 상황과의 관계를 강조하는 발전 커뮤니케이션에 관한 국제적 연구 동향에 주목하였다. 김규환에 의하면 미국에 있어서의 이 분야 연구는 풀(I. S. Pool), 러너(D.

김규환 선생 저서

Lerner) 등을 중심으로 하는 MIT 그룹과 슈램(W. Schramm)을 중심으로 하는 스탠퍼드대학의 커뮤니케이션 연구소에 의하여 주로 연구되고 있다고 한다.

특히 러너는 이 분야 연구의 선도자로 추앙받고 있다. 러너는 그의 명저 『전통사회의 추이』(1958)에서 근대화를 도시화, 문해율, 매스미디어 노출, 참여의 네 가지 요인으로 설명하고 있다. 도시화가 증대되면 문해율이 늘고, 문해율의 증가는 매스미디어의 노출을 늘리고, 매스미디어 노출의 증대는 보다 넓은 경제적 참여(소득증대)와 정치적 참여(투표)를 늘린다는 논리이다.

러너에 의한 근대화와 커뮤니케이션 간의 관계에 대한 이론의 특색은 이러한 근대화의 촉진 요인들 사이에 대중의 감정이입(empathy)의 능력 또는 심리적 이동성(psychic mobility)을 중요한 설명요인으로 꼽는다는 것이다. 여기서 감정이입이란 근대화되어 가는 사회 대중의 성격적 특성을 말한다. 매스미디어는 이러한 대중의 감정이입 능력을 증대시킴과 함께 대중들에게 새로운 열망을 불러일으킴으로써 근대화를 촉진시키는 요인으로 작용한다는 것이다.

당시 김규환은 커뮤니케이션 연구가 5.16혁명 이후 경제, 산업, 사회의 개발이 초미의 관심사로 떠오르고 있던 한국 현실에 어떻게 적용될 수 있는지를 모색하는 차원에서 이 근대화 커뮤니케이션 문제에 깊은 관심을 기울였다.

미완의 과제

김규환은 1975년에 쓴 논문에서 그때까지 미국과 일본 등의 학계가 예컨대 매스 커뮤니케이션 효과에 관한 클래퍼(J. Klapper)의 저술에서와 같이 개별 연구들을 조합해서 일반화하는 작업들을 해왔음을 지적하였다. 그러면서 매스컴 연구 분야에서 연구자들을 유도하고 끌고 갈 수 있는 통일적인 이론(Grand Theory) 전개가 없다는 점을 아쉬워하는 가운데, 미국과 일본에서의 1965~1975년 사이의 약 10년간의 연구 동향을 소개하였다. 여기서 그는 매스미디어 효과의 새로운 경향으로서 이용과 충족의 이론 등을 소개하기도 하였다.

그런데 이 무렵부터 김규환의 매스 커뮤니케이션 연구 지형에도 적지 않은 변화가 나타나게 되었다. 우선 물리적으로 서울대학교 종합화 계획에 따라 신문대학원이 폐지됨으로써 이 대학원을 무대로 매스 커뮤니케이션에 관한 학제적 연구와 산학 협동의 교육 활동을 벌이던 김규환의 활동 폭이 좁아지게 되었다. 거기에다가 그 무렵부터 건강 상태도 좋지 않게 되어 연구 활동에도 제한을 받지 않을 수 없었다.

평소 김규환과 교분 관계가 깊었던 최종수 교수가 전하는 바에 따르면 그는 분주한 가운데서도 '한국의 커뮤니케이션에 관한 체계적이고도 결정적인 저서'를 낼 것을 구상했다고 한다. 그러나 그는 1985년 7월 5일 56세라는 그렇게 많지 않은 연세에 작고했다. 그의 때 이른 타계는 그 자신을 위해서나 한국 학계를 봐서도 지극히 애석하고도 안타까운 일이 아닐 수 없다.

김규환은 1970년대 후반 손수 쓴 글에서 한국의 언론학자로서 자신의 위상을 다음과 같이 자리매김한 바 있다.

"필자는 한국 커뮤니케이션 학문의 발전을 위해서 과거 15년간을 애써 왔다. 그리고 앞으로도 노력할 것이다. 많은 선구자, 선배들, 동료들, 그리고 후배들에게 학문적으로는 미흡하나마 이 과학에 대한 정열적이고 헌신적인 한 사람의 길잡이가 되었다는 점을 자부하고, 장래에도 그러할 것을 다짐하는 바이다."

필자는 그 분의 제자로서 개인적으로 선생이 최소 20년 만이라도 더 생존해서 "앞으로도 노력하고, 장래에도 그렇게 할 것이다"라 했던 스스로의 다짐을 꼭 실현시키셨더라면 하고 바랬는데, 그렇지 못하고 졸지에 가신 점이 못내 아쉽고 안타까울 뿐이다. •

사실 보도를 넘어서 진실 탐사로의 여정, 박권상

●

김정기 | 한국외대 명예교수

박권상기념사업회(이사장 김진배)가 펴낸 책 중『박권상 언론학』이 있다. 도대체 박권상 선생은 살아생전 어떤 업적을 남겼기에 '박권상 언론학'이란 이름이 나오는가? 이 질문에 대한 해답을 찾는 것이 '한국 언론학의 설계자들' 중 한 사람으로 추앙된 선생의 진면목을 가리는 것이 아닐까 생각한다. 이와 함께 선생이 저널리스트로서 지킨 언론의 원칙과 가치, 그의 언론 사상, 더 나아가 선생의 언론 세계관을 밝혀내는 것도 이 질문의 핵심이라고 생각한다.

서울대 언론정보연구소 책임연구원인 김영희(2015)는 박권상(朴權相, 1929~2014) 선생을 한국 언론사의 인물 연구 대상으로 삼고 있다. 그는 선생이 약관의 나이로 합동통신사 정치부장을 맡은 이래 현장 언론인으로서 그가 거친 역정, 언론 교육자 및 연구자로서 그가 이룬 업적, 그리고 그가 지킨 언론 사상을 두루 살펴 언

박권상 선생

론인으로서 그의 인물상을 종합적으로 소묘하고 있다. 무엇보다도 그가 '영원한 저널리스트'로서 거친 역정은 한 인간으로서 겪은 번민을 뛰어넘는, 언론 투사로서의 투지를 엿보게 한다.

선생은 박정희의 유신정권 시절과 전두환 신군부 독재가 한창인 시절, 박정희의 삼선 개헌을 반대했을 뿐만 아니라 한국 언론의 민낯을 여지없이 드러낸 '전두환 장군' 미화 캠페인에 맞선 드문 언론인이었다. 결과적으로 그는 『동아일보』에서 끝내 해직당하는 수모를 겪었지만 그 '수모'는 결국 '해직기자'라는 별이 되어 명예회복으로 되돌아왔다. 이는 2000년 결성된 '민주운동관련자 명예회복 및 보상심의위원회'가 결정한 조치였는데, 당시 이 위원회의 일원이었던 내가 이에 적극적으로 참여한 것은 두말할 나위가 없었다.

또 하나 주목할 사실은 아직 '언론학'이 채 뿌리내리기 전 선생은 1958년 미국의 명문 노스웨스턴대학원에서 신문학 석사 학위를 당당히 취득해 뒤에 그가 저널리즘을 언론학에 접목시킨 선구자 구실을 혁혁하게 수행했다는 점이다. 이는 우리들이 선생을 기릴 때 두루 기억해야 할 빛나는 이력이다.

필자는 박권상 선생이 이끈 두 가지 언론 개혁 사업, 즉 신문윤리개정위원회와 한국언론2000년위원회에 깊숙이 관여해 선생을 도왔던 인연을 맺고 있다. 이 글은 내가 박권상 선생과 맺은 사적인 인연을 되돌아보면서 두 가지 언론개혁사업에 드러난 그의 언론사상을 새로운 시선에서 조명하고자 한다.

사실을 넘어 진실로

'영원한 저널리스트' 박권상 선생은 정작 그가 믿는 언론관을 드러내는데 어지간히 인색하다. 물론 그가 쓴 '자유언론'을 신봉하는 글은 적지 않게 남아 있다. 이를 통해 우리는 논객으로서 단호히 자유언론을 지키려한 그의 '레지스탕스적' 자세를 읽을 수 있다. 그 자세는 그가 창백한 서생이 아니라 '독립불기(獨立不羈)의 소신'(구 신문윤리강령의 표현)을 지킨 투사의 모습을 드러내는데 부족함이 없어 보인다. 그가 전두환 폭력정권의 탄압 끝에 필화를 겪으면서도 오랜 동안 끈질기게 쓴 「동아시아론」을 보면 군데군데 이를 뒷받침하는 생생한 목소리를 들을 수 있다.

그러나 그가 지닌 자유언론에 대한 신념은 외부권력, 특히 정치권력에 대한 언론의 저항을 외친 것이지 언론 자체의 고유한 기능을 말한 것으로 보기는 어렵다. 선생은 언론이 민주사회의 필수적인 제도로서 마땅히 수행해야 할 역할 또는 기능을 무엇이라고 생각했을까?

　뜻하지 않게 고인이 된 선생의 영결식이 2014년 2월 7일 아침 성모병원에서 있었다. 영결식에서 '동아일보맨'을 자처한 윤양중 선생이 추도사에서 박 선생의 언론관을 언급한 것이 눈길을 끌었다. 윤 선생은 오랫동안 『동아일보』 논설실에서 같이 일한 관계를 되돌아보며 박 선생은 '정확한 사실보도'를 가장 중시했다고 말했다. 윤 선생이 회고한 "사실은 신성하며 의견은 자유롭다"라는 박권상 선생의 말은 그의 가슴속 깊이 뿌리내린 소신이다. 영결식을 주재한 전 KBS 진홍순 국장도 박권상 선생이 KBS 사장직을 떠나는 이임사 때도 이 말을 했다고 회고했다.

　그러나 사실보도에 가장 중요한 가치를 두었다는 박 선생의 언론관은 그가 1980년 8월 『동아일보』에서 해직된 뒤 한동안 낭인 생활을 거쳐 언론으로 복귀할 즈음인 1990년 전후부터 바뀌기 시작했음을 엿볼 수 있다. 여기서 말한 언론 복귀란 『시사저널』 창간(1989년)에 주도적으로 참여한 것과, 소설가 최일남 선생을 비롯한 몇몇 지기들과 칼럼 신디케이트 활동을 개시한 것(1991년 5월), 그 뒤 『일요신문』 등에 기고를 시작한 것(1994년 초)을 말한다.

　그러다가 박 선생의 언론관은 1990년대 중반부터 완전히 탈바꿈한 모습을 볼 수 있다. 그것은 한 마디로 언론이 '사실'에 유념하되, '진실' 탐사에 보다 매진해야 한다는 것으로 요약할 수 있다. 내가 박 선생의 언론관을 이렇게 감히 추량할 수 있는 것은 90년대 중반부터 언론 연구에 대한 관심을 매개로 박 선생과 남다른

관계를 맺어왔기 때문이다. 그중에서도 1995년 6월부터 다음 해 4월까지 10개월에 걸쳐 활동한 '한국신문윤리개정위원회'에서 선생이 위원장으로 개정 작업을 주도하고, 내가 간사위원으로 그를 보좌한 관계가 결정적이었다. 나는 이런 관계로부터 박 선생에게 많은 것을 배울 기회를 놓치지 않았으며, 뒤에 다시 말하겠지만 그가 베푼 많은 시혜를 누렸다.

    여기서 한 가지 의문을 풀어보자. 선생이 내가 본 대로 90년대 중반부터 '사실'을 중시하는 언론관을 '완전히 탈바꿈'했다면, KBS 사장 재임 시절(1998~2003) "사실은 신성하며 의견은 자유롭다"고 거듭 말한 것은 어떻게 된 일인가? 선생이 자신의 언론관을 다시 번복한 것일까? 나는 선생이 언론관을 번복한 것이 아니라 당시 KBS 경영인으로서 노조를 다스리는 '전략'에서 한 말이라고 보고 싶다. 선생이 당시 KBS 노조와 엄청난 갈등을 겪고 있었다는 점을 고려할 때 그렇게 생각하는 것이 합리적이다. 노조가 KBS 언론 활동에 간여하는 것을 선생은 단호하게 거부하고 싸웠다고, 당시 그를 보좌했던 진홍순 전 보도국장은 증언하고 있다.

사실보도와 객관주의

위에서 언급한 선생의 언론 사상, "사실은 신성하며 의견은 자유롭다"는 말은 영국의 자유주의 언론인 찰스 프레스트위치 스콧(C. P. Scott)이 1921년 『맨체스터 가디언』(지금의 『가디언』) 창립 100주년을 맞이해 쓴 주목할 에세이에서 연유한 것이다. 그 해는 그가 이 신문의 편집국장을 지낸지 50년을 맞이한 해이기도 하다. 그는 이 에세이에서 "평론은 제멋대로이지만 사실은 신성하다(Comment is free but facts are sacred)"라는 말을 남겼다. 이는 유명한 격언이 되었지만 그가 강조한 것은 신문의 기본 직무가 정확한 뉴스보도(사실보도)라는 것이었다. 평론의 경우 자율적인 규제의 울타리를 벗어나서는 안 된다면서 평론은 '솔직'해야 하며 '공정'하면 더욱 좋겠다고 그는 덧붙였다.

박 선생의 언론관을 올바로 이해하자면 19세기에서 20세기에 걸쳐 시대사조의 변천과 언론과의 관계에 대한 다소 복잡한 배경 설명이 필요하지만 내가 다른 글(김정기, 1993)에서 다루었기에 여기 서는 그 족보가 19세기의 시대사조에 뿌리를 두고 있다는 것만 짚 고 넘어가겠다.

사실을 신성시한 언론관은 한국의 경우 1957년 신문윤리강령 (이하 '구 신문윤리강령' 또는 간단히 '구 강령')으로 체현(體現)되었다. 그해 4월 7일 『독립신문』 창간 61주년을 맞이하여 당시 주요 신문 편집 국장 및 엘리트 언론인들이 의기투합하여 마련한 것이 구 신문윤 리강령이다.

구 강령에서 사실을 신성시하라는 계율은 강령 조항의 표현에 서 그대로 드러난다. 제3항 '보도와 평론의 태도'에서 "보도는 사 실의 신속 충실한 전달을 생명으로 한다"면서 "출처와 내용에 확 증될 수 있는 것에 한하여야 한다"고 못 박고 있다. 나는 이 제3 항 보도에 대한 규정이야말로 '사실(facts)'을 우상화한 19세기 시대 사조를 그대로 반영한 것이며 바로 미국신문편집인협회(American Society of Newspaper Editors, 이하 'ASNE') 강령을 전범으로 한 것을 보 여준다고 생각한다. 풀이하면 제3항 전단인 "사실의 신속 충실한 전달을 생명으로 한다"는 것은 사실주의를, 후단인 "출처와 내용에 확증될 수 있는 것에 한하여야 한다"는 것은 객관주의를 표방한 것이다.

사실의 조락, 그리고 진실 탐사

그러나 미국에서는 이미 20세기에 들어서부터 미디어학자 슈드슨 (Michael Shudson, 1978)이 지적한 대로 '사실의 조락(凋落, the decline of facts)'을 맞는다. 여기에는 몇 가지 이유가 있지만 그중에서도 정치 권력을 상징하는 인물들이 쏟아놓는 '발표'의 홍수에 대한 언론인 들의 반감, 그리고 기업권력이 쏟아 놓는 홍보(publicity)가 사실의 가면을 쓰고 있지만 실은 홍보인들에 의해 '선택된 사실'에 지나지 않는다는 언론계의 의식 발전을 들 수 있다. 사실조차 믿을 수 없 다는 관념이 미국 언론계에 서서히 자리 잡게 된 것이다. 뉴스는 세상에서 일어나는 사건의 보도라기보다 홍보인을 고용할 수 있는 특별계층의 이해에 부합하는 사실의 세계에서 골라낸 "사실을 복 사하는 것"에 지나지 않는다는 의식 개발이 언론인 사이에서 일게 되었다.

이런 사실의 조락을 맞아 미국 주류 신문계가 새로운 저널리 즘의 길을 개척했는데, 그것이 이른바 '탐사저널리즘(investigative journalism)'이라는 새로운 언론의 경지이다. 그것은 언론의 수동적 사실보도를 넘어 '진실'을 밝히려는 능동적인 추적활동이다. 그 결 과 『워싱턴포스트』는 '워터게이트 사건'과 같은 세기적인 특종을 일구었고, 『뉴욕타임즈』는 국방부 비밀문서를 폭로해 미국의 베트 남 전 개입의 검은 진상을 밝혀냈다. 이 탐사저널리즘은 일본신문 계에도 상륙해, 80년대 말 『아사히신문』이 '리쿠르트' 사건을 폭로

하는 성과를 거두었다. 이는 한 부동산 재벌이 당시 집권 자민당 지도층과 연계되어 있는 스캔들을 파헤쳐 그때까지 자민당 일변도 정권을 무너뜨린 촉진제가 된 것이다(山本博, 1990).

한국의 경우 1987년 6월 항쟁으로 한국의 민주화는 돌이킬 수 없는 강을 건넜고 언론도 새로운 지평을 맞았다. 신군부 정권은 이른바 '6.29선언'을 발표하지 않을 수 없게 되었는데, 그중 '언론자유의 창달'도 담았다. 밑으로부터 저항이 언론의 최고 덕목이었던 한국 언론에 새로운 지평이 펼쳐졌던 것이다. 한국 언론은 이제 외로운 섬으로 남아 있을 수는 없었다. 이 갈림길에 놓인 한국 언론은 새로운 '사명'의 좌표를 어떻게 세워야 하는가? 나는 이 갈림길에서 '영원한 저널리스트' 박권상이 나섰다고 평가한다.

이 역사적 전환기의 연장선에서 박권상 선생은 앞서 언급한 두 가지 언론 개혁사업에 나섰다. 하나는 선생이 위원장이 된 1996년 '한국신문윤리개정위원회'의 출범이고, 다른 하나는 같은 해 선생이 선도한 '한국언론2000년위원회'의 발족이었다. 우선 선생이 주도한 신문윤리의 전면적 개정을 살펴보자. 이는 그의 언론 사상을 조명하는 길이기도 하다.

1995년 6월 '신문윤리개정위원회'(이하 '윤리개정위')가 창설된 배경과 과정, 그리고 선생이 주도하여 구 신문윤리를 거의 바꾸었던 작업 내용을 되돌아보겠다. 나는 윤리개정위에서는 간사위원으로 박 선생을 보좌하는 일을 해 선생을 도운 인연을 소중히 간직하고 있다.

이때 박 선생이 내게 베풀어준 과분한 신임을 기억한다. 내가 윤리개정위 간사위원으로 실무를 준비하던 중 언론 선진국인 영국과 미국을 방문해 언론윤리가 작동하는 현장을 둘러볼 기회가 있었다. 그 현장은 영국 런던의 언론불만위원회(Press Complaints Commission)와 미국의 미네소타 언론평의회(Minnesota Press Council)였는데, 기구 대표와 운영자들을 만나 운영 실태를 파악한 것이 귀중한 자산이 되었다. 바로 이 연구 여행이 박권상 선생이 주선하여 아시아재단 후원으로 이루어진 것이다.

새로운 언론강령의 대두

1996년 2월 19일 한국프레스센터에서 한국의 대표적 언론 3단체, 즉 한국신문협회, 신문방송편집인협회, 기자협회가 공동주최하는 공청회가 열렸다. 내가 주제발표자로서 그동안 윤리개정위가 마련한 신문윤리강령과 실천요강 개정안을 발표하는 자리이었다. 이 개정안은 공청회에서 나온 의견과, 다시 각계의 의견을 들어 마무리한 뒤 그해 4월 8일 『독립신문』 창간 100주년을 맞이해 확정, 공표했다. 이 강령을 공표한 자리에서 세 언론단체 대표들이 윤리강령과 실천요강을 준수할 것을 손을 들어 선서하기도 했다.

이 공청회를 보도한 당시 신문기사를 보면(『한겨레』, 1996년 2월 18일 자) 다음과 같다.

김대중 전 대통령과 영국 엘리자베스 여왕의 정상회담 당시 기념 행사장에서, 1999

"김정기 한국외국어대 교수는 개정안의 특징에 대해…… '기존 강령이 자유주의, 사실주의, 객관주의를 기조로 했다면 새 강령은 여기에 진실 탐사주의를 덧붙였다'고 설명했다…… 언론이 사실보도라는 이름 아래 당국의 일방적인 발표를 검증 없이 마치 입증된 사실처럼 보도하는 발표 저널리즘의 폐해를 바로잡기 위해 개정안은 진실을 적극적으로 추적해야 한다는 진실성의 원칙을 삽입했다는 것이다."

이 개정안은 일주일 전 박 선생과 내가 얼굴을 맞대고 조항 문구 하나하나를 다듬은 끝에 나온 결과물이다. 물론 윤리개정위의 다른 위원들, 예컨대 서울법대의 김철수 교수, 김동환 변호사 등이 제시한 중요한 의견도 포함하고 있다는 점을 부언해둔다.

　박 선생과 나는 두 가지 점에서 열띤 논의를 나누었는데, 그것은 주로 '사실'과 '진실'에 대한 것과, 부가적으로 '자유'와 '책임'의 가치를 어떻게 정의하고 강령에 담을 것인지에 대한 것이었다. 박 선생은 주로 '사실'과 '자유'를 앞세운 반면, 나는 '진실'과 '책임'을 강조하는 입장이었다.

　그 결과 박 선생이 주장한 대로 구 강령과 같이 제1조 '자유'에 이어 제2조가 '책임'이 되었다. 또한 윤리강령 제4조 '보도와 평론'에서 "우리 언론인은 사실의 전모를 정확하게, 객관적으로, 공정하게 보도할 것을 다짐하며……"로 나타났고, 실천요강 제3조 '보도준칙'에서 "보도기사(해설기사 포함)는 사실의 전모를 충실하게 전달함을 원칙으로 하며…… 또한 기자는 사회정의와 공익을 실현하기 위해 진실을 적극적으로 추적 보도해야 한다"로 낙착되었다.

　그밖에 강령 개정은 새로운 제정에 버금가는 전폭적인 것이었다. 실천요강의 경우 구 요강의 규제조항이 4개조 28개의 세부 규제였지만 새 요강은 16개조 60개 부문으로 대폭 증가했다. 여기서는 기자와 편집자의 행태뿐만 아니라 사주의 행태까지도 규제 대상으로 삼은 것이 특징이다.

박 선생은 신 강령이 선포된 뒤 얼마 지나지 않아(1996년 6월) 출간된 자신을 칼럼집 『오늘, 그리고 내일』의 머리말에서 다음과 같이 쓰고 있다.

"44년 긴 언론 생활에서 내가 터득한 한 가지 교훈이 있다. 언론, 그리고 언론인은 '진실', 어느 단편적인 '사실'이 아니라 어느 한 사실을 둘러싼 포괄적인 진실을 발견하고 이를 정직하게 알리는 데 일차적인 충성을 다 해야 한다는 것이다. 어지럽고 흐트러지고 뒤섞이고 무엇이 무엇인지 도 무지 알 수 없는 뉴스의 정글 속에서 진실, 포괄적인 진실을 가려낸다는 것은 불가능에 가깝다."

그렇지만 실로 인간과 인류를 사랑하고 평화와 조화를 이룩하려 면 진실에 대한 충성을 앞세워야 하는 것이 언론의 기본철학이라 고 확신한다. 여기에서도 사물을 어떻게 보느냐, 어떤 각도에서 보 느냐, 어떤 각도에서 접근하느냐의 철학적인 명제가 필요하다.

한국언론2000년위원회

내가 신문윤리개정위의 간사위원으로 활동하게 된 것은 박 선생 의 '입김'이 크게 작용한 것으로 짐작하지만 한국언론2000년위원 회의 경우도 다를 바가 없을 것이다. 어떻든 나는 두 위원회를 다 리로 지근거리에서 선생이 한국 언론에 대해 어떻게 보고 있는지 관찰할 수 있었다.

2000년위 창설은 박권상 선생이 1995년 말 『관훈통신』에 "언 론발전연구위원회의 설립을 제안"한 것이 공식적인 계기가 되었다. 그런데 이에 앞서 1995년 초부터 변화된 언론환경에서 언론이 앞 으로 어떤 사회적 역할을 해야 하는지에 대해 관훈클럽의 모태인 신용기금(이사장 김영희)은 관심을 모으고 있었다. 게다가 그해는 『독립신문』 창간 100주년, '관훈클럽' 창립 40주년을 맞이한 해였다.

이러한 시대 상황에서 박 선생은 한국 언론의 병리를 진단하고 그 처방을 주문한 것인데, 문제는 무엇을 어떻게 할지 방향이 정리되지 않았다는 점이었다. 이런 처지에서 당시 임춘웅 관훈클럽 총무가 나를 불러 자문을 청했다. 이에 응하여 내가 제시한 의견이 2000년위 기구를 이원적인 골격으로 짜자는 것이었다. 부연하면 본 위원회는 각계각층의 명망가로 구성하되, 그 실무를 뒷받침하는 전문위원회를 두자는 것이었다.

이것이 받아들여져 당시 교육계의 원로인 정범모 박사(위원장)를 비롯한 12인으로 위원회를 구성하고, 전문위원회를 이끌 '책임연구원'으로 나를 위촉한 것이다. 그 뒤 2000년위는 당시로서는 파격적인 1억 원의 연구용역을 나에게 주고, 이를 수행할 전문위원으로 나를 포함한 7명을 임명했다. 이 전문위원들은 한국 언론이 당면한 주요 문제 영역을 설정하고 8가지 연구과제를 실행했다. 그 결과를 '전문위원보고서'로 정리해 2000년위에 제출했다. 결국 이 보고서가 주요 참고자료가 되었겠지만 2000년위는 중견 언론인 간담회를 여러 차례 열어 증언을 청취하는 등 독자적인 활동을 벌인 끝에 '한국언론의 좌표'라는 최종 보고서를 2006년 채택했다. 그것은 언론의 일탈 행태와 언론사의 구조적 비리를 진단하고 그 처방을 위한 권고를 제안한 것이다.

말벗이자 넉넉한 큰 스승

박권상 선생이 주도한 1995~1996년 두 가지 중요한 언론개혁 사업을 되돌아보았는데, 그것은 박 선생이 거둔 기념비적인 언론개혁사업이라고 나는 평가하고 싶다. 그는 내게 열 살 터울의 큰형님 같은 스승이자 말벗이었다. 무엇보다도 선생이 내게 베푼 넉넉한 호의를 잊을 수가 없다. 1999년 김대중 정권이 탄생한 뒤 당시 김 대통령의 신임이 두터운 박 선생은 나를 구 방송위원장으로 추천했다. 당시 나는 한국외대 부총장으로 재임하고 있었기 때문에 채 일 년도 남지 않은 전임 방송위원장(김창열) 임기를 채우러 자리를 옮기는 것이 선뜻 내키지 않았다.

그러나 박 선생은 "김 교수가 받아들일지 여부는 모른다고 저쪽에(청와대 P아무개 수석) 얘기해두긴 했다"면서도, "그러나 이것은 김 교수가 통합방송위의 초대 위원장이 될 수 있는 포석일 수 있으니 신중하게 결정하면 어떨까"라고 말했다.

나는 결국 박 선생의 은근한 '꾐'에 빠져 그의 예언대로 초대 방송위원장을 맡게 되었지만 그것은 일개 서생과 권력과의 '잘못된 만남'이 되고 말았다. 그러나 이런 부분은 차치하고 박 선생이 내게 베푼 과분한 인간적 호의와 신임은 그대로 남아 있다.

내가 초대 방송위원장이 되기 얼마 전 일어난 한 가지 에피소드를 소개해 본다. 김대중 정권은 어렵사리 큰 결단 아래 방송을 정부로부터 독립시키는 조치를 내렸다. 그것이 1999년 12월 28일

청와대에서 김대중 전대통령이 통합방송법 서명을 하고 있다. 이 서명식에는 강원용 방송개혁위원회 위원장을 비롯해 구 방송위원장인 필자, KBS 박권상 사장을 포함한 방송 3사 사장 등이 방송계를 대표해 참석하고, 청와대 측에서는 영부인을 포함해 수석 비서진이 도열해 서명을 지켜보았다. 그런데 서명식에서 디제이가 통합방송법을 서명한 고급 만년필을 내게 선물로 건네는 해프닝이 벌어졌다. 2000. 1. 12.

국회를 통과한 '통합방송법'이었다. 김 대통령이 통합방송법을 서명하는 청와대 행사가 2000년 1월 12일 청와대에서 열렸는데, 이희호 영부인을 비롯해 청와대 수석 비서진, 구 방송위원장인 나를 포함해 당시 방송개혁위원장인 강원용 목사, KBS 박권상 사장을 비롯한 방송 3사 사장이 참석했다. 이 대목에서 DJ 정부가 이 행사에 부여한 민주적 상징성을 엿볼 수 있다.

그런데 이 서명식에서 뜻하지 않은 일이 벌어졌다. 김 대통령이 통합방송법을 서명한 고급 만년필을 느닷없이 나에게 선물로 건넨 것이다. 그 만년필이 선물로 치부된다면 이는 통합방송법의 모태인 방송개혁위원회를 주도한 강원용 목사에게 가는 것이 마땅할 텐데 사양길에 접어든 구 방송위원회 수장에게 건네진 것이다. 이를 두고 박권상 선생은 그날 저녁 내게 "게임 이즈 오버(게임은 끝났다)"라고 귀띔했다. 통합방송위의 초대 위원장으로 나를 지목한 것이라고 박권상 선생은 단정한 것이다. 당시 초대 방송위원장으로 강원용 목사를 비롯한 뭇 저명인사들이 물망에 오르고 있는 가운데 선생은 청와대 인사와의 교감에서 그렇게 단언한 것이다.

김대중 대통령 임기 중 박 선생은 1998년 4월 KBS 사장으로 부임한 후 5년 가까이 재임했는데, 나는 KBS 시청자위원으로, 이어 부위원장으로, 또한 KBS 시청자 참여 프로그램 옴부즈맨으로 활동하게 되었다. 이것 역시 모두 박 선생이 내게 베푼 과분한 신임과 호의라고 하는 것 밖에는 달리 설명할 길이 없다.

일본 세케이대학의 초청

2003년 여름, 7월 어느 날이었다. 선생이 서초동 댁 근처 전주 콩나물국밥집에서 혼잣말처럼 이렇게 이야기하는 것이었다. "지금 내가 서울을 떠나려 하는데, 옛날에 영국으로 귀양 간 자리로 다시 가자니 내키지 않는단 말이여. 가까운 일본 어느 대학의 초청을 받으면 쓰갔는데." 선생이 KBS 사장을 그만둔 뒤 국내의 시선에서 벗어나 정신적 휴양이 필요했다는 것은 두말할 나위도 없을 것이다.

그때 얼핏 나와 박 선생을 바꿀 수 없을까 하는 생각이 떠올랐다. 나는 그해 가을 도쿄의 세케이(成蹊)대학으로 연구년을 떠나기로 되어 있었기 때문이다. 그러나 문제는 촉박한 시점에 세케이 측이 이를 수용할지 여부였다. 게다가 여름방학 중이었다. 나는 사정을 말하고 한 번 추진해 보겠노라는 말만 하고 헤어졌다. 내가 쓴 장문의 이메일을 받은 세케이 측에서 얼마 뒤 호의적인 답변이 왔다고 말씀드렸더니 선생은 기뻐하는 내색이 역력했다. 2주쯤 뒤 박 선생이 세케이 측에서 초청장을 받았는데, 손수 쓴 연구계획서를 일본통인 김용운 선생과 함께 의논하면서 작성하던 일이 지금도 생생하게 떠오른다.

박 선생이 왜 그렇게 내게 호의와 신임을 보였는지 가만히 되돌아보면 선생은 나를 '말벗'으로 여겼던 게 아닌가 싶다. 그가 하는 말은 우리 언론에 얽힌 정치 이면사이기도 해서 나는 주로 관심을 쏟으며 맞장구를 치는 편이었다. 선생이 2011년 여름 불의의 사고로 쓰러지시기 전까지 한 달에 한 번꼴로 만나 김용운 선생, 김진배 선생과 함께 말벗이 되었는데, 이제 말없이 가신 이의 모습이 더욱 그리워진다.

선생은 곁가지 사실 보도에 몰두하면서도 진실을 놓치거나 진실 탐사를 외면하는 작금의 한국 언론을 어떻게 보실까. 사실보다는 '가짜 뉴스'를 복사해내는 한국 언론, 역사의 진실보다는 기득권 계층의 이해에 골몰하는 한국 언론, 그 언론 현실을 보고 선생은 무어라 하실까. 부디 언론의 오염 없는 하늘나라에서 평안히 쉬소서.

김정기 합장, 옷깃을 여미며. •

참고문헌

김영희, '언론인 박권상 선생의 활동과 사상 −그 역사적 의미,' 『박권상 언론학』,
박권상기념사업회, 2015
김정기, '한국신문윤리강령의 비역사적 공리주의: 그 혈통과 내력과 족보의 이야기,'
「언론문화연구」 제10집, 서강대학교 언론문화연구소, 1993
김정기, 『전환기의 방송정책』, 도서출판 한울, 2003
Michael Schudson, 『Discovering the News: A Social History of American
Newspapers』, Basic Books, Inc., Publishers, New York, 1978
山本博, 『追及 − 体験的調査報道』, 悠飛社, 1990

승어부(勝於父)하는 마음으로

•

김성호 | 한국언론연구회 총무·전 광운대 정보콘텐츠대학원장

이 책을 펴내는 데 애쓴 출판사 편집장께서는 발문(跋文)보다는 에필로그로 하자고 했지만, 저는 제 성향(性向) 때문인지 '발문'이라 하고 싶었습니다. 국어사전에도 보이지만, "책 끝에 적은 글"보다는 "책의 끝에 책의 내용 대강이나 또는 그에 관계된 사항을 간단하게 적는 글"이 멋져 보였고, 그 심층에는 제가 어릴 때, 충청도 시골 향리(鄕里)에서 서당(書堂)에 다닌 영향이 있는 듯도 싶습니다.

책 서두(書頭)에서 한국 언론학계의 최원로이신 김동철 선생님께서 이 책의 발간 경위, 집필자 소개 등을 말씀하시며 봉사자 역할을 한 저에 대해서도 과찬(過讚)을 하셨기에 더 드릴 말씀이 없습니다. 그러나 내친김에 한 발 더 나가 보겠습니다.

한국언론연구회가 올해로 20주년을 맞았습니다. 저는 10여 년 전만 해도 이런 공동체가 있는 줄도 잘 몰랐습니다. 더욱이 제가 학부에서 국문학을 전공한지라 언론전공 교수들과도 인연이 많지

않았습니다. 그러나 저는 1970년 KBS 입사 후부터 한국 방송역사 사료 수집에 몰두하여 '한국방송관계문헌색인' 단행본을 몇 차례 펴냈으며, 방송역사 공부가 좋아서 언론(방송)학회 모임에 꾸준히 나갔습니다. 때문에 방송 현업에서는 비교적 일찍이 언론학계 인사들과 교류도 하며 방송발전을 위해 산학협동을 주창하기도 했습니다. 그러한 영향으로 근년에 들어 다가가기조차 어려웠던 김동철, 안광식, 최정호 선생님 등 90대 전후의 원로님들과 학문에 대한 이야기를 나누는 영광을 누리며 한국 방송역사 학자로 사는 보람을 맛보고 있습니다.

이 책은 제가 한국언론연구회 총무가 되면서 20주년이 되는 올해에 언론학 설계자들을 기리려고 기획한 소산물입니다. 원로 교수님들이 저의 구상을 수용해 주시고 격려와 지도를 아끼지 않으셨습니다. 미숙한 제가 의욕만 갖고 일을 추진하다 보니 상대적으로 집필자 선생님들께는 고생을 많이 끼쳐드려 송구스러운 마음입니다.

    이 책의 구상이 진척되면서 2019년 올해가 한국언론학회 60주년이 되는 해라는 사실도 인지하여 이재진 회장님께 말씀드렸더니 흔쾌히 수용해 주시어 제 부담을 많이 덜 수 있었습니다. 나름대로 열심히 봉사했습니다만, 이렇게 단행본을 출간하게 되고 보니 참으로 기쁩니다. 필진 선생님들께서 7, 80대 중후반, 그리고 90대 초반이신 관계로 더 연로하시기 전에 서둘러 그분들의 학문 세계와 인간적인 인연에 대해 직접 듣고 싶었고, 이를 토대로 후학들에게 한국 언론학 설계자에 대해 알리고 싶었습니다.

우선 열네 분의 설계자를 선정하였으며, 이분들과의 인연이 깊은 집필자들을 원로 교수님들 중심으로 모시게 되었습니다. 모두들 흔쾌히 응답해 주셔서 본격적인 작업에 들어갔지만 군데 군데에서 문제를 야기하고 말았습니다. 제가 워낙 전문적인 지식이 부족했던지라 집필 방향이나 원고 분량 등을 간과한 부분이 많아 집필자들에게 누(累)를 많이 끼쳤습니다. 어느 집필자는 원고지 5, 60매 분량을 잘못 인지하여 A4용지로 56장을 쓰시는 바람에 200자 원고지 5, 60매로 줄이느라 고생도 했고, 또 어느 원로께서는 펜으로 쓰셔서 분량을 가늠할 수 없어 컴퓨터로 작업하여 따져보니 너무 적어 10매만 더 써 주십사 다시 부탁을 드리기도 했습니다. 원로 몇 분은 저의 커뮤니케이션 능력 부족으로 네 다섯

번 손질하느라 고생을 많이 하시기도 했습니다. 이 지면을 빌어 집필자 여러 선생님께 송구스러운 마음으로 사죄드립니다.

한국 언론학계에서 둘째가라면 서러워하실 석학들이 저의 고충을 이해해 주시고 이 작업에 동참해 주셔서 감사합니다. 70대 중반부터 80대 초 후반의 집필자(양력 순)이신 안광식, 최정호, 강현두, 정진석, 김정기, 김학천, 이광재, 차배근, 이상철, 오두범, 정대철, 이종국 교수님 등 여러 선생님들께 고마운 마음을 전합니다. 특히 여성 필진으로 유일하게 참여하신 이종선 선생님께는 별도로 인사를 드리고 싶습니다.

제가 이 책을 기획하고 원고를 수집하며 출판사를 선정하여 편집진과 협의하는 전과정에서 늘 잊지 않으려고 노력한 정신은 선고(先考)의 가르침이었습니다. '승어부(勝於父)하거라' 하신 유훈이 저에게는 큰 힘이 되었고, 책을 발간하기까지 인내하는 원동력이 되기도 했습니다. 이러한 소회(所懷) 한 마디는 꼭 남기고 싶었습니다. 해량해 주시기 바랍니다.

발문을 마무리하면서 저에게 소망이 있다면 2, 30대 전공 학도들이나 4, 50대 학자들이 이 책을 읽고, 이미 작고하신 언론학 분야의 설계자, 선각자, 선구자들을 연구하고 기리는 것입니다. 간절한 마음으로 당부하고 싶습니다.

끝으로 배움과 지식이 부족한 저에게 격려를 보내주신 모든 분들께 감사드립니다. 특히 저에게 자문해 주시며 격려를 많이 보내주신 이강수, 오인환, 정진석 원로 교수님께 사례(謝禮)를 보내며, 이광재 교수님께서 베풀어 주신 배려와 격려도 잊을 수 없습니다. 아울러 흔쾌히 제 청원을 들어 출판을 담당해 주신 '다할미디어' 대표 김영애 박사님, 윤수미 실장, 김배경 팀장께도 고마운 인사를 드립니다. 경제 사정이 어려운 현실에 이 책이 좀 팔려서 적자가 나지 않기를 희망합니다.

이 단행본이 한국언론연구회 20주년, 한국언론학회 60주년을 기리는 기념비적 콘텐츠가 되길 간절히 염원합니다.

2019. 4.

공방
예찬

○ # 공방
예찬

나무를 다듬고, 가죽을 꿰매고,
글을 쓰는 남자의 기록

글·사진 이승원

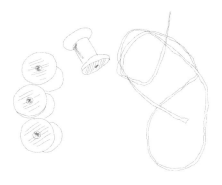

천년의상상

감사의 말

함께 책을 만든

책공방 천년의상상 식구들께 감사의 인사를 드린다.

내 맘대로 책공방이라 썼다고 삐치지 마시길.

내 글에 산뜻한 옷을 입혀준 홍지연 디자이너에게 고마움을 전한다.

믿기 어려운 말이지만,

양치하다가 치약 흐르는 줄도 모르고

즐겁게 내 글을 읽었다는

홍보람 편집자,

그의 애정과 온기가 이 책 곳곳에 살포시 담겨 있다.

오랫동안 소중한 벗으로 함께 지내온 선완규 편집자와

앞으로 다가올 기쁨과 즐거움을 함께 나눴으면 좋겠다.

따뜻한 마음씨를 지닌,

나무공방 아크라프트Arkraft의 고영규 선생님,
가죽공방 토글Toggle의 남경아 선생님.
두 분의 까칠한 애정에
제멋대로인 제자가 못다 한 마음을 띄운다.

그리고
무미건조한 내 삶에
불꽃을 쏘아 올린 그대,
J에게.

작가의 말

아버지의 빈자리를 할아버지와 어머니가 대신했다. 바다를 품고 살았던 아버지는 두 달에 한 번씩 집에 들러 내게 다양한 과자가 담긴 종합선물 꾸러미를 주고는 다시 바다로 떠났다. 동네 친구들이 하나씩 갖고 있던 연도 썰매도 내겐 없었다. 만들어줄 사람이 없었다. 방학이면 남도의 시골집에 갔다. 할아버지와 할머니의 따뜻한 환대 속에서 고구마와 동치미를 간식 삼아 겨울방학을 보냈다. 할아버지는 비료포대와 대나무 살을 엮어 연을 만들고 향나무를 다듬어 얼레를 만들어주셨다. 며칠 후에는 썰매도 생겼다. 내 기억 속의 첫 번째 장난감이었다.

할아버지의 손에서 연과 얼레와 썰매가 만들어지는 과정을 어깨 너머로 지켜본 형과 나는 집으로 돌아와 그 모든 것들을 우리 힘으로 직접 만들어보기로 결심했다. 집 앞에는 조그만 가구 공장이 있었다.

언제나 기계 소리와 페인트와 시너 냄새가 가득한 곳이었다. 마스크를 단단히 조인 아저씨들은 톱밥을 뒤집어쓴 채 일을 하고 있었다. 그곳은 보급용 자개장을 만드는 곳이었다. 공장 앞에는 쓰다 버린 베니어합판 조각들이 쌓여 거대한 언덕을 이뤘다. 형과 나는 나무 쪼가리를 주워다가 썰매를 만들곤 했다. 달력을 찢어 딱지를 접고, 대나무 낚싯대를 만들어 망둥이를 낚았다. 어렸을 때의 놀이 도구는 대부분 내 손으로 직접 만들었다. 재료도 주위에서 쉽게 구할 수 있었다.

어머니는 아버지 몫까지 해내셨다. 부엌의 선반도 형제가 쓸 조그마한 책장도 직접 만드셨다. 어머니는 망치와 톱 같은 연장을 능수능란하게 다뤘다. 지금도 어렸을 때를 생각하면 언제나 무언가를 만들고 있는 우리 집의 풍경이 떠오른다. 어머니는 시장에 내다 팔기 위해 꼴뚜기젓갈을 담그고, 자식들을 위해 목도리와 스웨터를 뜨고, 창문 틈으로 집요하게 파고드는 겨울바람을 막기 위해 커튼을 만드셨다. 어머니의 손이 바쁘게 움직일 때마다 나는 옆에서 거들었다. 커다란 고무 대야에 고춧가루를 쏟아붓기도, 이불 홑청을 함께 뜯기도, 실패를 감기도 했다. 어머니는 항상 몸을 바삐 움직였다. 우리 가족은 그렇게 생계를 꾸려갈 수 있었다.

동네 골목에서 딱지치기와 구슬치기를 하며 유년시절을 보낸 나는 언젠가 어른이 되면 나무를 심고 가꾸는 사람이 되고 싶었다. 그러나 꿈은 꿈일 뿐이었다. 어느 날 정신을 차리고 보니 내 어릴 적 꿈과는 전혀 상관없는 일을 하며 30대 중반을 보내고 있었다. 그때 내 옆을 든든하게 지켜주었던 여인은 뜬금없이 뭔가를 새롭게 시작해보자고 부추겼다. 그러던 어느 날 인터넷 검색에 열을 올리던 그녀는 비장한 표정으로 내게 말했다. 나무를 하러 가자고. 뭔가 손으로 직접 만드는 일을 해보고 싶다고. 그동안 수많은 책들과 컴퓨터에 파묻혀 살아온 그녀는 '손으로 매만지는 세상'에 대한 아련한 동경이 있었다. 나는 코웃음을 쳤지만, 뭔지 모를 강한 이끌림이 느껴졌다. 아직 시작도 하지 않았는데, 문득 기분이 좋아지기까지 했다. 이미 내 마음 깊은 곳에서 소박한 취미로나마 '목공'을 해보고 싶은 욕망이 움트고 있었는지도 모른다.

그날 이후 나는 목공방의 '견습공'이 되었다. 쇠못은 사용하지 않고 오직 나무의 짜맞춤만으로 가구를 제작하는 느리고 정성스러운 방식이 마음에 들었다. 내 손으로 나무를 재단하고 깎고 다듬고 칠을 하여 완성한 첫 번째 작품은 필통이었다. 나는 그때 '이 정도쯤은 얼마든지 해낼 수 있다'고 생각하고 아주 어려운 디자인에 도전했다. 다시 생각해보아도 기가 찰 일이었다. 나는 '감히' 상감기법으로 필통을 화려하게 장식하는 만용을 부리고 말았다. 디자인은 무척이나 현란했지만, 결과는 참담했다. 시작은 창대했으나, 끝은 참혹했다고나 할까. 내 첫 번째 완성작이자 실패작을 목격한 여자친구는 호탕하게 웃었다. 그 웃음은 한동안 멈추지 않았다. 그 호탕한 웃음 끝에 그녀는 나를 다독였다. 너무 욕심부리지 마. 그냥 목공을 시작했다는 것 자체가 중요한 거야. 그때는 괜스레 화가 나서 여자친구를 심하게 타박했지만, 지금은 그녀의 말이 옳다는 것을 안다. 이제는 나무를 가지고 장난치지 않는다. 나무를 내 재능의 실험장으로 생각하지도 않는다. 그저 묵묵히 단순하고 간결하게 디자인을 하고, 나무가 본래 지닌 무늬를 덜 해치는 방향으로 재단을 하고, 나무의 결을 따라서 대패질과 사포질을 마치고, 나무가 원래 지닌 색감이 투명하게 드러나는 오일로 마무리를 한다.

그렇게 30대 중반에 나무공방과 인연을 맺었는데, 벌써 40대 중반이 되었다. 목공방과의 인연은 급기야 나를 가죽공방으로 이끌고 말았다. '공방질'은 또 다른 '공방질'을 부른 셈이다. 나무를 대하는 자세나 가죽을 대하는 자세나 어찌 그리 똑 닮았는지. 공방에 다니며 나는 잊고 지냈던 젊은 날의 시간을 떠올리기도 하고, 다가올 노년을 상상하기도 하며, 즐겁고 기쁘고 행복하고 때론 슬펐다. 오로지 내 몸을 움직여 무언가를 만드는 일은 생각보다 힘들지만 보람은 크다. 멋진 결과물을 보는 것도 즐거운 일이지만, 그것보다 더 매혹적인 것은 만드는 과정의 진실이다. 그 과정 속에서 나는 내가 살아온 삶을, 내가 살아가야 할 삶을 가만히 비추어 본다.

누군들 그렇지 않았겠는가마는 10년 동안 많은 사람들을 만나고 헤어졌다. 때론 사람들에게 상처를 받기도, 상처를 주기도 했다. 좋은 날들이 오기를 기다렸다. 아무것도 하지 않는 기다림이 너무 힘들어 나무를 다듬고 가죽을 꿰맸다. 무언가를 만들고 또 만들었다. 그러다 보면 진짜 좋은 날이 올 것 같은 착각에 빠졌다. 그렇게 나는 어쩌면 내 삶의 가장 빛났을 수도, 가장 어두웠을 수도 있었을 10년을 견뎌냈다. 몸이 녹초가 되고 나면 아무것도 생각나지 않았으니. 공방은 내 오랜 견딤의 동반자였다.

사람들은 저마다의 추억과, 저마다의 목적과, 저마다의 이유로 공방과 인연을 맺는다. 그리고 나는 그들과 또 인연을 맺어오며 가구와 가방을 만들었다. 이 책은 그런 인연이자, 추억이자, 흔적이다. 목공방이나 가죽공방이 아니어도 좋다. 이 책을 읽는 분들도 자신이 만들고 싶은, 꿈꾸고 싶은 그 무언가를 위해 가끔은 공방으로 출근 아닌 출근을 할 수 있기를. 그리하여 잊고 지냈던 몸의 감각을 되살리고 사소한 것의 즐거움에 푹 빠져 이 척박한 삶을 꿋꿋이 견뎌냈으면.

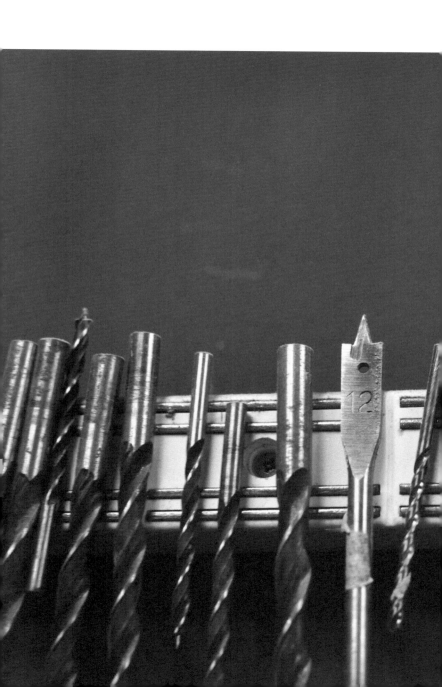

차례

마흔,
남자가

공방을
사랑할 때

나이는 숫자에 불과하다고 말은 하지만,

그 숫자로부터 자유롭지 못할 때가 많다.

서른 무렵

서른 살의 풍경을 담은 글들을 읽었다.

이렇게 살 수도 없고

이렇게 죽을 수도 없을 때

서른 살은 온다고,

시인 최승자는 탄식했다.

『삼십 세』의 작가 잉게보르크 바흐만은

스물아홉이 되던 날

자신이 더 이상 젊지 않고

모든 가능성들은 닫혀 있다며,

고뇌했다.

그렇지만 바흐만은 절망하지 않았다.

서른 살이 되었을 때 이렇게 말했으니.

"일어서서 걸으라. 그대의 뼈는 결코 부러지지 않았으니."

내게 서른 살은

그냥 저냥 마냥 서른 살이었다.

남들이 서른, 서른, 서른 하니

나도 서른 살, 이구나 싶었다.

스물아홉 살과 서른 살은

어떤 경계를 넘는 의식이 아니라 스쳐 지나가는 시간 같았다.

삶의 문턱을 넘어서는 시기인데도

나는 내 마음의 소리에 귀를 기울이지도,

나를 돌아보지도 않았다.

마흔 살로 접어들었을 무렵은 조금 달랐다.

공자는 마흔 살을 불혹不惑이라 일컬었다.

어떤 유혹에도 굳건한 나이,

어떤 유혹에도 흔들리지 않는 나이라는 뜻일 게다.

나는 공자의 불혹을 다르게 이해했다.

마흔,

얼마나 유혹될 일이 많을 나이면 불혹이라 했을까.

어떻게 그토록 수많은 유혹을 이겨내야 한단 말인가.

성인과 작가의 차이일까.

공자는 유혹에 굳건하라고 말했으나,

오스카 와일드는 조금 다른 말을 했다.

"유혹을 떨치는 유일한 방법은 유혹에 굴복하는 방법뿐이다."

얼마 전 마흔 살이 된 지인에게 생일카드를 썼다.

이제 마흔이 되었구나.

마흔,

정말 놀기 좋은 시절이다.

잘 놀 줄도 아는 나이다.

더 열심히 후회 없이 놀아라.

마흔,

다시 오지 않을 찬란한 시간이다.

서른에서 마흔으로 달려가던 시절,

불현듯 공방이 내 삶 한가운데로 달려왔다.

나는 그 우연한 마주침을 피하지 않고 즐겼다.

공방의 매혹에 빠진 나는

공방으로 출근 아닌 출근을 시작했다.

벌써 한국 나이로 마흔다섯이다.

가끔은 병원 진료기록부에 기록된 나이가

진짜 내 나이라고 우길 때도 있지만.

시인 서정주는

마흔다섯을

처녀귀신과 서로 얼굴을 마주 볼 수는 있는 나이라고 얘기했으나,

내겐 시인 같은 담대함과 평온함이,

세상의 비밀을 조금이나마 엿볼 수 있는 혜안이,

없다.

마흔다섯이 된 지금

예전처럼 공방에 자주 들르지는 못하지만,

나는 여전히 공방을 사랑한다.

지인들에게 공방을 예찬하며

한 번쯤 공방의 비상근 직원으로 살아보라고 말하기도 한다.

한참 공방의 매혹에 빠져

가족과 함께해야 할 주말을 내팽개쳤을 때,

함께 사는 여인은 가끔 투덜거렸다.

공방에 남편을 빼앗겼다고.

그러면서도 이런 말을 한다.

오늘은 나무하러 가, 바느질하러 가?

후회 없이 잘 만들어 와!

나무꾼도 갖바치도 아닌데

나는 가구와 가방을 만든다.

아무것도 속일 수 없는 정직한 작업이다.

내가 몸을 아끼지 않고 움직일수록

정성을 다하면 다할수록 작품 완성도는 높아진다.

가장 원초적인 근육을 움직이면서

창조적 노동에 참여하는 희열은

무엇과도 바꿀 수 없는 순정한 기쁨이다.

예전보다 훨씬 차분해지고

여유로워지고

인내심이 강해진 것은 덤이다.

무엇보다 내 몸이 바뀌었다는 것.

내 노동과 능력이 누군가에게 선물이 될 수 있다는 것이

커다란 축복이다.

목공이 내 안의 남성성을 되묻게 했다면,

바느질은 내 안의 여성성을 일깨웠다.

우리의
솜씨는

우리의
무기다

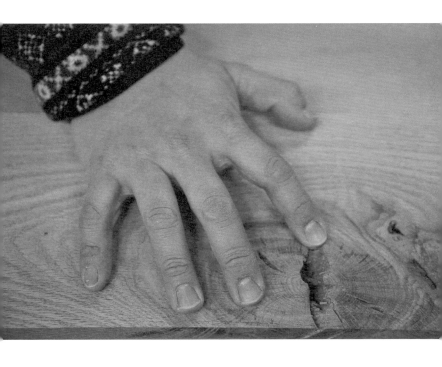

맛있게 먹겠습니다.

잘 먹었습니다.

정성이 듬뿍 들어간 음식 앞에서

우리는 고맙고 기쁘고 즐거운 마음을 가져야 한다.

요리한 사람에 대한 최소한의 예의이니까.

따뜻한 한 그릇의 음식을 나누어 먹으면

온 세상을 누군가와 공유하는 느낌이 든다.

세계 3대 요리 국가 중 하나로 불린다는 터키.

온기 가득한 음식을 장만한 사람에게 터키 사람들은

어떤 말을 할까.

맛있게 먹겠습니다. 일까.

터키 사람들은 이렇게 말한다고 한다.

엘리니제 사을륵 Elinize sağlık.

처음 '엘리니제 사을륵'이란 말을 듣고

그 뜻을 알았을 때.

나는 신화나 성서 속으로 빠져들어 가는 것만 같았다.

'당신의 손에 축복이 있기를!'

어쩜 이토록 시적이고 아름다운 표현이 또 있을까.

이런 아름다운 문장을 매일 말할 수 있을까.

가끔 요리 프로그램을 보면

요리사들의 칼질을 클로즈업해서 보여줄 때가 있다.

현란한 칼질에 눈을 뗄 수 없었다.

따따따 따따따 따따따따따따.

요리사의 손놀림은 진기명기에 가깝다.

텔레비전 속 요리사의 손은

축복받아야 마땅할 그들의 손은

언제부터인가 오락이나 예능의 수단으로

소비되고 있는 것은 아닐지.

목공 도구를 처음 받은 날 가슴이 벅찼다.

이게 내 연장이구나.

어여쁜 녀석들.

톱, 대패, 끌, 연귀자, 망치 등을 바라보며 흐뭇했다.

연장을 받았다고 곧장 쓸 수는 없는 법.

대패와 끌은 날을 갈고 또 갈아 다듬어야 한다.

목공방 선생님은 목공 입문자들을 위해

톱, 대패, 끌 등의 사용법을 알려줬다.

그는 대팻날을 빼어 들고, 끌을 집어 들었다.

대팻날은 이렇게,

끌은 요렇게 갈아야 한다며 몸소 시범을 보였다.

그때 목공방 선생님의 손을 보았다.

체격에 어울리지 않게 두텁고 단단한 손이었다.

매일매일

노트북과 핸드폰의 자판을 두드리며 살아왔던

내 손을 무심코 봤다.

그저 조그마한,

어떤 색깔도 아우라도 없는 손처럼 보였다.

목공방 선생님의 손은

뭔가 자기만의 이야기를 감춘 손이었다.

다른 손가락에 비해 유난히 크고 두껍고 굳세 보이는 엄지.

무언가를 꽉 움켜쥐면 절대 빠져나갈 수 없을 것 같은

강인한 손이었다.

손은 그 사람이 살아온 시간의 무늬다.

나는 내 손을 어떻게 가꿔왔을까.

나는 내 손을 어떻게 가꿔나갈까.

지금까지 내 손은 그저 컴퓨터 자판을 치는 도구에 불과했다.

지금까지 내 손은 다른 사람을 손가락질하는 도구에 불과했다.

지금까지 내 손은 음주가무를 위해 놀린 도구에 불과했다.

손을 열심히 움직여 가구를 만들고 가방을 만들고 글을 쓴다면

내 손에도 고조곤히 축복이 내릴까.

내 손이 바삐 움직일 때마다

나와 함께하는 사람들에게

기쁘고 즐겁고 행복한 기운을 전달할 수 있을까.

친구와 이웃들에게

따뜻한 밥상을 차려줄 수 있는 능력이 생길까.

내 손이 단순한 도구가 아니라

내 삶을 바꿀 수 있는 무기가 된다면.

그리하여 그 갈고닦은 무기가

주위 사람들에게 유용하고 유익한 손잡이가 된다면.

그 또한 얼마나 기쁠까.

자르고,
깎고,

꿰매고,
쓴다

나무를 자른다.

대패로 면을 다듬는다.

홈을 파고 촉을 딴다.

접착제를 발라 조립한다.

가죽을 펼친다.

가죽 위에 밑그림을 그린다.

밑그림을 따라 가죽을 자른다.

바늘구멍을 뚫는다.

바늘귀에 실을 꿰고 가죽을 꿰맨다.

노트북을 켠다.

간간이 메모해놓은 글들을 펼쳐놓는다.
글의 밑그림을 그린다.
쪽글과 쪽글을 실로 꿰듯이 연결한다.
불필요한 문장은 과감하게 깎아버린다.
깎고, 다듬고, 꿰매서 글을 완성한다.

가구와 가방을 만드는 일은
글 쓰는 일과 비슷하다.
무언가를 만들고 짓는 일은
얼추 비슷하게 진행된다.
과연 무언가를 만들고 짓는 것은 인간의 본성일까.
괜히 심각한 척,
고민할 무렵 누군가의 글이 떠올랐다.

『혼불』의 작가 최명희였다.
평생 대하 장편소설 『혼불』에만 매달렸던 작가는
원고 쓰는 일을
바위를 뚫어 글씨를 새기는 일이자
온 마음을 사무치게 갈아
온 생애를 기울여 한 마디 한 마디
글을 파나가는 것이라 말했다.
그렇게 파고 새긴 글이
세월이 가고 시대가 바뀌어도

풍화도 마모도 되지 않기를 작가는 바랐다.

손가락으로 바위를 뚫어 글씨를 새기고
생애를 기울여
온 마음을 사무치게 한 마디 한 마디
글을 파나가는 것은 어떤 행위일까.
물건을 만드는 사람도
당연히 그런 마음을 지니고 있겠지.
가방을 만들면서
가구를 만들면서
나는 그런 마음을 지녔던가.
비록,
다가갈 수 없어도
흉내 낼 수 없을지라도
마음속에 저장해놓았다가
가끔씩 꺼내어 음미해보고 싶다.

재봉틀

처음엔 런던이었다. 그다음에는 베를린이었다. 길을 걷다 쇼윈도에 진열된 무수한 재봉틀에 마음을 빼앗겼다. 가죽공방인 줄 알고 상점 문을 열었다. 듬성듬성 가죽 옷과 가방과 소품들이 진열되어 있었다. 이 가게는 도대체 뭐지? 'All Saints', 이름도 참 성스러운 이곳은 알고 보니 옷 가게였다. 헛웃음이 나왔다. 그래도 사진 한 장 찍었다. 이제는 전동 재봉틀에 자리를 내준 페달식 재봉틀을 이리도 많이, 그것도 한꺼번에 구경하는 일이 좀처럼 있을까 싶어서다. 페달식 재봉틀만으로도 이토록 훌륭하게 공간을 연출할 수 있다니. 옛것이 새것에 밀려나는 것만은 아닐 게다. 새것이 생활을 편리하게 해주는 도구라면 옛것은 마음을 촉촉하고 따뜻하게 적셔주는 추억일 테다.

나는
휘어지지만

꺾이지는
않아

스크린에 펼쳐진 런던은 아름답다.

「노팅 힐」이나 「어바웃 타임」을 보라.

영국이.

런던이 얼마나 사랑스럽고 매력적인 도시인지.

그러나 스크린 밖의 런던이

그토록 아름답고 매력적인 도시인지는 모르겠다.

까칠해서일 테다.

히스로 공항의 입국 수속 창구에서부터

영국의 까칠함은 시작되었다.

여권을 검사하는 공항 직원이 묻는다.

영국에 며칠 있을 것인지.

런던에만 있을 것인지.

아니면 다른 곳도 갈 것인지,

숙소는 어디인지,

영국을 떠나면 어디로 이동할 것인지,

이동할 곳의 기차표나 비행기표는 있는지,

몇 달 전에도

작년에도 영국에 왔는데,

왜 이렇게 자주 영국에 오는지,

직업이 뭔지,

등등을 꼬치꼬치 캐묻는다.

도대체, 왜, 또, 영국에 왔을까.

영화 속 런던은 매혹적이다.

그 모든 쓸쓸한 영혼들이

런던의 거리를 거닐다 보면

언젠가는 진실한 사랑의 짝을 찾을 수 있을 것만 같다.

하지만 스크린을 찢고 나와 보면 런던도 여느 타향과 마찬가지다.

그럼에도 불구하고

나는 영국으로, 런던으로 자주 여행을 떠났다.

우중충한 날씨도, 비싼 물가도,

까칠한 공무원들이 이방인을 바라보는 시선도

여전히 불편하고 적응되지 않지만,

나는 또다시 런던에 왔다.

런던은 내가 짝사랑하는 도시였을까.

피커딜리 서커스 주변도, 옥스퍼드 서커스 주변도

놀기에는 더없이 좋은 곳이지만.

내가 사랑하는 런던은 템스 강 주변이다.

세인트 폴 대성당을 등지고 조금만 걷다 보면

밀레니엄 브리지가 나온다.

수많은 여행자와 현지인들이 뒤엉켜 기념사진 찍기에 여념이 없다.

밀레니엄 브리지가 보이면

이제 곧 내 영혼의 안식처에 도착할 시간이 다가온다.

밀레니엄 브리지 건너편에 우뚝 솟아 있는

거대한 공장의 굴뚝이 시선을 사로잡는다.

땅바닥에 주저앉아 광각 렌즈로 들여다보아야

건물 전체가 프레임 안으로 오롯이 들어온다.

겉모습이 모든 걸 말하지는 않는다.

인간미라고는 눈 씻고 찾아도 찾을 수 없는

삭막하고 위압적인 벽돌 건물이지만

그 안에는 자유로운 영혼을 지닌 인간들이 활개를 치고 있다.

한때 화력발전소였던 테이트 모던 미술관이다.

런던에 갈 때마다 테이트 모던 미술관에 들렀다.

테이트 모던의 명소는 3층과 7층이다.

라고 나는 생각한다.

7층에는 카페테리아가 있는데

런던 시내 전망을 감상할 수 있는 요지이다.

단점이라면.

조금의 비용을 지불해야 한다는 점과

유리창이 풍경을 가리는 실내라는 것 정도.

3층에는 널찍한 발코니가 있다.

안과 밖의 경계에 있는 야외 발코니다.

더군다나 여기는

세인트 폴 대성당, 밀레니엄 브리지, 오고 가는 여행자 등을 바라보며

커피와 담배를 즐길 수 있는 멋진 장소였다.

물론 지금은 금연 구역이다.

나는 3층 테라스에서 하염없이

강 건너 붉게 물든 노을을 바라보았다.

박목월의 '술 익는 마을마다 타는 저녁놀'은

머나먼 이국에까지 스며들었다.

세계 여러 나라 사람들은 뛰어난 예술 작품을 관람하려고

테이트 모던 미술관에 모여든다.

피카소, 뒤샹, 로스코, 워홀, 릭턴스타인(리히텐슈타인) 등등.

부러워하지 말아야지 하면서도 가끔은 영국 사람들이 부럽다.

대영 박물관도 내셔널 갤러리도 테이트 모던도

그리고 다른 공공 미술관과 박물관도

모두 공짜가 아니더냐.

눈에 다 넣을 수도 없는 예술 작품들을 보는 것만으로도

인생의 호사이겠으나.

내게 테이트 모던 미술관은

아찔한 곡선을 뽐내는 벤치가 있는 미술관으로 기억된다.

전시실마다 관람객들의 편의를 위한 벤치가 놓여 있다.

화이트 오크로 만든 원목 벤치다.

테이트 모던 미술관에 처음 갔을 때는

그 원목 벤치가 눈에 들어오지 않았다.

내게 어서 와 보라고 손짓한 것은

미술책을 뚫고 나온 명작들이었다.

나는 명작의 숲에서 길을 잃었다.

목공을 시작하고,

공방에서 나무와 속삭이며 놀 무렵

다시 테이트 모던 미술관에 갈 기회가 생겼다.

왜 이제야 알아봤냐며.

그동안 뭐 하고 있었느냐며.

나를 나무라는 표정을 짓고 있는

화이트 오크 벤치 앞에서

나는 우두커니 서 있었다.

단순한 구조의 벤치였으나 그 곡선이 두툼하면서도 우아했다.

엉덩이 판에는 세로 방향으로 가느다란 홈들이 줄지어 파여 있었다.

촘촘한 홈의 간격 때문에

엉덩이 판은 하늘을 향해 부드러운 곡선을 뽐낼 수 있었다.

벤치에 엉덩이를 올려놓자 벤치가 미세하게 출렁거렸다.

엉덩이를 들었다 놨다 하자 벤치가 춤을 추는 듯했다.

탄성 때문이었다.

휘청거리지만 어느새 자세를 바로잡은 벤치의 탄성은

놀라울 따름이었다.

나는 몇 번이고 벤치에 앉았다 일어섰다를 반복했다.

어렸을 적 시소를 처음 탔을 때의 그 기분 좋은 출렁거림이었다.

북적거리는 전시장을 빠져나와

한산한 전시장을 찾아 벤치를 찍었다.

어떤 각도로 찍어야 이 아름다운 곡선의 울림을 담을 수 있을까.

앞면, 옆면, 대각, 위, 아래를 바라보며

다시는 너를 잊지 않겠다는 마음으로 셔터를 눌렀다.

주위 사람들이 나를 쳐다보고 있는 것도 눈치채지 못했다.

내 행동이 이상했던 것일까.

벤치에서 물러나자

마치 기다리고 있었던 것처럼

여러 사람들이 벤치를 향해 카메라를 들이댔다.

웃음이 나왔다.

벤치를 찍는 사람들을 구경하고 있는데

전시장을 지키던 직원이 옆으로 다가와 말을 건다.

미술 작품을 찍지 않고 왜 관람객용 벤치를 찍느냐고.

감히, 한국에서나 공방에서는

감히, 그런 말을 하지 못했을 것이다.

나는 직원에게 목수woodworker라고,

기어코 말하고야 말았다.

영어가 달려 다른 말이 생각나지 않아서였을 게다.

직원도 씽긋 웃는다.

이런저런 이유로 런던에 갈 때마다

나는 그 벤치를 보러 간다.

아직도 잘 지내고 있는지.

혹 수많은 사람들의 엉덩이 중력을 견디지 못하고

무너지거나 꺾이거나 갈라지지는 않았는지.

화이트 오크로 만든,

부드러운 곡선을 자랑하는,

그 벤치는 여전히 오늘도 휘어졌다 일어서기를 반복할 것이다.

그 벤치에 앉아 명화를 감상하고,

명화를 감상하는 사람들을 감상하며

나는

김수영의 시를 읊조렸다.

풀이 눕는다

바람보다 더 빨리 눕는다

바람보다 더 빨리 울고

바람보다도 먼저 일어난다

언젠가 공간이 허락한다면

나는 또 나만의 탄성과 싱그러운 곡선을 지닌 벤치를 만들어

오후의 따사로운 햇살이

살금살금 다가오는 창가 앞에 놓을 것이다.

나도 모르게,

누군가의 인생에
끼어드는 순간

대다수 직장인은 주말이나 공휴일을 기다린다.

그게 우리네 평범한 사람들의 삶일 테다.

그런데 나는 휴일보다 평일을 기다리고 즐긴다.

그럴듯한 여러 직함이 있었으나,

여전히 비정규직 연구 노동자의 삶을 살아간다.

카드 회사에서 돈을 빼가면

잔고가 거의 바닥나 있지만,

내일 또 일이 있을지 모르는

예측 불허의 불안한 삶을 살지만,

그래도

비정규직 연구 노동자로 사는 게 가끔은 좋을 때도 있다.

한평생 비수기 삶을 살아왔기에

특별한 시간에 구속되지 않고 시간이 많다는 점.

상사의 눈치를 보지 않아도 된다는 점.

아니, 상사가 없다는 점.

굶지만 않는다면

함께 사는 여인의 지청구만 없다면

한 달 내내 빈둥거리며 놀아도 된다는 점.

그래

절대 긍정의 위안이지만,

조금은 쓸쓸하기도 하다.

그래서일까.

공방 선생님은

언제나 내가 공방에서 제일 부자라고,

부럽다고 말한다.

시간을 자유롭게 쓴다고.

시간을 자유롭게 쓰는 사람이 제일 부자라고.

헛웃음이 나왔지만,

이제 알았냐며

내가 가진 게 시간과 명예밖에 없는 걸

어떻게 알았냐고 눙쳤다.

평일의 오후였다.

가죽공방에서 바느질에 몰두하고 있었다.

평일 오후에 바느질을 하고 있는 남자라고는

나밖에 없었다.

그러던 어느 날 동료가 생겼다.

머리가 희끗한 중년.

나도 중년이지만 나보다는 연배가 훨씬 높은 분이었다.

사업을 하는 그분은 화요일 오후면 공방에 나왔다.

함께 바느질을 하며 이런저런 얘기를 나눴다.

물론 내 직업에 대해서는 말하지 않았다.

가죽공방 테라스에 앉아 그와 함께 바느질을 하고 있던 날.

자전거를 타고 공방을 찾은 키 큰 청년이 있었다.

그는 우리를 물끄러미 바라보았다.

한 번, 두 번, 세 번.

키 큰 청년과 자주 눈이 마주쳤다.

하지만 그 청년은 우리에게 아무런 말도 하지 않았다.

나는 조금 움츠러들었다.

내가 나이 든 백수처럼, 한심해 보이는 걸까?

아냐, 나보단 나와 함께 바느질을 하는 그분을 보는 거겠지.

아, 생각하기 싫다!

평일 오후에 바느질하는 일이

누군가의 시선에 비치자 나도 모를 한숨이 나왔다.

나는 정상인의 삶에서 튕겨 나온 것일까.

가죽공방에 다닌 지 반년이 지났을 무렵.

그 키 큰 청년은 매일 브레이크도 없는 자전거를 타고
공방으로 출근했다.

그는 어느덧 가죽공예를 가르치는 선생님이 되었다.

어느 날 술자리였다.

키 큰 청년이 얘기를 꺼냈다.

그날, 화요일 오후가 자신의 삶을 바꿨다고.

바느질에 몰두하는 중년의 사내들이 멋있어 보였다고.

그래서 가죽공예를 전문적으로 배우기로 결심했다고.

지금은 행복하다고.

후회 없다고.

내심 내가 키 큰 청년의 삶을 바꾸게 했나.

내 삶도 쓸모가 있었군. 이라고

내 한가함에 의미를 부여해보았으나.

망상일 뿐.

그저 키 큰 청년은 자신의 삶을 스스로 찾았을 뿐.

그렇지만

직장에도 나가지 않고 바느질을 하고 있는

중년의 남자를 이상하게 보지 않아서 고마웠을 뿐.

가끔 이런 생각을 한다.

평일 오후를 여유롭게 즐길 수 있는 직업은 없을까.

한국 남성이 누구의 눈치도 보지 않고

평일 오후를 느긋하게 누릴 수 있는 직업은 없을까.

한가로이 햇살을 만끽하면서
나를 돌아보는 시간을 가져도 비난받지 않는 직업은 없을까.
거기에 더해 맥주 한잔과
김광석의 노래를 들으면서.

창유리 새로 스미는 햇살이 빛바랜 사진 위를 스칠 때
오래된 예감처럼 일렁이는 마당에 키 작은 나무들
빗물이 되어 다가온 시간이 굽이쳐 나의 곁을 떠나면
빗물에 꽃씨 하나 흘러가듯 마음에 서린 설움도 떠나
지친 회색 그늘에 기대어 앉은 오후에는
파도처럼 노래를 불렀지만 가슴은 비어
그대로 인해 흔들리는 세상
유리처럼 굳어 잠겨 있는 시간보다 진한 아픔을 느껴
  _ 김광석, 「기대어 앉은 오후에는」

크리스마스
촛대

종교하고는 거리가 멀다. 내 평생 열심히 종교 활동을 해본 것은 중학교 때 옆집 누나를 따라 다니며 교회를 오간 것과 군대에서 그 달달한 파이의 힘을 거역하지 못해 주말마다 법당에 다녔던 때다. 초코파이야말로 작은 천국의 은총이었다. 비록 종교는 없지만 크리스마스는 크리스마스다. 주위에는 성당과 교회에 다니는 지인들이 여럿 있다. 그들을 위해 소박한 나무 촛대를 만들었다. 원형 홈에 납작한 양초를 끼우고 불을 붙이면 은은한 십자가 형상이 생긴다. 지인의 부모님께도 이 촛대를 선물했었다. 그리고 몇 년 후 지인의 부모님으로부터 초대장을 받았다. 하나뿐인 아들의 사제 서품식 초대장이었다. 가족의 일원으로 초대해주셨다. 나는 그날의 사제 서품식, 그 성스러움을 평생 잊지 못할 것이다.

한때

연장 좀 다뤄본

사람들의

당혹감

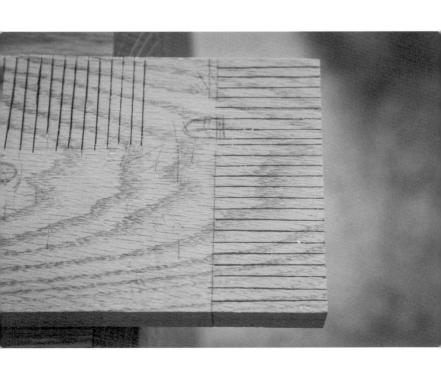

세상에는 참 귀신도 많고,

간첩도 많고,

호날두도 많다.

남자들의 군대 얘기다.

목공방에도 남자들이 많다.

한때 연장 좀 다뤄봤다는 수컷들이 우글거린다.

소싯적에 망치질과 톱질 좀 해봤다는 사람들도 많다.

목공방에 '입학' 할 때 선생님과 상담을 한다.

선생님은 말한다.

우리 공방은 짜맞춤 가구를 전문으로 교육합니다.

나무는 하드우드를 써요.

주로 월넛(호두나무), 오크(참나무), 애쉬(물푸레나무) 등을 써요.

처음 오시면 소품을 하나 만들게 됩니다.

물론 모든 공정은 기계를 사용하지 않습니다.

모두 손으로 일일이 나무를 다듬어야 합니다.

이케아 같은 DIY 가구는 아닙니다.

나사나 못으로 조립하는 게 아니라

일단 모든 부품을 손으로 가공해야 합니다.

진정한 DIY죠.

기계를 사용하려면 한 6개월 정도는 수강한 후

기계반에 등록하시면 됩니다.

수강 첫날은 오리엔테이션입니다.

가구 디자인과 짜맞춤 가구의 공정에 대해서 설명합니다.

그리고 연장 사용법과 용도도 배우실 겁니다.

선생님의 말이 끝나면 몇몇 남자들이 이런 말들을 한다.

옛날부터 목공에 관심이 많았습니다.

예전부터 무언가 만드는 걸 좋아했습니다.

뭐, 이런저런 것도 만들어봤고.

다른 목공방을 다닌 적도 있는데,

거기서는 기계 위주로 작업을 해서

짜맞춤 가구를 만들어보고 싶었습니다.

아주 의기양양한 표정을 짓는 사람들도 있다.

남자라면 연장 좀 다뤄봤지 않았겠어요, 하는 사람들이 종종 있다.

나무의 수종이나 짜맞춤 가구의 특성 등에 관한

기본적인 오리엔테이션이 끝나면

작은 나무토막이 수강생들에게 전달된다.

수강생들은 나무토막 사면에 촘촘한 선을 긋는다.

선 긋기 연습일까.

그건 아니다.

목공에서 선을 잘 긋는 것은 정말 중요한 작업이지만,

목공을 처음 배우는 사람들이

나무토막 사면에 선을 긋는 이유는 따로 있다.

톱질 연습이다.

미리 그어놓은 선을 따라 섬세하게 톱질을 해야만 한다.

목공용 선반에 나무토막을 올려놓은 후

클램프로 단단하게 나무토막을 고정한다.

그리고 톱질을 시작한다.

왕년에 톱질 좀 해본 수컷들은 이 과정을 무척 지루해한다.

겉으로는 담담한 척하지만 속으로는,

이건, 뭐지! 톱질할 줄 안다니까!

라고 소리치고 있었을지도 모른다.

그렇지만 막상 톱질을 하다 보면

이게 그리 만만한 작업이 아니라는 걸 알아차리는 사람들이 생긴다.

그런 이들은 오래도록 목공방에 즐겁게 다닌다.

선을 따라 톱질을 하지만 선을 '먹으면' 안 된다.

선을 남겨둔 채로 반듯하게 톱질을 해야만 한다.

남겨진 선은 나중에 끌이나 대패를 이용해서 정밀하게 다듬어야 하기 때문이다.

그래야 가구를 꼭 맞게 잘 짜맞출 수 있다.

톱질 연습, 선 긋기 연습, 디자인 연습…….

수강 첫 달은 온통 연장 다루기 연습에 집중된다.

일주일에 한 번, 3시간 수업이 내가 다닌 목공방의 기본 과정이다.

목공을 제대로 배우기 위한 연습을 하다 보면

3시간이 30분같이 빨리 달아난다.

마음이 급한 사람은 보통 첫 달과 두 번째 달에 그만두고 만다.

연장을 제대로 사용해서 가구를 만들고 싶은데,

비싼 돈 들여 배우는 게 별로 없다고 생각하기 때문이다.

짜맞춤 가구라는 결과물을 기다릴 뿐,

그 과정의 진실을 돌아볼 겨를이 없어서다.

목공방 선생님은

그 누구라도 기본 과정을 건너뛰게 하거나 월반을 시킨 적이 없다.

왕년에 연장을 다뤄봤건,

가구를 만들어봤건,

그건 아주 옛날 옛적 먼 옛날의 훠이 훠이다.

짜맞춤 가구를 잘 만들기 위해서는

과거의 나와 결별할 줄 알아야 한다.

'한때' 참 잘했던 나 자신을 과감히 버려야 한다.

과거의 내가 누구였는지,

무엇을 했었는지가 중요한 게 아니라,

지금-여기서 무엇을 배우고

어떻게 해나갈 것인가가 더 중요하다.

대학 1학년생들은 대부분 '국어와 작문'이나

'글쓰기와 자기표현' 같은 수업을 꼭 수강한다.

교양 필수니까.

학생들은 어리둥절해한다.

그들의 눈빛은 말한다.

내가 한국말을 몰라.

내가 글을 쓸 줄 몰라.

왜 이런 것을 배워야 해.

특히 국문과 신입생은 더욱 심하다.

그들의 취미나 특기는 대부분 독서나 글쓰기다.

막상 신입생들이 쓴 글을 첨삭할 때면

뒤통수를 강타당한 느낌이 들 때가 한두 번이 아니지만.

학생들이 생각하는 한국의 말과 글이

내가 알고 있던 것과 너무 다를 때가 있어서다.

한때,

라는 말은 나를 과거의 늪에 가둔다.

그리하여 나를 변화시킬 수 있는 가능성을 차단할 때가 종종 있다.

그것이 글이든, 목공이든, 삶이든.

한때,
연장을 다뤄봤어도
톱질과 망치질과 대패질의 기초는 다시 연마해야 한다.
'목공의 정석'은
한때의 나를 지우는 데서부터 시작한다.

중년의 위기,

바디에
텐션이 없어?

한국 나이로 마흔다섯이라.

빼도 박도 못하는 중년일 게다.

꺾어진 구십이 아닌가.

중년의 이미지는 쇠락衰落일 테다.

물론 나만의 느낌일 수도.

쇠락이라 한글로 쓰고 한자를 병기해보니,

더욱 애처롭다.

쇠는 약하고, 작고, 늙고, 여위고, 줄고 등의 의미다.

락은 떨어지고, 몰락하고, 빠지고, 흩어지고, 쓸모없고 등의 뜻이다.

하나하나의 뜻을 살펴보면 가슴 한구석이 아프고 저리다.

근육은 어디로 갔는지 모르고, 머리카락은 빠지고,

신체의 대다수는 물컹한 무언가로 꽉 들어차 있는

반려견과 경쟁할 수도 없는 중년 남성일 테다.

중년은 나이의 개념이라기보다

일종의 이미지 같다는 생각이 든다.

아니,

그렇게 믿고 싶다.

수많은 방송과 언론에서 중년에 관한 내용을 다룰 때마다

더욱

그렇게 믿게 된다.

어쩌면 아무렇지도 않은

그저, 그냥

늙어감이자 자연의 순리인데 말이다.

보이지 않는 힘

상업의 힘이

'중년의 위기'를 조작해내는 느낌이 들 정도다.

중년은 위기 산업의 말랑말랑한 먹잇감인 걸까.

그저 자연스러운 생의 흔적일 뿐인 중년에

굳이 '위기'를 붙여 우리에게 돈을 쓰게 만들려는 것이 아닐까.

오래전에 필립 아리에스의 책을 읽었던 기억이 떠올랐다.

한국어로 번역된 책의 제목은 '아동의 탄생'이다.

뭔가 호기심을 자극하는 제목이었다.

책의 내용은

내 맘대로 명명한 '중년의 탄생'과는 사뭇 대조적이었다.

아리에스는 20세기의 주인공을 청춘, 청년이라 했다.

청춘은 순수하고, 육체적으로 강인한 집단이란다.

그의 책이 1960년에 출간되었으니,

당대의 평균수명에 따른 세대 구분으로 보면 일면 맞는 말이다.

현대 과학과 기술의 시간은

산업혁명의 시간보다

우리가 느끼는 감성의 시간보다

몇 배는 빨리 흘러가는 걸까.

20세기를 더 이상 청춘과 청년의 시대라고 단언하기는 어렵지 않을까.

밀레니엄 버그의 공포도 견뎌낸,

20세기를 청년으로 보냈던,

우리는 21세기의 인류,

중년이 아니던가.

중년도 정신적으로 순수하고,

육체적으로도 강인한 집단일 수 있지 않을까.

가물거리지만 언젠가 본 구성애 선생님의 성교육 프로그램이 떠올랐다.

중고등학생을 위한 방송이었다.

구성애 선생님 왈,

뻗치는 성 에너지를 주체할 수 없으면 이렇게 하란다.

바로 농구다.

성 에너지에서 운동 에너지로의 전환.

그래서 군인들이 그토록 축구와 족구에 집착하는지도 모른다.

중년 남성은 호르몬 변화를 겪으며

성욕 또한 감퇴한다고들 말한다.

뻗치는 성 에너지가 과연 줄어들고 줄어드는 것일까.

우린 열심히 대패질을 하면서,

땀을 한 바가지나 흘리면서,

그나마 사금파리 한 조각만큼 남은 성 에너지를

노동 에너지로 변환시켜 불끈거리는 성욕을 다독이는 걸까.

그래

더욱더 열심히 대패질과 끌질을 하여 뭉치고 뭉친 에너지를 발산하자.

어느 날 술자리였다.

한 중년 여성이 내게 이런 말을 했다.

중년의 한국 남성들은 '바디에 텐션'이 없다고.

흐느적거리는 육체.

풀어지는 눈과 마음.

나도 몰래 슬그머니 벗겨진 신발.

누가 이런 육체를 '젊음'이라 부를 것인가.

문득 그야말로 중년의 비애감이 덮쳐왔다.

그래도

열심히 망치질과 대패질을 하면

그래도

팔뚝과 어깨에 조금이나마 '텐션'이 생기지 않을까.
허리도 꼿꼿해지지 않을까.
손바닥의 굳은살.
파르르 떨리는 근육들.
한 시간 후면 다시 쪼그라들 팔뚝.
한껏 부푼 힘줄을 보며
헉헉 턱 밑까지 차오르는 숨을 참으며
나는 오늘도 대패질과 끌질을 해본다.
아직 쇠락할 시기는 아니지 않는가.

쇠락을 활력으로 전환시키는 대패질.
그 대패질은 운동을 싫어하는 내게
러닝머신보다 더 혹독한 운동을 선물해주었다.
불면증에도 대패질만 한 게 없다.
잠을 잘 이루지 못하던 아내가
목공방에서 대패질을 두 시간쯤 하더니
집에 오자마자 소파에 쓰러져 곯아떨어졌다.
대패질과 끌질.
그것은 수면 장애에도,
젖은 낙엽처럼 납작 붙어 흐느적거리는
내 몸에도
최고의 명약이었다.

추억의
보물창고를

만든다

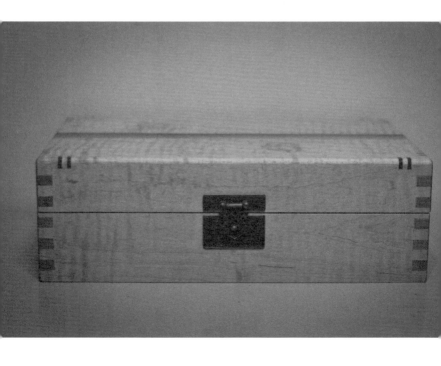

나는 그를 형님이라 부른다.

형님은 누님과 함께 공방에 다닌다.

나는 형님의 아내를 형수라 부르지 않고

누님이라 부른다.

그게 좋다고 한다.

내가 그를 형님이라 부르는 모습을

만약 모르는 사람이 본다면,

나를 건방지고 예의도 없는 놈이라 힐난할 것이다.

형님과 누님은 나보다 연배가 한참 높다.

목공방에 다니다 보니 다양한 연령의 목우木友들을 만났다.

학교도, 직장도, 군대도 아닌 공방에서의 호칭 정리는 쉽지 않다.

나의 호칭 정리법은 단순하다.

공방장인 선생님을 제외하고,

나이가 많으면 형님과 누님,

나이가 어리면 이름 뒤에 '씨'를 붙인다.

목우들도 그리 나쁘게 생각하지 않는 눈치다.

형님과 목우로 지낸 지도 벌써 9년에 가깝다.

언제나 편안한 미소를 머금고 사람들을 대하는 형님이었다.

목공방을 다니면서 나는 목우들의 신상에 별로 관심을 두지 않았다.

어쩌다 우연히 알게 되면 모를까.

그 사람의 직업이 무엇인지,

그동안 어떤 일을 해왔는지,

묻지 않았다.

우린 모두 나무를 하는 사람들일 뿐이니까.

함께 나무를 다루는 데 관심을 둘 뿐이니까.

나무에 대해서 말하고

나무에 대해서 교감하는 관계이니까.

어느 날 형님은 의자를 만들겠다며 도안을 그려왔다.

형님의 도안은 눈대중으로 그린 도안이 아니었다.

정면, 측면, 입체를 구별하여 그린 도안이었다.

정갈하고 반듯한 선들과

그 선들 사이로 촘촘하게 기록된 숫자들.

컴퓨터 프로그램을 활용한 게 아닌 직접 손으로 그린 도안이었다.

내가 어쩜 이렇게 정교하게 그릴 수 있냐고 했더니.

형님은 씩 웃으며 말한다.

내가 공돌이 출신이야.

그때서야 고개를 끄덕거릴 수 있었다.

형님은 화력발전소 엔지니어로 오랫동안 근무하다 정년퇴직을 했다.

지금은 그 어렵다는 재취업에 성공해서 바쁜 나날들을 보내고 있다.

의자, 테이블, 서랍장, 콘솔 등을 자주 만들던 형님이었다.

애쉬, 오크, 월넛을 주재료로 사용하던 형님이었다.

그런 형님이 참죽나무를 손질하고 있었다.

참죽나무는 진한 갈색이라기보다는

붉은빛에 가까운 색감을 띤 나무로.

오일을 바르면 바를수록,

시간이 지나면 지날수록,

더욱더 붉은빛을 내는

결이 아름답고 견고한 나무다.

평소에 참죽나무를 잘 쓰지 않던 형님이었기에

무엇을 만드는지 궁금했다.

형님은 함을 만든다고 했다.

뭐, 비싼 보석이라도 샀냐고 농을 걸었다.

그냥 함 하나 만든다고 한다.

누님에게 보석함을 만들어주려면

보석도 함께 사줘야 한다고 하자,

형님은 배시시 웃는다.

옆에서 끌질을 하던 누님은 망치를 탁 놓으며,

한숨을 푹 내쉰다.

어이가 없다는 표정이다.

큰아들이 장가를 간단다.

형님과 오랜 시간을 보내면서도

장가갈 정도로 장성한 아들이 있는지도 몰랐다.

형님은 바쁜 시간을 쪼개

풀 방구리에 쥐 드나들듯 공방을 오가며

누님과 함께 참죽나무를 정성스럽게 다듬었다.

주먹장 맞춤을 기본 구조로

필요한 곳에는 경첩을 달고,

서랍 안에는 곱디고운 융을 깔았다.

처음 맞는 며느리를 위한 보석함이었다.

정성스레 온몸을 움직이는 형님과 누님.

두 분의 모습을 보며

그 어떤 화폐로도 교환할 수 없는 '애정의 증여'를 볼 수 있었다.

형님과 누님이 그 함 속에 어떤 보석을 넣어 보냈는지는 알지 못한다.

하지만 사랑의 온기로 가득한

그 함 속에는

그 어떤 보석보다 값지고 빛나는

시부모의 따사로운 마음이 담겨 있지 않았을까.

누님과 형님이 함을 만들기 얼마 전,

나도 함을 만든 적이 있었다.

친구 아버지가 급작스럽게 돌아가셨을 때였다.

발인을 하고 화장터까지 다녀왔지만

어떻게 친구를 위로할지 막막했다.

친구는 아버지의 유품 중에서

시계, 선글라스, 지갑 등에 애착을 보였다.

아버지가 생전에 아꼈던 소품들일 테다.

망설임 끝에 공방으로 달려갔다.

보름 동안 업무가 끝남과 동시에 공방으로 출근했다.

가구를 하나 만들 때마다 누군가의 삶 속으로

좀 더 가까이 다가가는 느낌이다.

단풍나무Hard maple, 호두나무를 골랐다.

단단하고 결이 좋은 부분만을 재단했다.

조심조심 천천히천천히 꼼꼼하게

나무를 만지고 다듬고 쓰다듬고 조립했다.

친구에게 유품함을 보냈다.

얼마 후 사진 몇 장이 도착했다.

내가 만든 유품함 안에

친구 아버지의 지난 삶이 고스란히 담겨 있었다.

과거의 시간이 억만 겁의 속도로 달려와

유품함 안에서 편하게 쉬고 있는 듯했다.

친구의 환한 미소가 아른거렸다.

어쩌면 형님과 나는

함을 만든 게

가구를 만든 게

아니었을지도 모른다.

때로 가구는 애정과 추억과 우정의 보물창고이다.

아내가

사라졌다

연애 5년 차.

조금 지루해질 시기였다.

서로의 성격을 대충은 알 만한 연애 기간이다.

술을 못 마시는 그녀와 술이라면 환장하는 나.

공부가 삶을 바꿀 수 있는 무기라고 생각하는 그녀와

시간 날 때 공부하면 되는 거 아닌가라고 생각하는 나.

곱창을 보면 찡그리는 그녀와

곱창을 보면 소주 한잔을 떠올리며 흐뭇해지는 나.

로맨틱 코미디를 보며 눈물을 흘리는 그녀와

액션 영화를 보며 죽여준다고 연신 쾌재를 부르는 나.

구성이 탄탄한 드라마를 보며 역시 이야기가 중요하다는 그녀와

드라마계의 MSG인 '막장 드라마'를 보며 키득거리는 나.

그녀와 나는 많이 다르지만.

벌써 5년이었다.

그녀는 자주 목소리를 높였다.

짜증을 달고 살아요. 그냥.

뭐. 그리 조급해.

한 번만 더 생각하고 말해!

나는 생각보다 말이 앞서고.

생각보다 행동이 먼저인 사람이다.

한마디로 성격이 급하고 다혈질이다.

밖에서는 가면을 쓰고 행동하지만.

그녀는 내 민낯을 잘 알고 있다.

홍대 근처의 카페에서 친구들과 만났다.

내가 친구라고 말은 하지만.

정확히는 그녀의 친구들이었다.

그들은 그녀와 같은 대학 같은 과 동기였다.

어떻게 보면 나만 꼽사리였다.

홍대는 우리들의 아지트였다.

나와 그녀가 홍대에 둥지를 틀고 각자 살고 있었고,

그들은 결혼 후 신혼집으로 홍대를 선택했다.

24시간 불이 꺼지지 않는 홍대가 좋았다.

주말마다 네 명이 만나서 수다를 떠는 게 일과였다.

그러던 그날.

그녀는 수다 말고 다른 걸 해보자고 제안했다.

그녀가 제안한 일은 넷이서 함께 목공방에 다니면 좋겠다는 것.

그녀는 내 과거를 대충은 알고 있었다.

나야말로 '한때'에 집착하는 사람이었다.

대학 때 방학이면 지방에 내려가

목수 '데모도(보조 일꾼)'로 돈을 벌었고,

제대한 후에는 인테리어 회사의 막내로

현장에서 목공, 칠, 배관, 타일 등 다양한 부분의 실무를 보조했으며,

대학가에서 술집을 운영하기도 했었다.

그 경험을 밑천 삼아 자주 허풍을 떨었던 나.

물론 군대에서 간첩을 잡았다는

축구를 할 때면 최전방 공격수였다는

허풍은 떨지 않았지만.

그녀는 우리 모임이 좀 더 생산적이었으면 좋겠다고 말했다.

본디 게으르고 멍 때리기를 좋아하는 나는

생산적이란 말만 들어도 머리가 지끈거렸다.

그녀는 이미 목공방도 알아봤단다.

그런데 좀 멀단다.

경기도 분당이었다.

나는 머뭇거렸는데, 그녀의 친구들은 좋단다.

주말마다 여행을 가는 기분으로 다니면 좋지 않겠냐는.

조금 귀찮았다.

내가 집을 지을 것도 아니요.

소목장이 될 것도 아니요.

꼭 내 손으로 가구를 만들 필요가 있을까 하는 의구심이 들었다.

시장에 나가면 저렴한 가구가 많고 많은데 말이다.

하지만 친구들과 주말마다 놀고 싶었다.

제사보다 젯밥에 관심이 많았다.

예전 막노동 경험을 떠올렸다.

먼지와 땀으로 범벅된 몸을 추스르기 위해

언제나 막걸리나 소주에 삼겹살을 먹었더랬다.

그래,

공방을 핑계로 애들과 주말마다

맛있는 안주에 술을 먹으면 되겠군.

힘든 노동을 했으니,

술은 정당화될 수 있는 거 아니겠어.

친구들의 차를 타고 분당으로 여행을 떠났다.

내비게이션을 켜고 주소를 입력하고

목공방을 찾아 강변북로를 내달렸다.

대로변이 아닌 골목이었다.

그것도 지하였다.

선생님의 상담을 받았다.

취미로 목공을 해보고 싶다고.

오전은 힘들고 오후에 배우고 싶다고 말했다.

넷 다 토요일 오전에 일어나는 건 쥐약이었다.

그래서 오후에 배우고 싶었다.

토요일은 오전반밖에 없다고,

힘들 것 같다고. 선생님은 말했다.

설득 작업에 들어갔다.

우리가 네 명인데,

만약 오후반을 만들면 우리 말고도 더 들어올 사람이 있지 않겠어요.

선생님도 좋을 것 같은데요.

오후반 개설을 설득했다.

네 명의 설득 아닌 협박에 선생님은 지친 웃음으로 그러자고 했다.

선생님도 오후반 모집 광고를 냈다.

첫 목공 수업을 받으러 간 토요일 오후.

다행히 우리 네 명만 있는 것은 아니었다.

어깨가 으쓱했다.

보라고. 우리 덕에 수강생이 더 늘지 않았냐고.

시건방진 생각이었다.

우리 넷은 주말마다 분당을 향해 차를 몰았다.

더운 여름날.

온몸이 젖은 휴지처럼 생기를 잃었다.

대패질은 사람을 겸손하게 만든다.

한두어 시간 대패질을 하면

마치 도를 닦는 듯한 기분이 든다.

에어컨도 별로 도움이 되지 않았다.

에어컨의 찬 공기보다 몸에서 나는 열기가 더 강했다.

한참 땀을 뻘뻘 흘리며 대패질을 하다가 허리를 펴고

그녀가 있는 곳을 향해 몸을 돌렸다.

그녀가 보이지 않았다.

어디로 사라져버린 걸까.

주위를 살펴보니 반대편 목공 선반 아래 털썩 주저앉아 있었다.

죽겠단다.

삭신이 쑤신단다.

내가 이러려고 목공방에 오자고 한 게 아니란다.

고소했다.

그녀와

친구들은

목공방 생활 일 년이 다 될 무렵.

공방을 떠났다.

여러 이유에서였다.

우리 중 유일한 정규직이었던 P가 시간을 내기 어려웠다.

더욱이 P는 '운짱'이었다.

토요일에도 직장을 나가는 경우가 종종 생겼다.

정규직이 다 좋은 건 아니었다.

그녀는 체력적으로 힘들다고 했고,

그녀의 친구는 남편의 목공방 출입이 어렵게 되자 함께 그만뒀다.

나는 홀로 남았다.

그녀와 친구들은 이렇게 말했다.

파이팅!

꼭, 목수가 되어야만 해!

나쁜 것들.

그 후

나는 홀로 광역버스를 타고 분당으로 향했고,

결국 목공방 근처로 이사를 하고 말았다.

나도 모르게 '공방'이 내 생활의 중심이 되었다.

요즘 아내는 '집 가꾸기 게임'에 빠졌다.

아내가 꾸미는 가상의 집에는

목공방, 도자기공방, 금속공방, 가죽공방 등이 자리를 잡았다.

매일매일 가상의 공방을 가꾸는 일이 아내의 일과 중 하나다.

게임을 하다가 내게

도자기공예나 금속공예도 한번 해보라고 말한다.

나는 텔레비전 볼륨을 더 높였다.

단풍
은하계

2016년 가을이었다. 믿지 않을 사람들도 있겠으나, 살면서 처음 단풍놀이
를 떠났다. 물론 계획하고 떠난 것은 아니었다. 대구에서 아침 일찍 일이 있
었다. 일을 마치고 집으로 돌아오는 길에 법주사로 차를 돌렸다. 알록달록
한 단풍과 더 알록달록한 등산복을 입은 사람들로 북적거렸다. 단풍나무의
거대한 뿌리는 아래로 아래로 자라 지구라는 행성을 움켜쥐고 있었으며, 아
무리 손을 뻗쳐도 가 닿을 수 없이 위로만 뻗어 올라간 가지는 우주를 향하
고 있었다. 단풍나무의 잎사귀 모양이 마치 은하계의 별처럼 영롱하게 빛나
는 오후였다. 그 어떤 가구도 예술도 자연이 빚어낸 아름다움을 따라갈 수
는 없을 터이다. 문득 다시 태어난다면 나무로 이 세상에 오고 싶다는 생각
이 들었다.

공방 생활은

또 다른
'공방질'을 부른다

나른하고 헛헛한 오후였다.

광화문 근처에서 어린이들을 위한 역사 강의를 한 날이었다.

주제는 '사라진 직업의 역사와 한국의 직업 문화'였다.

초등학생에게 강의를 하는 것은

어른을 위한 강의보다 몇 배는 힘들다.

아이들의 눈높이에 맞춰 강의한다는 게 그리 쉽지만은 않았다.

강의를 마치고 친구들에게 전화를 걸었다.

아내는 지방으로 일을 떠났다.

토요일 오후를 그냥 보내기에는 뭔가 허전했다.

마침 친구들이 서울에 있었다.

친구들은 경기도의 내 집과 가까운 거리에 산다.

여의도에서 친구들과 합류해 경기도로 내려왔다.

최근 들어 사람들의 발걸음이 잦은 동네의 어느 카페에 도착했다.

재즈가 흘러나왔다.

친구 중 한 명은 운전 때문에 커피를 주문했고,

또 한 명은 아직 해가 지지 않았다며 차를 마신다고 했고,

나는 한가롭고 운전 걱정도 없으니

낮술이나 한잔하겠다며 맥주를 시켰다.

재즈가 흐르는 카페의 구조는 남달랐다.

한쪽에서는 음료와 술을 팔고,

또 한편에서는 가죽공방을 운영하고 있었다.

우연이었을까.

그동안 목공방을 다니면서 가죽에 조금씩 관심을 갖고 있었다.

나무의 물성은 단단하고 견고하다.

평평한 나무를 우아한 곡선으로 변형하려면

벤딩 작업이나 고주파 처리 등의 방법을 이용한다.

조그만 공방에서,

수공업에 전적으로 의존하는 공방에서는

대부분 벤딩 작업을 통해 나무를 휘게 만든다.

흔들의자를 생각하면 이해하기 쉽다.

벤딩 작업은 가공이 쉬운 MDF로 틀을 만든 후,

종잇장보다 조금 두꺼운 정도로 켠 나무를

층층이 쌓아 붙이는 방식이다.

무지개떡을 생각하면 된다.

신기하고 재밌어 보이는 작업일 수도 있겠으나.

실상은 정말 짜증 나고 귀찮은 작업이다.

이게 뭐 하는 짓일까 생각한 적도 있다.

그때.

그런 생각을 했다.

나무가 가죽처럼 부드럽다면.

나무의 단점을 가죽으로 보완할 수 있다면.

특히 의자를 만들 때 가죽과 나무의 공존을 자주 떠올렸다.

의자는 다른 가구에 비해 손이 많이 간다.

일단 가성비가 엄청나게 떨어진다.

대패질과 끌질의 수고로움에 비해

턱없이 낮은 가격이 책정되기 일쑤다.

평범한 원목 의자 하나에 40만 원 정도의 가격을 부르면

사람들은 갸우뚱한다.

나무도 얼마 사용되지 않았는데 가격은 비싸다.

그게 의자다.

물론 목수인 조지 나카시마George Nakashima나

가구 디자이너인 한스 베그네르Hans Wegner의 의자라면

수백만 원이 아깝지 않을 것이다.

그들은 그야말로 대단한 명장이므로!

목공방에서 의자를 만드는 목우들은

그저 나무가 좋고 공방이 좋은 소박한 사람들이다.

자기가 사용하려고 만드는 의자라면 몰라도

지인이 의자를 부탁하면 좀 곤란할 때가 있다.

우리가 만든 의자는 노동에 비하면 헐값이다.

가끔은 조지 나카시마나 한스 베그네르의 의자를

카피하는 경우도 있다.

팔기 위한 목적이 아니라 구조를 이해하기 위한 연습이 목적이다.

언젠가 어떤 친구가 거장들이 만든 의자 사진을 가져와 만들어달라고

한 적이 있다.

나는 그에게 말했다.

을지로에 가서 짝퉁을 사. 그게 훨씬 경제적이야!

그러나

가성비가 떨어져도 의자를 만든다.

스툴도 만든다.

8등신은커녕 겨우 6등신 반을 넘을까 말까 한.

내 신체 비례.

앉은키와 선키가 별반 다를 게 없는,

다리가 짧아 슬픈 짐승인 나를 위해 의자를 만든다.

내 몸에 편한 의자를 만들어도 불편할 때가 있다.

나무는 아무리 잘 다듬고 다듬어도 딱딱하다.

의자의 엉덩이 판과 등판이 나무인 이상.

나무 의자에 오래 앉아 있으면 토실한 엉덩이에도 굳은살이 박인다.

등짝도 뻐근하다.

물론 방석이나 쿠션을 사용하면 되겠으나,

어쩐지 사족 같다.

그렇다면 어떻게 할까.

엉덩이 판과 등판을 나무 대신 끈을 이용해서 꼬거나

가죽으로 대체하면 나무 의자는 어여쁘고 편하다.

나무와 가죽의 결합.

가죽을 다뤄보고 싶었다.

그리 마음만 가득하던 그날.

나른하고 헛헛한 토요일 오후에

나는 정말 우연처럼 가죽공방과 마주쳤다.

가죽공방 담당자에게 공방을 구경해도 되냐고 묻고,

공방의 이곳저곳을.

가방이며 팔찌며 지갑이며 열쇠고리 등을 살펴보았다.

뭔지 모를 끌림이 있었다.

가죽이 내게 말을 걸어오는 듯한 착각에 빠졌다.

공방 담당자에게 물었다.

수강도 가능한가요?

네, 물론이죠.

과정은 어떻게 돼요?

음, 일단 원데이one day 클래스를 신청해보세요.

그리고 적성에 맞으면 정식 과정에 등록하세요.

어, 그럼 저는 원데이 말고 이틀 정도 해보면 안 될까요?

안 될 건 없죠.

나는 그 자리에서 투데이 클래스에 등록했다.

그리고 수강료를 현금으로 냈다.

나의 가죽공방 생활은 그렇게 시작됐다.

훗날 나를 상담했던 가죽공방 담당자는 이렇게 말했다.

맥주 마시다.

수강료를 현금으로 미리 내고 간 사람은 처음이라고.

칭찬은
B형 남자의

바느질을
춤추게 한다

왜 굳이 '원장님'이라 부르는지 모르지만.

가죽공방에 처음 갔을 때

모자를 눌러쓴 원장님을 만났다.

혹시 '공방'을 가죽공에 '학원'이라 생각하고 원장님이라 부르려나.

여하튼

전에 내가 상담을 했던 분은 원장님의 며느리였다.

글을 쓰다 보니 '분'이라 했지만.

한창 생기발랄한 젊은 선생님이다.

원장님과 인사를 나눈 후

첫 작품 만들기에 돌입했다.

아직 정규반에 등록한 게 아니었다.

간단한 소품을 만들었다.

원장님은 먼저 어떤 소품을 만들 건지 생각해보란다.

카드지갑, 열쇠고리, 필통, 파우치 등을 선택할 수 있었다.

파우치를 선택했다.

파우치를 선택한 건 얄팍한 내 욕심 탓이었다.

정규반부터는 가죽을 직접 구입해야 하지만

경험 삼아 수강하는 원데이 클래스는 가죽을 무료로 제공받는다.

이왕이면 가죽이 조금 더 많이 필요한 파우치를 선택한 것이다.

파우치를 만들기 위해서 먼저 본을 떴다.

모눈종이에 파우치 본을 그렸다.

가죽에 본을 대고 밑그림을 그리고 재단하면 된다.

본을 뜨고

밑그림을 그리고

가죽을 재단하기까지의 시간은 무척 짧았다.

원장님께 다음은 무엇을 하면 되냐고 묻자.

벌써 다 했냐고 반문하며 고개를 갸우뚱한다.

원장님은 몰랐을 것이다.

본을 뜨고

밑그림을 그리고

재단하는 것은 목공도 마찬가지고

내가 오랫동안 목공을 했다는 사실을.

내가 한 모든 작업이 원장님의 예상을 빗나갔다.

작업 속도가 너무 빨라서였다.

연장을 다루는 일에 익숙해서다.

손바느질까지 마무리했다.

원장님은 내게 묻는다.

혹시 B형이세요?

갑자기 웬 혈액형을 묻는담.

그래도 대답은 해야 하지 않겠는가.

어찌 아셨어요. 한국에서 저주받은 B형인데.

그것도 B형 남잔데. 하하하.

어쩐지 성격이 좀 급한 것 같아서요.

원데이 클래스를 끝내고 정규반에 등록했다.

이때부터는 쇼퍼백, 보스턴백, 에르메스의 켈리백 등을

연습 삼아 만든다.

에르메스의 켈리백을 만드는 이유는 명확하다.

켈리백은 가방의 구조, 손바느질의 종류, 금속 장식물 결합,

가방 손잡이 구조 등을 다양하게 경험해볼 수 있는 가방이다.

나는 쇼퍼백, 보스턴백, 켈리백 등을 그야말로

일사천리로 만들었다.

후딱후딱 만들었다.

이런 나를 지켜보던 원장님은 또 말한다.

전형적인 B형 스타일이야!

원장님은 겉으로 보기에는 좀 까칠하다.

특히 남자들에게는 더욱더 까칠하다.

그래서

남성도 여성과 동등하게 대우해달라,

가끔씩 투쟁 아닌 투정을 부렸다.

여성 수강생들에게는

이런저런 방법을 아주 조곤조곤 친절하게 설명해주시건만,

나에게는

이건 이렇게 하시면 되고요,

저건 저렇게 하시면 돼요,

그다음은 저번과 같아요,

잘 알겠죠, 하며

퉁명스러울 정도로 꼭 필요한 말만 하셨다.

알아서 잘 해보라는 눈치였다.

괜히 생떼를 부렸다.

좀, 친절하게 가르쳐주시죠!

정규 과정을 끝내고

나는 내가 만들고 싶은 가방을 만들기 시작했다.

원장님이 아무리 까칠하게 나를 대해도,

아무렇지도 않게 내 갈 길을 갔다.

그랬더니 원장님은 또 그런 말을 하신다.

역시, B형이야!

여전히 서툴지만.

나는 내가 만들고 싶은 가방을 디자인하고

본을 뜨고

재단을 하고

재빨리 바느질을 했다.

다른 사람들보다 빨리 가방을 만들었다.

가방을 만들었다기보다는

속된 말로 가방을 쭉쭉 뽑아냈다.

가방을 만들면 원장님이 꼭 검수를 했다.

가방의 형태와 바느질 상태 등을 점검하셨다.

나만의 가방을 몇 개 만들었을 때

까칠한 원장님은 이렇게 말했다.

이 선생님, 바느질은 에르메스급이야!

물론 그 칭찬 속에는 다른 과정도 꼼꼼히 하라는

속 깊은 충고가 담겨 있었을 게다.

조사 중에서 하필이면 '은'을 썼으니 말이다.

원장님의 농담 같은 칭찬을 듣고 난 후

나의 바느질은 춤을 췄다.

여전히 서로 티격태격하며 지내지만.

가끔씩 소맥을 털어 넣는 사이로 발전했지만,

여전히 나는 똥고집을 피우며

나만의 가방을 만들기 위해 바느질에 집중한다.

주위에서 뭐라고 말하든 간에.

이런 나를 보며 원장님은

또 한마디 툭 하고 지나가신다.

B형다워!

S. F.

어느 술자리였다. 지인들이 요즘도 가구를 만드느냐고 물어보기에, 이러다가 중요무형문화재 소목장이 될 것 같다며 장난스럽게 어깨를 으쓱거렸다. 대부분 어처구니가 없다는 듯 껄껄 웃었는데, 유독 한 사람만 진지하게 받아들였다. 그는 욕망, 욕구, 결핍, 무의식, 대리 만족 등 프로이트의 정신분석학 개념어들을 나열하며 지금의 나를 분석했다. 한국 문학 연구자가 문학보다 목공에 더 집착하는 이유에 대해 의견을 피력했다. 농담으로 한 이야기였는데, 일이 커졌다. 그냥 얼빠진 얼굴로 그의 일장 연설을 묵묵히 듣기만 했다. 오스트리아 빈의 프로이트 박물관에 갔을 때, 그때 일이 문득 떠올랐다. 프로이트가 살아 있다면 나도 정신 상담을 좀 받아봐야 하는 것일까. 신체의 병보다 마음의 병을 살피는 게 더 어렵다. 프로이트 박물관을 구경하는 내내 조금 음산하고 우울한 느낌이 들었다. 그러다 통가죽으로 정성스럽게 만든 프로이트의 여행 가방과 — 물론 왕진 가방일 수도 있겠으나 — 휴대용 술병 케이스를 보았다. 우울한 프로이트 선생님인 줄 알았는데, 좀 놀 줄도 알았겠군, 하는 기분이 들었다. 특히 'S. F.'라는 이니셜을 보고 픽 웃었다. 지그문트 프로이트라! 알겠다고요, 프로이트 선생님. 그런데 나는 자꾸 불경스럽게도 'Science Fiction('공상' 과학 소설)'이 떠올랐다.

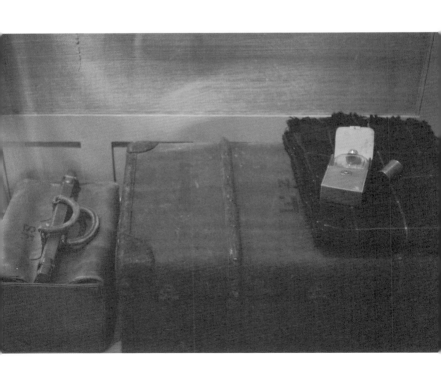

틈과 균열을
이어 붙이는
마법의 힘,

나비장

때론 틈이 벌어지고 균열이 생긴다.

별다른 이유도 없이.

어제 함께 밥 먹고 술 마셨던 사람과 멀어진다.

별일 아닌데.

그 틈을. 균열을 어쩌지 못한다.

멀어진 사람들과 그 추억들.

여전히 함께 저녁을 먹고 술 마실 사람들이 있지만.

더 많은 사람들과 함께 웃고 떠들었던 시절이

한때는 있었다.

상처는 죽 떠먹은 자리처럼 흔적 없이 사라지지 않았다.

상처는 마음 깊은 곳에

겹겹의 나이테가 되어 또렷이 자리 잡는다.

가구를 만들다 보면
나무가 갈라지고 터지고 상처가 생겨
상품성을 잃을 때가 종종 있다.
그러면 버려야 한다.
새로 재단한 나무인데도
미세한 균열이 생겨 갈라질 것 같은 나무도 있다.
그러면 균열된 부분은 잘라버리고 온전한 부분만 쓴다.
그렇지만 나는
나무의 균열을 그대로 놓아둔다.
갈라진 나무도 나무고
그것 역시 자연스러운 성장이기에.
대신 나무 반창고를 붙인다.
나무로 만든 응급 반창고를.

더 이상 균열이 생기지 말라고.
더 이상 갈라지지 말라고.
더 이상 상처받지 말라고.
더 이상 버려지지 말라고.
틈과 틈 사이에
나비 모양의 촉을 단단히 박는다.

하필이면 꿈과 희망을 상징하는 나비의 형상이다.
나비 모양으로 만들어 심어야

나무의 수축과 팽창을 다스릴 수 있다.

그래야 더 이상 갈라지지 않고

팽팽한 긴장감을 지니면서

나무는 또 다른 삶을 살아간다.

나비장으로 마감된 균열과 상처는 묘한 매력을 풍긴다.

나비장은

드러내놓은 내 마음의 상처를

숨기지 않는 아픔을

우울이 아닌 애도를

부끄럼 없이 펑펑 울 수 있는 자의 용기를 많이 닮았다.

그래서 고고해 보인다.

터지고 균열이 생긴

우리네 삶의 관계를 다시 이어주는 오작교가 될 나비장.

그런 나비장 하나 있었으면 좋으련만.

우리가
만든 가방은

'메이드 인 피렌체'입니다

피렌체 중앙역에 내렸다.

정식 명칭은 피렌체 산타 마리아 노벨라 역이다.

역 바로 옆에 산타 마리아 노벨라 성당이 있어서다.

중앙역 광장에서 바라본 피렌체의 하늘은 쪽빛이었다.

분명 지리적 기후의 영향이겠으나.

피렌체의 하늘은 코발트블루 색의 잉크를 풀어놓은 것 같았다.

특히 어둠이 내리기 시작하면

그 하늘은 더욱 진한 검푸른 빛을 띤다.

유유히 흘러가는 구름을 한참이나 바라보다,

혼자 좋아 웃었다.

두오모로 널리 알려진 산타 마리아 델 피오레 성당을 지나,

단테의 집을 거쳐,

다시 우피치 박물관을 가로질러,

산타 크로체 성당으로 발길을 옮겼다.

산타 크로체 광장 주변에는

정감 넘치는 건물들이 늘어서 있다.

시뇨리아 광장이 피렌체의 심장부이자,

세계 여러 나라 여행자들이 꼭 들러야 하는 순례지라면,

내겐 산타 크로체 광장이 그랬다.

산타 크로체 성당 왼쪽에는 근엄한 동상이 하나 서 있다.

이름만 들어도 주눅이 드는 단테 알리기에리.

피렌체에서 태어나 세계적 문호가 된 단테이니,

그럴 만하다.

한국 문학을 전공했으나,

외국 문학에 대해 무지할 수만은 없는 나는

단테의 번듯한 동상을 보는 것만으로도,

'내 여행은 의미 있는 알찬 여행'이라며

얄량한 의미를 부여해보았다.

그러나

문학 여행이나 작가 여행을 위해 피렌체에 온 것은 결단코 아니었음을.

물론 해외여행을 떠나는 내게

주위의 누군가가 문학이나 작가 기행을 떠나는 것이냐고 물으면

그냥 그렇다고 말할 뿐이었음을.

산타 크로체 광장 주위에는

가죽 제품을 파는 조그만 상점들이 많다.

피렌체 중앙시장에도

가죽 제품들이 마치 푸줏간의 고기처럼 줄줄이 걸려 있다.

산타 크로체 광장의 가죽 상점에 진열된 가죽 제품에도,

중앙시장 가판대에 걸린 가죽 제품에도,

'메이드 인 이탈리아'라는 문구를 좀처럼 찾아보기 힘들다.

그럼 이 많은 물건을 어디서 만들었단 말인가.

중국, 터키, 인도, 스페인, 포르투갈. 도대체 어디란 말이냐.

피렌체 사람들은 '메이드 인 이탈리아' 대신

'메이드 인 피렌체(플로렌스)'를 고집한다.

'메이드 인 피렌체'라는 원산지 표기에서

나는

피렌체는 이탈리아의 피렌체 이전에

오로지 피렌체 그 자체였으며,

피렌체의 가죽과 가죽 제품이 이탈리아에서도 최고라는

피렌체 사람들의 자부심을 엿본다.

산타 크로체 성당을 끼고 돌아 뒤편으로 걸어가면

혹은,

입장료를 내고 성당을 구경한 후 중앙통로를 관통해서 가다 보면

성당에서 운영하는 오래된 공방과 마주친다.

중세의 건물에 둥지를 튼 공방이나.

역사는 중세까지 거슬러 올라갈 수 없는

'Scuola del Cuoio_Leather School of Florence'.

이탈리아 말을 우리말로 바꾸면 이렇다.

스꾸올라 델 꾸오이오_플로렌스 가죽 학교.

이곳을 단순한 가죽공방으로 부르기에는 뭔가 부족한 감이 있다.

스꾸올라 델 꾸오이오는 자비와 은총과 사랑으로 충만한 공방이다.

물론

지금도 그렇다고 단언하기는 어렵지만.

스꾸올라 델 꾸오이오는 2차 세계대전 때 문을 열었다.

전쟁고아들의 자립을 위해

프란체스코 수도회와 가죽 장인들이 합심하여 공방을 만들었다.

내가 그곳의 문을 두드리고 들어갔을 때였다.

백발이 성성한 가죽 장인이 마치 의사처럼 흰 가운을 입고

펀치로 가죽에 구멍을 뚫고 있었다.

이탈리아 공영방송에도 소개된 가죽 장인이다.

아치형 복도의 한편에는 작업대가 설치되어 있는데

몇몇 가죽 장인이거나 그들의 도제들이 간단한 작업을 하고 있었다.

세월의 흔적과 삶의 내공을

온몸으로 발산하는 가죽 장인은

구멍을 뚫고 또 뚫고 또 뚫었다.

아주 오래전부터

아주 오랜 시간의 터널을 지나

현재까지 마치 으레 그래왔던 것처럼 묵묵히.

아치형 복도의 한편 깊숙한 곳에

가죽공예를 배우는 학생들.

도제들이 이런저런 작업으로 분주했다.

공방에서 만든 제품들이 전시된 진열장으로 눈길을 돌렸다.

상품 진열대 유리창 너머에

도도하게 폼 잡고 있는 남성용 서류 가방에 시선을 빼앗겼다.

색감이 퍽 남달랐다.

저 파란색은 과연 어떤 파란색일까.

저 푸른빛을 어떤 글자로 기록할 수 있을까.

표현 불가능성을 지닌 푸른빛이었다.

푸른빛이지만 푸른빛이 아닌 그런 푸른빛이었다.

그때. 잠시 옛글이 떠올랐다.

연암 박지원이 한때는 친구였던 창애蒼厓 유한준에게 보낸 글이었다.

글 제목은 「창애에게 답함 3答蒼厓之三」이다.

예나 지금이나 제도적인 학교 공부는 즐겁지 않나 보다.

어느 마을에 살던 어린아이가 천자문 공부를 싫어했다.

천자문은 읽고 또 읽어가며 강독하고 낭독하여 몸으로 체화해야 한다.

아이는 천자문 읽는 게 싫었다.

그래서 선생님은 꾸짖었다.

왜 배움을.

읽기를 게을리하는 게냐!

아이는 이렇게 답했다.

"하늘은 푸르고 푸른데 하늘 천天 자는 푸르지 않아요."

그랬다.

천자문 책에 먹으로 쓰인 천은 먹색이거나 검은색이지 않은가.

아이는 이해할 수 없었다.

순수한 아이의 눈에는.

물론 이 이야기는 박지원이 천자문 공부의 병폐.

상상력을 억압하는 주입식 공부의 문제를 지적하는 글이다.

박지원의 의도야 어찌되었든

하늘 천 자가 푸르지 않다는 그 아이의 대답은

내게 많은 것들을 되짚어보는 계기가 되었다.

자연과 우주가 만들어낸 다양한 빛의 색감을

특정한 언어와 문자로 모두 표현해낼 수 있을까.

형언키 어려운.

그래서 그저 파란색이라고 표현할 수밖에 없는.

그 서류 가방에 마음을 빼앗겨 가격을 물어보았다.

공항 세관에 꼭 신고를 해야만 되는 높은 가격이었다.

여행자의 주머니 사정이 넉넉지 못하여

한발 물러설 수밖에 없었다.

가끔씩 그 가방이 눈에 아른거릴 때가 있다.

후회하지 않으려면 사야만 했었다.

단언컨대 그게 옳은 일이다.

이제 그 가방을 사려면

또다시 비행기를 타고 기차에 몸을 실어 피렌체로 가야 하지 않은가.

교통비만 도대체 얼마인가.

카드로 긁고 한국에 돌아와 카드사에 연락해서

오래오래 갚으면 될 일이었다.

그러나 그렇게 하지 못했다.

어쩌면 내 여행의 8할과 내 삶의 8할은

후회를 곱씹는 것이었는지도 모른다.

그냥 지중해의 푸른빛을 머금은 가방이라고 부를 수밖에 없었던

그 서류 가방이 만들어진 과정을 떠올려본다.

가방의 디자인을 구상하고,

디자인과 어울리는 가죽과 색깔을 고르고,

본을 뜨고,

가죽을 재단하고,

바느질을 하고,

(바느질은 모양을 보니

재봉틀 장인의 솜씨일 터이다.)

몇 날 며칠을 갓난아기 다루듯,

행여나 다칠까 섬세한 손길로 어루만졌을 그 물건.

공장에서 찍어낸 가성비 좋은 물건에

익숙해질 대로 익숙해진 나 자신을 되돌아본다.

스꾸올라 델 꾸오이오를 나와

산타 크로체 광장에서 이탈리아 맥주 페로니peroni를 마시며

광장 주변 건물들의 벽화를 감상하다

어떤 가죽 상점으로 들어갔다.

여러 가방을 둘러보다

주인에게 물었다.

명색이 '메이드 인 피렌체'인데

기계 바느질이 아닌

가죽 장인이 한 땀 한 땀 손바느질로 만든 가방은 없냐고.

주인장은 껄껄 웃으며 말한다.

여기는 없다고.

손바느질로 만든 가방은 자신이 파는 가방의 두세 배 가격이라고.

손바느질만 수공예가 아니라

기계 바느질도 수공예라고.

도구를 이용할 뿐이라고.

머쓱했다.

어쩌면 그날, 그때부터였는지도 모른다.

한 땀 한 땀 바느질을 한 가방을

직접 만들고 싶은

열망이 싹튼 순간은.

결혼 선물로

도마를 받다

언제 결혼할 거냐!

어머니가 달고 사신 말이었다.

양가에서 야단이었다.

무슨 연애를 그리 오래하냐고.

그럴 수도 있겠다.

그녀와 7년을 사귀었다.

그래. 이제는 결혼하자.

양가 부모님께 전화를 드렸다.

11월 며칠에 시간이 되시냐고.

저희 예식장 잡았다고.

양가 모두 당황한 기색이 역력했지만,

예나 지금이나 우리가 하는 일에 대해서

특별히 뭐라고 말씀하지는 않으셨다.

조촐한 결혼식을 준비했다.

그녀와 나는 신혼집을 구했다.

누구나 다 알겠지만.

서울에서 집을 구하는 게 그리 쉽지는 않았다.

특히 홍대에서.

그녀와 나는 모든 것을 결혼시키기로 했다.

각자 살고 있던 월세의 보증금을 합쳐

조금 더 넓은 집을 구했다.

당연히 월세였다.

각자 사용하고 있던 전자 제품 중에서

상태가 더 좋은 것은 남겨두고 나머지는 처분했다.

책도 결혼시켰다.

똑같은 책은 한 권만 남겨두고 분가시켰다.

후배들에게 주기도 하고,

기증하기도 했다.

그래도

신혼집인데 새 가구를 들여놓고 싶었다.

가구를 알아보니 생각보다 비쌌다.

그녀는 내게 웃으며 말했다.

혼수는 네가 해 와.

나보고 모범이 되란다.

꼭 여자가 가구를 해 올 필요는 없단다.

남자가 혼수로 가구를 해 오면 좋지 않겠냐는.

못할 게 또 뭐 있겠냐 싶었다.

돈이 없으니 몸으로 때우면 그만이었다.

혼수를 장만하기 위해 공방으로 출근했다.

식탁, 의자, 책상 등을 만들었다.

옷장은 만들지 않았다.

배보다 배꼽이 큰 일이었기에.

옷장에 들어가는 나무 값과

노동의 강도를 생각해보니

아직까지 이건 만들 때가 아니다 싶었다.

결혼식이 얼마 남지 않았을 때,

혼자 살고 있는,

퀴퀴한 냄새가 물씬 풍기는 노총각 집에 어머니가 오셨다.

그리고 보자기를 풀어놓으셨다.

어머니답지 않게 비장한 모습이었다.

도마다. 잘 써라.

이건 뭘까.

갑자기 어렸을 때 읽은 옛이야기가 떠올랐다.

"나는 떡을 썰 것이니, 너는 글을 써라."

어머니가 내게 내민 도마는 특별한 도마였다.

내가 대학원에 다닐 무렵

어머니는 공단에서 조그만 식당을 꾸려나가셨다.

그때 사용하시던 도마였다.

도마와 칼을 내게 내밀면서 어머니는 말하셨다.

밥 굶지 말고, 잘 해 먹어라.

셀 수도 없는 칼자국이 다닥다닥 난 소나무 도마.

어머니의 간난신고가 빗살무늬 토기처럼 선명하게 남아 있었다.

신혼집 주방에 어머니가 주신 도마를 올려놓았다.

좀 컸다.

영업용 도마였으니 그럴 수밖에.

오랫동안 나는 그 도마에서 식재료를 썰었다.

하지만 좁은 주방에서 사용하기에는

물려주신 도마가 너무 컸다.

도마를 들고 목공방으로 갔다.

어머니의 파란만장한 생의 흔적을

지우는 일은 결코 쉽지 않았다.

몇 번의 망설임 끝에

어머니의 칼자국을 지웠다.

도마를 자르고 대패질을 했다.

내 주방의 크기에 맞는 도마로 다시 만들었다.

그리고

질 좋고 향기도 좋은 편백나무(히노끼)를 골라

아담한 도마를 만들어 어머니께 드렸다.

도마가 클수록 어머니의 노동도 더 많아질 것 같아서다.

내게 첫 해외여행을 선물했던 선배가 결혼했을 때였다.

축의금만으로는 내 마음을 다 전달할 수 없었다.

선배는 결혼을 했지만 이런저런 이유로

형수와 떨어져 지내야 했다.

요리를 좋아하는 선배였다.

불현듯 어머니의 도마가 생각났다.

어머니에게 만들어 드렸던 그 도마를 하나 더 만들었다.

형이 혼자서도 밥 잘 해 먹을 수 있는 남자가 되기를 꿈꾸며.

독수공방하느라 조금 여윈 형의 얼굴에 환한 미소가 번졌다.

형, 밥 굶지 마!

나무못

'핸드 메이드'라고 해서 모든 제작 과정이 중세풍의 수작업일까. 기계와 도구가 발달했으니 그것들의 도움을 받기도 한다. 짜맞춤 가구라고 해서 철물을 사용하지 않는 것은 아니다. 기본 구조는 짜맞춤으로 하지만 부분적으로는 철물을 사용한다. 때로는 철물과 나무가 멋지게 조화를 이루기도 한다. 가끔 나무와 나무의 결합을 위해 나사를 사용할 때가 있다. 나무를 맞대고 조그만 구멍을 뚫은 후 나사를 깊이 박는다. 그리고 그 위에 나무못을 덧대 나사의 흔적을 가릴 때가 있다. 도로 위의 맨홀 뚜껑을 생각하면 된다. 일종의 은폐와 엄폐 기술인 셈이다.

다시

시작하는 것이

가장

빠른 길이다

가로 25cm, 높이 20cm, 폭 20cm.
이탈리아산 레드와인 색감의 가죽.
구조는 아주, 아주 단순하게.

3분의 2쯤 만들었다.
손잡이만 꿰매면 끝난다.
손잡이를 몸 판에 달려고 하니
비뚤어진 바늘땀이 보였다.
겨우 한 땀 잘못된 바느질.
그 땀은 마치 모두 우향우 하고 있는데
혼자만 좌향좌를 하고 있는 얼빠진 군인 같았다.
손잡이를 다시 만들어 바느질하면 쉽게 해결될 일이다.

그런데 꾀가 났다.

다시 손잡이를 만들려고 하니

그동안의 시간도

욱신거리는 어깨 관절도

침침해지는 눈도

왠지 애처롭다.

순간의 선택이 영원을 좌우한다고.

가끔은 맞는 말이다.

잘못된 순간의 선택은

예상치 못한 육체적, 정신적 고통을 감내해야 한다.

공부를 하면서 터득한 게 있다면

잔머리 쓰지 말라는 것이다.

본판이 잘못됐는데.

글의 구성이 잘못됐는데.

무언가로 덧칠한다고 해결될 일이 아니다.

논문을 쓰면서 매번 뼈저리게 느꼈다.

잘못된 구성은

과감하게 버려야 한다.

그걸 알면서도

또

잔머리를 썼다.

어리석은 행동인 줄 알면서도

다시 어리석은 행동을 반복하는 한심한 사람.

잘못된 바느질을 살짝 가릴 수 있는 방법을 찾았다.

가죽을 덧대서

마치 원래 디자인이 그런 것처럼

아무 일도 없었던 것처럼

꿰매면 될 것 같았다.

가죽을 덧대고 보니

가방 모양이 영 시원치 않았다.

다시 가죽을 재단해서 수정을 했지만.

수정은 계속 수정을 낳을 뿐.

아예 처음부터 손잡이를 다시 만들었다면.

오늘 하루의 모든 일들이 헛되지는 않았으리라.

잔머리가 문제였다.

가방을 만드는 공정이

너무 많이 진행되었다고 생각했던 것이 문제였다.

무언가를 덧댄다고 해결될 일이.

부분을 수정한다고 해결될 일이 아니었다.

너무 멀리 와버렸기에 처음으로 돌아가기는 싫었다.

처음으로 돌아가기 싫어 머뭇거리며 갈팡질팡하다 결국에는

다시,

처음으로 돌아갈 수밖에 없음을 뼈저리게 깨닫는다.

잘못되면 처음으로 돌아가야 말끔하다.

책상을 깨끗이 정리하는 가장 좋은 방법이

책상 위에 아무것도 올려놓지 않는 것이듯이

처음으로

없음으로

다시

다시 돌아가

또다시 시작하는 게

가장 깔끔한 해결책이다.

남들은 눈치채지 못할 수 있겠으나

만든 사람의 눈에는

수정된 부분이

곪고 덧나 흉터가 남은 상처처럼 또렷이 자리한다.

내 머릿속 그 물건의 모습을 간직하기 위해서는

너무 멀리 왔어도

다시 처음으로 돌아가야 한다.

그래야 후회가 없다.

수정한 부분은,

덧댄 부분은,

그 물건을 볼 때마다 계속 떠오른다.

저게 아니었는데,

저 모습이 아니었는데,

저 길이 아니었는데…….

아차, 잘못되었다 싶을 때는

미련 없이, 주저 없이,

처음 그 순간으로 다시 돌아가리.

그것이 가장 빠르고 아름다운 길이므로.

나는야
추억을 꿰매는

수선공

중세,

라고 소리 내어 읽어보면

뭔지 모를

아련함과

신비함과

따스함이 배어 있는 듯한 착각에 빠진다.

명칭 때문에 그런 생각이 들었을 게다.

고대라고 말하면

너무 멀리 있는 태곳적 시간이라

감히 상상도 못하겠으나

중세는 왠지

손을 뻗으면 닿을 것 같은

시간이자 세계라는 착각이 들 때가 종종 있다.
고풍스러운 벽돌 건물이 즐비한 도시를
'마녀 배달부 키키'가 활기차게 날아다니는 상상.
중세 도시는 시간의 터널 같다.
우리가 지금껏 경험하고 느끼지 못했던
마법의 세계로 향한 길고 기다란 입구.

'아담한' 마을이 좋다.
천. 천. 히.
한 걸음 한 걸음 온몸을 밀고 나가며 발걸음을 옮겨
마을 여기저기를.
저잣거리 사람들의 오밀조밀한 일상을 바라보면
각박한 마음도 어쩐지 넉넉해지는 느낌이다.
피렌체 사람들이 오해하지는 말았으면.
피렌체는 아담한 '마을—도시'다.
피렌체에서는 그저 걸어 다니는 것이 좋다.
걸어 다니는 속도로 바라보는 피렌체야말로 가장 아름답기에.

나와 여러 인연의 끈으로 묶인 피렌체.
새로 장만한.
살아오면서 가장 값비싼 노트북을 들고 유럽 여행을 떠났다.
설레는 마음으로
차창 밖으로 펼쳐진 낯선 풍경을 바라보며 맥주를 마셨다.

노트북을 켜고 여행의 기록을 남기기도 했다.

배시시 웃음이 나왔다.

꼭 으쓱거리고 뽐내는 티를 팍팍 내는 행동 같았다.

하나. 그러면 어떠리.

그냥 좋았다.

피렌체로 가는 기차 안에서 나의 폼생폼사도 끝났다.

누군가 내 노트북을 훔쳐갔다.

아직도 그날의 충격이 마음속에 생생히 남아 있다.

아, 피렌체!

끊었던 담배를 다시 피우기 시작한 곳도 피렌체였고,

지중해 빛을 머금은 가죽 색감에 반해

가죽공예에 관심을 갖게 된 것도 피렌체 여행 때문이었고.

유럽 여행을 하면서 가장 자주 머물렀던 곳도 피렌체였다.

그날 피렌체 거리에는 촉촉한 비가 내렸다.

며칠간의 무더위를 밀어내는 비었다.

알록달록한 일회용 비닐 우비를 뒤집어쓰고

광장과 골목을 돌아다니는 사람들.

J는 카페에 앉아 커피를 마시며

비 내리는 피렌체 거리를 바라보고 있었다.

아무것도 하지 않고 비를 바라보겠다는

J의 손목을 이끌고 빗속으로 걸어갔다.

거리를 돌며 우비를 파는 젊은 청년에게

파란색과 노란색 우비를 샀다.

총총걸음으로 이 골목 저 골목을 헤집고 다녔다.

두 다리의 동력이 가장 저렴한 이동 비용이라 믿는,

아주 사소한 절약에 큰 만족을 얻는,

나는 걷기를 좋아한다.

쿠션감이 좋고 착화감이 편한 운동화는

그야말로 내 여행의 빛나고 값진 동반자다.

보슬보슬 내리는 비를 맞으며

거리를 걷다 보니 운동화가 젖어 축축해졌다.

한참을 걷다 신발 가게를 발견하고 가죽 샌들을 샀다.

특별히 멋지거나 비싼 샌들은 아니었다.

그저 흔하고 흔한 가죽 샌들이었지만

상점 주인은 현지에서 만든 거라 말한다.

음, '메이드 인 피렌체'라고?

디자인을 보니 유명 상표 디자인과 비슷하다.

새 신을 신고 뛰어보자 팔짝.

노래가 절로 나오는 상큼한 신발이었다.

운동화를 벗고 샌들로 갈아 신고

비 오는 피렌체를 늦도록 돌아다녔다.

그 후

피렌체에서 장만한 샌들은 내 여행 가방에 자신만의 둥지를 틀었다.

내 오랜 여행의 동반자였던 가죽 샌들.

이제 가죽 샌들의 옆선은 배흘림기둥처럼 휘었다.

발바닥을 편하게 감싸야 할 밑창에 붙은 가죽은
물먹은 식빵처럼 힘을 잃어 푸석거렸다.
다시 생명을 불어넣어야 했다.

샌들을 들고 공방으로 갔다.
작업대에 오래된 낡은 샌들을 올려놓고
밑창을 수선하기 시작했다.
발등을 조여주는 가죽 끈에는
다른 가죽을 덧대 꿰맸다.
새로운 디자인의 신발 같았다.
디자인적으로도 훌륭하다고 자화자찬했다.
낡거나 오래된 물건을 수선하는 일은
새 물건을 사거나 만드는 것만큼 즐겁다.
지켜보던 공방 지인들이
동네 구두 수선집에 가면 몇 천원이면 된다고 말한다.
나는 씩 웃으며 대답한다.
어딜 가요.
제가 갖바치이자 신기료장수인데요.

가끔은 낡았지만 버리지 못하는 물건들이 있다.
자신이 살아온 시간의 좋은 추억이 함초롬히 담겨 있어서 그럴 게다.
낡고 헤지고 터지고 닳고 닳은 가죽 샌들을 수선하는 일은
내 지난 시간의 추억을 다시 기우는 일 같다.

다시.

새 신을 신고 뛰어 가보자, 머나먼 세계로.

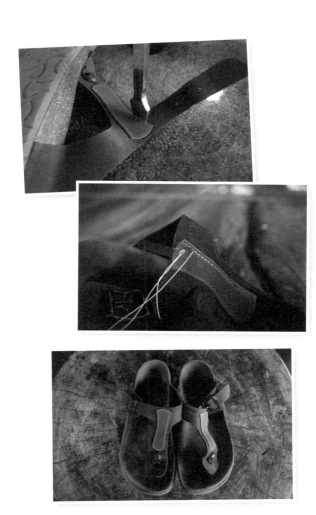

생 레미의

팔찌 달인

프랑스 남부의 여름은 뱀 꼬리처럼 길고도 길다.

남부의 여름은 성장기의 청소년처럼 쑥쑥 자라난다.

저녁 10시가 되어야 어스름이 찾아든다.

고흐의 발자취를 따라가 보겠다며

프랑스 남부 생 레미Saint Rémy de Provence에 들렀다.

물론 내가 고흐를 좋아해서는 아니다.

난 불우한 천재를 별로 좋아하지 않는다.

죽고 난 후에 천재가 되고 유명해지면 뭐 하겠는가!

살아 있는 동안 잘 살아야지.

이 모든 고역이 다 J 탓이다.

J는 고흐를 유달리 좋아한다.

벌써 몇 년 전부터 유럽으로 여행을 갈 때마다

시간을 쪼개 고흐의 발자취를 따라다녔던 J였다.

난, 셰르파이자 '찍사'로 끌려다녔다.

J와 함께 여행을 가면, 나는 J만의 사진작가가 된다.

그날 생 레미의 기온은 37도를 넘겼다.

나중에 프랑스에 사는 지인으로부터 들은 얘기지만

프랑스의 아를과 생 레미는

한국으로 말하면 대구와 같은 분지라 무덥단다.

그걸 몰랐다.

선글라스를 뚫고 태양이 들이쳤다.

그늘도 없었다.

무더위를 뚫고,

헉헉거리며 가끔은 구시렁거리며

고흐가 입원했던 생 폴 드 모졸Saint Paul de Mausole 요양원을 찾았다.

요양원 정문에 다다르니 이미 죽은 자가 말을 걸어오는 걸까.

이런 목소리가 들리는 듯했다.

힘들어죽겠지?

고흐의 발자취를 천천히 둘러본 뒤, 다시 마을 중심가로 돌아왔다.

야시장이 열렸다. 생 레미의 중앙광장에서였다.

말이 야시장이지 아직 해는 지지 않았다.

무더위를 피해 카페와 식당에서 머물던 사람들이

우르르 거리로 쏟아져 나왔다.

샌들, 액세서리, 그릇, 옷, 문구류 등을 파는 좌판이 빼곡하게 늘어섰다.

여기저기를 기웃거리며 이런저런 물건을 구경하다

한 곳에서 발걸음을 멈췄다.

익숙한 냄새가 가슴 깊은 곳까지 파고들었다.

가죽 냄새였다.

예전 같았으면 '가죽 냄새구만' 하고 그냥 지나쳤을 게다.

나이를 짐작하기 어렵지만 분명 나보다는 어릴 테다.

그는 어디서 왔을까. 원래 이곳 사람이었을까.

청년의 콧대는 높았고 피부는 구릿빛에 가까웠다.

이탈리아 사람 같기도 프랑스 사람 같기도 했다.

모자를 눌러써서 알 수 없지만.

팔을 뒤덮고 있는 뒤얽힌 털과 턱수염을 보니

머리카락도 곱슬머리일 게다.

혹시 이민자는 아닐까.

어디서 떠돌다 여기까지 흘러들었을까.

만약 이탈리아 사람이라면,

파리도 아닌 남부 시골 생 레미까지 와서

팔찌를 만드는 이유는 뭘까.

쓸데없는 망상을 하고 있는데 그의 손이 눈에 들어왔다.

손놀림이 예사롭지 않았다.

그는 자신이 만든 가죽공예품을 팔고 있었고,

그 자리에서 열쇠고리와 팔찌를 만들었다.

거리의 가죽공예 장인에게 팔찌를 주문했다.

J와의 여행을 기억하려는 뜻에서였다.

J를 만난 지 18년이 넘었으나

지금껏 커플로 무언가를 해본 적이 거의 없다.

결혼을 위해 커플링을 맞춘 것 말고는.

지금은 그 반지도 뜨거운 불가마에서 환골탈태하여

J의 목걸이로 변신했다.

그러니 커플 뭐시기라고는 하나도 없는 셈.

이제 와서, 이 나이에

거리의 장인에게 커플 팔찌를 부탁하자니.

조금

쑥스럽다.

J는 푸른색, 나는 갈색 가죽을 골랐다.

생가죽에 푸른색과 갈색 염료를 칠한다.

그는 팔찌에 새길 이니셜을 선택하라고 한다.

글자체가 많지는 않다고 덧붙였다.

우리가 각자의 성을 딴 J와 L을 고르자

청년은 그 사이에 들어갈 문양과 양쪽에 들어갈 문양을 고르라 한다.

그러고는 환한 미소를 지으며 당연하다는 듯이 ♡를 추천한다.

잠시 머뭇거리다 나는 다른 모양을 가리켰다.

팔찌에는 'J ☆ L'이 또렷하게 새겨졌다.

조금은 덜 민망하려나.

청년은 몇 번의 망치질과

또 몇 번의 손길과

또 한 번의 가위질을 거쳐 팔찌 하나를 뚝딱 만든다.

그는 어쩌면 생 레미의 '생활의 달인'일지도.

10유로의 추억과

거리 장인의 능숙한 손놀림과

고흐의 「별이 빛나는 밤」을 닮은 밤하늘이

생 레미를 고즈넉하게 감싸고 있었다.

경계

아내는 여행을 떠날 때마다 각양각색의 문 앞에서 사진 찍는 걸 좋아한다. 두 개의 세계 사이, 경계나 사이 공간을 좋아하나 보다. 나는 문과 창문 찍는 걸 좋아한다. 안과 밖을, 나와 세상을 연결해주는 문과 창문. 벨기에 브뤼헤Brugge의 골목을 헤집고 다니다 낡고 헤지고 갈라 터졌으나 참으로 고상한 푸른색의 나무 대문을 발견했다. 마치 일부러 그렇게 인테리어를 한 것 같았다. 이끼 낀 낡은 적벽돌과 갈라진 벽돌 틈에 새롭게 바른 시멘트와 칠이 거칠게 벗겨진 나무 대문의 조화, 차가운 돌과 따뜻한 나무의 어울림이 좋았다. 대문의 손잡이는 철로 만든 아기 천사다. 아기 천사를 손으로 잡고 똑똑 대문을 두드리고 들어가면 현실 너머의 또 다른 세계가 펼쳐질 것만 같다.

멀어져 가는

좀스러운 할인도 없어졌다.

역방향 기차를 타면 할인이 있었는데.

그 돈은 다 어디로 흘러가는지.

한국에서 기차를 타면 언제나 순방향을 고집했다.

역방향을 타면 왠지 울렁거리는 것 같았다.

어쩌면 본능적인 반응이 아니라 학습된 반응일지도 모른다.

유럽의 기차 여행은 순방향과 역방향을 선택하기 어렵다.

한동안 순방향으로 가다가

어느 순간이 되면 역방향이 된다.

그러니 유럽 기차의 대부분 좌석은 순방향과 역방향의 구별이 없다.

좌석은 중앙 4인석을 기준으로 순방향과 역방향이 반반이다.

아니.

모두 순방향이고 모두 역방향일 수 있겠다.

언제 역방향으로 돌연 바뀔지 모르니.

기분 때문인지 역방향에 앉아 맥주를 마시면

더 빨리 취하는 느낌이 들곤 한다.

역방향에 앉아 차창 너머의 풍경을 바라볼 때면

의도하지 않았는데도

무의식적으로 노래를 흥얼거린다.

이유는 나도 모른다.

언제부터인가 기차 역방향에만 앉으면 그랬다.

"멀어져 가는

그 뒷모습을 바라보면서……."

나미의 노래였다.

「슬픈 인연」을 흥얼거리다 보면

나도 모르게 눈시울이 촉촉해질 때도 있다.

둘 중에 하나다.

나이가 들어

예전에는 메말라 있던 감성 세포가 갑자기 되살아났거나

그게 아니면 눈병(유루증)이다.

무엇이면 어떠리.

창밖을 바라보면

모든

풍경이
하늘이
구름이
내가 살아온
세상이
사람들이
시간이
추억이
멀어져만 간다.
다 잡고 싶지만
재빨리 멀어져만 간다.

공방에서
바느질을 하고 끌질을 하다 보면
세상이 멀어져만 간다.
세상이 아니라 현실이 멀어져만 간다.
현실이 멀어져 가는 게 아니라,
현실을 떠밀어 내고 있는 것 같을 때가 있다.
힘겹고, 복잡하고, 뜻대로 되지 않는 현실을.
그러다 곧
현실 때문에 밀려났던 꿈들이 되살아나곤 한다.

공방에서

대패질을 하고 가죽을 다듬다 보면

멀어져 가고 밀려나고 밀어내는 것들이

마음속에서 소용돌이치고 있음을 느낀다.

갑갑한 현실을 잊게 해주기도

그래서 현실 감각을 멀게 하기도

하지만

그래서

둔감했던 감각의 세포들이 되살아나

다른 꿈속으로 나를 밀어 넣는다.

바느질은 잡스러운 고민을 가라앉히고

조용히 나 자신을 되돌아보게 만든다.

다시 새로운 꿈을 꿀 수 있을까.

결국

공방에서

톱질을 하고 호흡을 가다듬으면서 가죽을 재단하다 보면

이렇게 사는 게 맞는 건지

저렇게 살아가야 하는 게 더 나은 건 아닌지 갈팡질팡하며

내가 무엇을 원하는 것인지

되묻고 되묻다 보면

어느새

책상이

가방이 완성되어 있다.

그렇게

공방의 시간은 쉼 없이 흘러간다.

취미와 직업은 너무나 멀리 떨어져 있어

한쪽으로 가까이 다가갈수록

다른 한쪽은 멀리멀리 멀어져만 간다.

중독되면

이혼당할 수도 있다

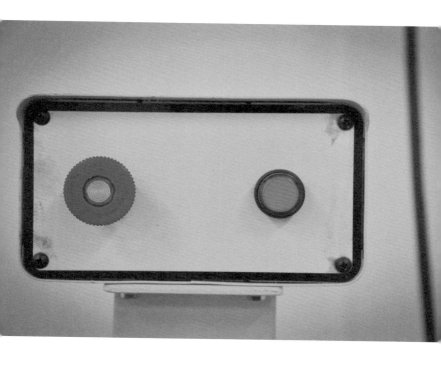

안과 밖의 경계를 잘 구분해야 하는데 쉽지 않다.

밖에서의 생활과 집에서의 생활을 잘 구분해야 육신이 편하다.

회사 일을 싸 들고 집으로 오는 사람을 반길 가족은 많지 않을 게다.

회사를 다니지도 않는 사람이,

한 번도 정규직의 삶을 살아본 적도 없는 사람이

바깥일을 집으로 끌고 들어오면

얼마나 얄미울 것인가.

오해 말길.

내 얘기다.

목공과 가죽공예의 다른 점은 물론 많고도 많다.

나무를 하러 다닐 때는 아내가

고기라도 사줄까, 라고 말하기도 했다.

가구를 만드는 일은 일단 육체적으로 힘들다.

그건 나무의 물성 탓이기도 하다.

단단한 나무를

자르고 켜고 깎고 파고 다듬고 하다 보면

내 몸이 내 몸 아닌 듯,

커다란 코끼리가 등에 업혀 있는 것 같다.

그러니 집에 오면

목욕부터 먼저 하고 쉬는 게 상책이다.

만들던 가구를 집으로 가져와서 마무리를 한다는 건

목공을 할 수 있는 작업실이 딸린 단독주택에 살지 않는 한

텔레비전에서나 보던 미국식 교외 주택이 아닌 이상

거의 불가능한 일이다.

그런 공간적 제약 때문에

목공방의 작업이 집으로까지 연장될 일은 거의 없다.

물론 모두 그런 것은 아니겠지만,

세상에서 하나뿐인 가구를 기다리는 가족들은

땀방울이 떨어져 송골송골 맺힌 나무와

속옷까지 진득하게 스며든 목수의 땀 냄새를 맡을 일이 없다.

완성된 가구를 보고 기뻐하며,

가끔 그 가구가 완성되기까지의 과정과 노고를 상상하면 될 일이다.

가죽은 나무와는 다르다.

가죽 제품은 나무로 만든 가구에 비해 부피가 덜 나간다.

공간도 덜 차지한다.

책상용 의자 열 개와 반지갑 열 개가 차지하는 공간을 생각해보라.

집에서 나무를 깎고 다듬기는 어렵지만

재단한 가죽을 꿰매기는 어렵지 않다.

가죽공방에 다니면서부터

공방에서 마무리하지 못한 일을 집으로 가져오기 시작했다.

꼭 공방에서 해야 할 작업과 집에서도 할 수 있는 작업을 나눴다.

재단과 목타 치기는 공방에서 한다.

목타 치기가 무엇이냐면.

바느질을 하기 위해 가죽에 구멍을 뚫는 일이다.

재봉틀 바늘이 가죽을 뚫고 실을 엮는 그 자리를 마련하는 일이다.

목타는 포크 모양으로 생긴 가죽공예용 송곳으로 생각하면 된다.

재단한 가죽을 나무 위에 올려놓고 목타를 친다.

목타를 칠 때마다 소리가 나기 때문에

만약 집에서 목타를 치면 층간 소음을 유발할 수 있다.

그래서 목타 치기는 꼭 공방에서 한다.

재단도 마찬가지다.

가죽을 재단하려면 넓고 평평한 책상이 필요하다.

가죽을 쫙 펼쳐놓아야 하니까.

8인용 식탁 크기의 책상이 필요한 셈이다.

재단과 목타 치기를 제외하면

대부분의 가죽 작업은 집에서도 가능하다.

가죽공예를 하면서 욕심이 생겼다.

의자 만드는 데 걸리는 시간과

반지갑 만드는 데 걸리는 시간의 격차는 생각보다 크다.

의자에 비해 반지갑을 더 빨리 만들 수 있다.

서서히 가죽공예에 중독되고 말았다.

목공에 비해 더 빨리 물건을 만들 수 있었고

그 결과물이 공간을 크게 차지하는 것도 아니기 때문이었다.

어느 날 두꺼운 종이로 반지갑의 패턴을 만들었다.

색감이 다른 여러 장의 가죽을 펼쳐놓고

반지갑 패턴을 그렸다.

한 번에 세 개의 반지갑을 만들기 위해서였다.

공방에서 재단과 목타 치기를 끝내고

집으로 재료들을 가져갔다.

일단 거실 소파에 앉아 텔레비전을 켰다.

드라마를 보며 바느질을 하면 심심하지 않아서다.

여기에 맥주까지 곁들이면 더욱 좋다.

음주 목공은 금지지만

음주 바느질을 조금 귀엽게 봐줄 수도 있다.

드라마를 보며 바느질을 하다 보니

어느덧 자정이 넘었다.

안방에서 아내가 나왔다.

쉬엄쉬엄하고 얼른 자.

알았다고 말한 후.

계속 바느질을 했다.

새벽 두 시 무렵 다시 안방 문이 열렸다.

내가 떡이라도 썰까!

아내의 불편한 심기가 깊게 묻어난 말이었다.

다시 알았다고 말한 후,

별일 아닌 듯이 계속 바느질을 했다.

새벽 네 시 무렵 또다시 안방 문이 열렸다.

밤새 텔레비전을 켜놓고

거실에서 부스럭거리는 남편 때문에 잠을 못 자는 모양이었다.

그만 자!!

아내의 목소리가 카랑카랑하고 뾰족뾰족하다.

나는 이 상황에 굴하지 않는다.

빨리 바느질을 끝내는 게 중요했다.

어디서 그런 용기가 나왔는지.

눈치가 없는 게다.

하지 말아야 할 말을 내뱉고 말았다.

놔둬, 난 가죽과 놀 권리가 있어!

바느질에 빠져들어 무식하게 용감했다.

아내는 문틀에 비스듬히 기대어 나를 노려본다.

그래, 그럼 그 권리를 박탈한다.

그리고 이 집에서 살 권리도 박탈한다!

갑자기 정신이 번쩍 들었다.

이러다 쫓겨날 수도 있다는 생각이 들었다.

웬만해선 내가 하는 일에 이래라저래라 하지 않던 아내였다.

꼬리를 내렸다.

거실에 어지럽게 널려 있던 가죽을 정리하고

방으로 기어들어 갔다.

아내는 말한다.

적당히 해라.

취미로 하는 일은 적당히 해야 한다.

넘치면 사달이 난다.

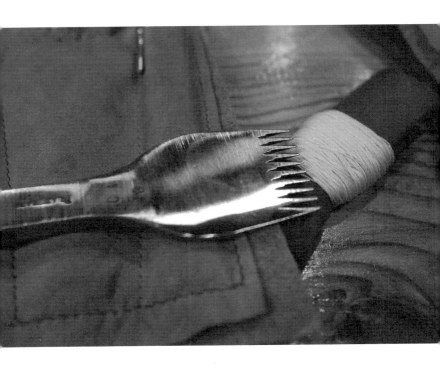

나는
오른손잡이입니다,

그게
뭐가 중요한데

가장 읽기 싫은 글이 있다.

사용설명서!

자동차를 산 지 4년이 지나서야

내 자동차에 이런 기능이 있었구나, 하며 감탄한 적이 있다.

물론 사용설명서를 보고 안 게 아니었다.

나와 똑같은 차를 구입한 지인 덕분에

그동안 몰랐던 기능을 알게 된 것이다.

카메라를 사고 나서도 그랬다.

사용설명서는 왜 이리 두꺼운지.

왜 이리 무미건조한지!

사용설명서를 읽으려고 하면

꼭 난독증에 걸린 것 같은 기분이었다.

그렇지만

아무리 읽기 싫어도 사용설명서를 꼼꼼히 읽어야

내가 장만한 물건을 십분 활용할 수 있는 법.

그걸 알면서도 여전히 잘 읽지 않는다.

사용설명서는 대부분 올바른

가장 알맞은 물건의 용법을 규정하는 책이다.

연장을 사용할 때도 연장의 사용법을 숙지해야만 한다.

톱질, 끌질, 망치질, 대패질, 바느질, 재단, 목타 치기 등

공구를 사용하는 모든 작업에는

적절한, 알맞은, 올바른 사용법이 있다.

대팻날로 홈을 팔 수 없고

톱으로 나무의 평면을 다듬을 수 없다.

또한 나무를 자를 때와 켤 때 사용하는 톱날이 다르고,

톱질하는 방향도 다르다.

나무가 뜯기지 않게 대패질을 하려면

대팻날과 덧날을 잘 맞춰야 한다.

그런 후 나뭇결의 흐름에 따라 대패질을 해야

표면을 곱게 다듬을 수 있다.

따라서

목공예를 하든

가죽공예를 하든

공구를 제대로 사용하는 방법을 꼭 배워야 한다.

공구를 사용하는 방법뿐 아니라

나무를 쉽게 자르고 깔끔하게 대패질하는 방법,

가죽을 똑바로 재단하고 꿰매는 방법 등도 배운다.

그런데

여기서 한 가지 문제는

오른손잡이에게 편리하도록 고안된 공구가 대다수라는 점이다.

목공에 사용되는 수압 대패, 테이블 소Table Saw,

각도 절단기, 밴드 소Band Saw 등이 그렇다.

바느질도 비슷하다.

올바른 바느질 방법은

오른손잡이를 기준으로 고안된 규칙을 따라 한다.

여러 사람들과 수다를 떨며 바느질을 할 때였다.

아무도 의식하지 못하고 있었다.

그런데

공방 새내기 회원이

내 바느질을 유심히 보더니 뭔가 이상하다고 말한다.

자신이 하는 바느질과

내가 하는 바느질이 다르단다.

혹시 자기가 잘못 배운 건 아니냐고 묻는다.

그럴 리가 있겠는가.

선생님은 잘못한 게 없다.

새내기 회원은 공방 선생님으로부터 배운 바느질을

정확하게 따라 하고 있었다.

문제는 나였다.

내 바느질은 모든 게 새내기 회원의 바느질과 반대 방향이었다.

가죽을 꿰맬 때도 순서와 방향이 있다.

즉, '바느질의 정석'이 있다고나 할까.

먼저 가죽에 목타를 친다.

목타를 쳐 구멍 난 가죽을 오른쪽 방향에 둔다.

잘 이해가 가지 않을 수도 있다.

예를 들어

A4 용지에 선을 긋는다.

그 선을 따라 일정하게 구멍을 뚫는다.

그다음 평면의 A4 용지를 오른쪽 방향 90도로 세운다.

그러면 목타를 친 자리가 오른쪽으로 간다.

목타 친 구멍을 따라 위에서 아래로 내려오면서 바느질을 한다.

오른손과 왼손의 역할도 정해져 있다.

가죽 바느질은 바늘을 두 개 연결해서 사용한다.

오른손 바늘이 가죽 구멍을 지나가면

왼손 바늘이 다시 가죽 구멍으로 실을 통과시킨다.

이게 일반적으로 바느질의 정석으로 불린다.

그런데 나는 정반대다.

목타를 친 가죽을 왼쪽 방향으로 틀고 아래서 위로 바느질을 한다.

사용설명서를 잘 보지도 않으며

규정에 얽매이기 싫은 청개구리 같은

내 성격 탓이었을까.

남들을 따라 하기 싫어서 그랬을까.

'나는 삐뚤어질 테다!'

내 안의 무의식적 반항심이 표출된 것이었을까.

그것도 아니면

남들과 달리 행동해서 누군가에게 주목받고 싶은

관심병 환자였을까.

알고 보니 가죽공방 작은 선생님 탓이었다.

처음 가죽공방에 갔을 때

내게 바느질을 가르쳐준 분은 공방 작은 선생님이었다.

그날따라 선생님에게 무언가 씌었던 것이었다.

훗날 물어보니

내가 첫 수강생이었단다.

그래서 조금 긴장했단다.

작은 선생님은 왼손잡이였다.

자신은 왼손잡이였지만 수강생들에게는

오른손잡이에게 특화된 '바느질의 정석'대로 가르친다.

작은 선생님도 왼손잡이이지만 오른손이 바느질을 한다.

그날이 무척 더운 날이라 불쾌지수가 높거나

수강생들이 많아 선생님이 정신이 없거나

했던 것은 분명 아니었다.

그런데

작은 선생님은 무의식적으로

자신의 몸이

자신의 손 근육이 편하고 익숙하게 반응하는

'바느질의 또 다른 정석'을

내게 알려줬던 것이다.

내 몸의 정석과 참고서나 교과서의 정석이

언제나 같을 수는 없지 않은가.

나는 새내기 수강생이 내게 의문을 제기하기 전까지

내 바느질을 '바느질의 정석'으로 굳게 믿었다.

언젠가 원장님은

내 바느질 결과만 보고

공방의 다른 회원들에게,

바느질은 이렇게 하는 거예요.

앞면 바느질이 중요한 게 아니라

뒷면 바느질을 한번 봐요.

얼마나 질서정연한지

이게 바느질의 정석이라니까요.

라고 말한 적이 있었다.

차마 그 자리에서 내 바느질의 비밀을 말하지는 않았다.

나는 여전히 왼손잡이 바느질을 한다.

오른쪽으로 바느질을 하나 왼쪽으로 바느질을 하나

방향과 순서만 다르지 결과는 똑같다.

그런데 '정석'은 오른쪽이라 한다.

모든 회원들이 위에서 아래로 바느질을 할 때,

새로운 회원들이 늘어갈 때마다.

내게 바느질 방향이 이상하다고 물어봐도.

여전히 나는

홀로 아래서 위로 바느질을 한다.

이제는 내 몸에 익숙해질 만큼 익숙해져버린,

딴 곳에 시선을 두고

바늘구멍을 특별히 보지 않아도

손의 감각만으로도 바늘이 춤을 추는

그런

나만의 '바느질의 정석'인 셈이다.

태초에 오른쪽이 맞고 왼쪽이 틀리다는 규정은 없었을 터.

방향과 순서의 차이만 있을 뿐.

그것은 틀리거나 잘못된 것이 아니다.

단지 다를 뿐.

재활용

그림을 지우고 보면 특별할 것 없는 의자였다. 인천 아트 플랫폼 앞을 걷다가 색동옷을 입은 것 같은 나무 의자를 발견했다. 흔한 소나무 각재를 못으로 박아 만든 의자였다. 그런데 의자에 사용된 나무를 자세히 보니 재활용된 나무인 듯했다. 더 이상 쓸모가 없어 주인으로부터 버림받은 나무에 새로운 생명을 불어넣어 이토록 멋스러운 의자를 만든 사람은 누굴까. 나도 그림 연습 좀 해야 하려나. 이 의자에 앉으면 누구나 이상한 나라의 앨리스가 될 듯싶다.

동서들과 모이면

아내들을 안주 삼아 '살짝' 수다를 떤다.

소주잔을 기울이다,

참 세상은 알 수 없다는 생각을 했다.

나에게는 형제가 둘 있다.

흔히 말하는 삼형제다.

둘째 동서는 아들만 둘,

셋째 동서는 아들만 셋인 집안이다.

이게 뭐 특별할 게 있냐마는

막장 드라마에서 자주 등장하는

'시월드'의 강도가 조금은 약하다는 뜻이다.

시월드의 막강 권력은 대부분 시누이다.

아내도,

처제들도 시누이가 없다.

장모님은 딸만 내리 셋을 낳았다.

시아버지로부터 꽤나 눈치를 보았다고 한다.

딸만 셋을 낳은 게 어찌 장모님 탓이랴.

생물학적으로 보면 장인어른의 염색체 때문이다.

그렇지만 옛날 어른들이 어디 생물학을 따졌겠는가.

다 며느리 탓이지.

큰집인데 대를 이을 아들이 없다는 이유로

장모님은 꽤나 설움을 당했다고 한다.

딸 셋이 모두 결혼하고 맞이하는 첫 설이었다.

딸 셋과 사위 셋이 처갓집에 모였다.

장모님이 참 신기하다고 했다.

자기가 일부러 그렇게 짝지은 것도 아닌데,

셋 다 연애결혼을 했는데,

어떻게 사위 셋 다 아들만 있는 집안이냐며 웃으셨다.

명절 때만 되면 처갓집에서 술판이 벌어진다.

막내 동서는 술을 별로 즐기지 않지만,

둘째 동서와 나는 술을 즐기는 편이다.

장인어른은 술을 못 드시지만

장모님은 독주를 좋아하신다.

둘째 동서에게 술상을 준비하라고 시켰다.

내가 둘째 동서에게 술상 명령을 내릴 수 있는 것은

그래도 내가 맏사위어서다.

내 아내가 딸만 내리 셋인 집안의 큰딸이다.

둘째 동서가 폭탄주를 만들었다.

장모님과 사위 셋이 폭탄주를 들이킨다.

참 별스러운 광경이기도 하다.

폭탄주가 몇 순배 돌자 취기가 올라왔다.

장모님이 내게 한말씀하신다.

자네, 자주 좀 와서 밥 먹고 그래. 둘째와 셋째는 자주 오는데…….

네, 알겠습니다. 하면 될 것을 괜한 농담을 했다.

장모님, 예부터 사위는 백년손님이라잖아요.

그러니까 저한테 잘하셔야 해요.

그리고 백년손님이니까 백 년에 한 번 오면 되지 않나요. 하하하.

그때 둘째 동서가 내 말을 맞받아쳤다.

형님, 형님은 백년손님도 아니지만 맏사위도 아니야!

내가 맏사위가 아니면 뭔데.

형님은 '맞사위'야!

뭐?

맞는 사위라니까. 하하하!

나는 둘째 동서의 말마따나 '맞아야 하는 사위'일지도 모른다.

둘째와 셋째 동서는 처갓집에 자주 간다.

장모님과 장인어른께도 잘한다.

둘째 동서는 장모님과 등산을 가기도 하고,

장인어른과 바둑을 두며 담소를 나누기도 한다.

셋째 동서는 처가의 자질구레한 일들을

마치 자기 일처럼 잘 처리한다.

그럼 난 뭘 잘하냐고?

장모님과 폭탄주 마시기!

그리고 술 취해서 처갓집 쳐들어가기.

언젠가 동서들과 술이 얼큰하게 취했는데,

둘째 동서가 3차를 가자고 했다.

나는 호기 있게 말했다.

야, 따라와. 안주 아주 기막힌 데 있어.

전화를 걸었다.

장모님. 저희 갈 테니, 맛있는 안주 부탁해요.

다음 날

아내에게 박살이 났다.

겨우 숨이 붙어 있는 것 같았다.

장모님의 생신이 다가왔다.

아내가 그런다.

선물 뭐 할 거야?

네가 알아서 해.

에그, 인간아!

신설동 가죽 시장에 갔다.

어떤 색깔과 질감의 가죽이 좋을까.

골목을 돌고 또 돌며 가죽을 골랐다.

보드랍고 따스한 질감의 팥죽색 가죽을 골랐다.

본을 뜨고, 재단을 하고, 대강의 모양을 맞춰봤다.

옆에 있던 동료가 묻는다.

이번엔 뭐 만들어요?

디자이너 앙드레 김도 아닌데 이런 말을 하고 말았다.

음. 뭔가, 엘레강스한 가방을 만들려고요.

말해놓고 보니,

좀 오글거렸다.

그날따라 가죽공방 동료들이 많았다.

일주일간의 바느질 끝에 '엘레강스한 가방'이 완성되었다.

가방을 팔에 걸고 사람들에게 어떠냐고 물어봤다.

동료의 마음을 다치지 않게 하려는 배려였을 테다.

대부분 클래식한 기품이 난다고 말해주었다.

그러면서

모두들 이번엔 누구에게 선물할 가방이냐고 묻는다.

장모님 생신 선물이라고 말하자,

오~ 좋은 사원가 봐요, 한다.

장모님의 생신날 딸 셋과 사위 셋이 모였다.

물론 장인어른과 조카들도 있었다.

각자 마련한 선물을 드리며 생신을 축하드렸다.

센스쟁이 둘째 사위는

역시

장미꽃 한 아름을 장모님께 안겨드린다.

얄미운 놈!

처제들이 형부는 뭐 없냐고 묻는다.

백화점 쇼핑백을 내놓았다.

어쩐 일이냐며 다들 뭐냐고 난리다.

쇼핑백에 담긴 상자에서 토트백이 나오자

이건 어디 거냐고 묻는다.

속으로 웃음이 나왔지만

나는 뻔뻔하게 대답했다.

이거, 유명한 브랜든데, 정말 몰라?

독일에서는 꽤 알려진 페른베Fernweh 가방이야, 명품이라니까.

오~ 힘 좀 줬는데, 형부.

지켜보던 아내가 어이없다는 표정으로,

야, 너희 형부가 만든 거야, 한다.

진짜!

장모님은 퉁명스럽게

힘든데, 뭐 하러 이런 걸 만들었나, 하신다.

그러곤

가방을 팔에 끼고,

예쁘네, 하신다.

처제들이 자기들도 만들어달라고 아우성이다.

장모님은

너희 형부 힘들다. 만들지 마라. 하신다.

장모님은 참, 욕심쟁이시다.

나는 여전히 아주 가끔,

백년손님을 주장하며

만사위가 아닌 '맞는 사위'라 떠벌리며

처갓집에 간다.

장모님과 함께 폭탄주를 마시기 위해.

향긋한

참나무 바비큐

한국에서 참나무(오크)는 비싼 나무다.

물론 호두나무(월넛)가 좀 더 비싼 나무이기는 하지만

이는 나무의 좋고 나쁨이 아니라

수요와 공급 법칙에 따른 가격차이일 뿐이다.

한국에서는 호두나무가 좀 더 고급한 나무라는 인식이 강한 듯하다.

유럽에 가면

참나무와 너도밤나무(비치)로 만든 가구가

호두나무로 만든 가구보다 월등히 많은 듯하다.

색깔의 선호도가 다른 탓일까.

호두나무는 진한 갈색을 띠지만

참나무와 너도밤나무는 밝은 아이보리 색이다.

호두나무가 묵직하다면 참나무는 경쾌하다.

내 취향은 참나무 쪽이다.

호두나무와 참나무로 식탁을 만든 적이 있는데,

참나무로 만든 식탁에 마음이 더 갔다.

유럽의 박물관이나 자그마한 호텔에 갈 때마다 놀랄 때가 있다.

마룻바닥이며 벤치며 의자며

참나무 천지다.

그걸 볼 때마다

꽤 비쌀 텐데, 하면서도

유럽에서 참나무는 한국의 소나무만큼이나 흔한 나무니

그럴 법도 하다고 고개를 끄덕거렸다.

참나무 가격이 저렴한 유럽을 한때 부러워한 적도 있었다.

여행을 하다 보면

가끔은 고향이 그리울 때가 있다.

여기서 고향은

내가 태어나고 자란 공간이나 장소에 국한된 것은 아니다.

요즘은 구시대의 유물로 전락한 선전 문구이지만,

'고향의 맛, 다시다!'는 꽤나 중요한 역사적 문장이다.

고향을 장소나 공간이 아니라 미각으로 표현하다니,

그럼 어머니의 손맛이 결국 합성 조미료 맛이었다니,

우리의 미각은 만들어진 것이었다니!

여하튼

외국을 여행하다 보면 가끔 라면이 그립다.

라면 면발이 그리운 게 아니라

'마법의 합성 조미료 국물'이 그리운 것일 테다.

어렸을 때부터 그 합성 조미료 국물에

미각이 길들여져서일 게다.

라면이 그리울 땐 아파트를 검색해본다.

호텔에서 라면을 끓여 먹는 것은 좀 그렇지 않은가.

안트베르펜Antwerpen에 갔을 때였다.

앤트워프Antwerp, 앙베르Anvers로 불리기도 하는

매번 명칭 때문에 헷갈리는 도시다.

다양한 명칭만큼이나

볼거리, 먹을거리, 쇼핑거리가 넘쳐나는 곳이다.

세 번째로 앤트워프에 갔을 때 고향의 맛이 절실히 그리웠다.

많이 지쳐서 그랬을 테다.

지칠 때마다 무언가 그립기 마련인데,

이때만큼은 세월이 흘러가는 게 아니라

지난 세월이 밀려온다.

객실이 여섯 개밖에 없는 자그마한 아파트였다.

두 사람이 겨우 탈 수 있는 승강기에 몸을 구겨 넣자

아, 방도 그러면 어떡하지,

광각렌즈에 속은 건 아닐까, 하는 불안감이 엄습해왔다.

열쇠를 두 번 돌려 문을 여니,

괜한 걱정임을 깨달았다.

거실이 무척이나 맘에 들었다.

참나무를 사용한 헤링본 마루였다.

매끈한 마루라기보다는 참나무의 질감을 살린 살짝 투박한 마루였다.

거실 테이블에는 향초가 놓여 있었고,

무선 인터넷도 빵빵 터졌으며

아담한 테라스도 있었다.

더 이상 바랄 게 없었다.

그렇지만 욕심은 한이 없다.

인덕션에 냄비를 올려놓고 라면 물을 끓였다.

찌그러진 양은 냄비면 더 좋겠다며 배부른 푸념을 했다.

'매운맛 라면'을 산 곳은 스위스 제네바의 중국인 상점이었다.

'매운맛 라면'을 비롯해서 웬만한 한국 인스턴트 음식이

구비되어 있는 가게였다.

열흘 전에 산 라면을 이제야 끓여 먹었다.

그동안 라면을 끓일 만한 숙소를 잡지 못했었다.

라면을 먹으니 살 것 같았다.

한국 라면을 먹고

아파트 테라스에서 안트베르펜의 야경을 구경하고 있자니

한국 노래도 그리웠다.

스마트폰과 휴대용 블루투스 스피커를 연결해 음악을 들었다.

향초도 켰다.

나는 불을 좋아한다.

불을 켜면 몸뿐 아니라 마음도 따뜻해진다.

불놀이를 하면 밤에 오줌 싼다는 엄마의 경고를 무시하기 일쑤였다.

그래서 정말 밤에 오줌을 싼 적도 있었다.

가을걷이가 끝나 겨울 논에 쌓인 볏짚단에 불을 놓아

할아버지에게 엄청나게 혼난 적도 있다.

배도 부르고, 노래도 흐르고, 은은한 촛불도 있고.

여러 노래를 듣는데

마침 정태춘·박은옥의 「촛불」이 흘러나왔다.

"소리 없이 어둠이 내리고

길손처럼 또 밤이 찾아오면

창가에 촛불 밝혀두리라

외로움을 태우리라."

자료 조사랍시고 유럽을 떠돌고 있는 내 신세 같았다.

음치에 박치인 주제에

맥주를 마시며 「촛불」을 몇 번씩 다시 들으며 따라 불렀다.

곁에 있던 아내가 혀를 찬다.

청승도 박사급이야.

참나무 마루에서 촛불을 켜고 「촛불」을 따라 부르다

그해 겨울이 생각났다.

목공방 선생님은 술과 담배를 하지 않는다.

그래서 가끔은 재미없다.

특히 목공방에서 음주는 절대 금지다.

이른바 알코올 프리Alcohol Free 공간이 바로 목공방이다.

점심이나 저녁 시간의 간단한 반주도 허용되지 않는다.

만약 목공 도구에 손을 댈 것이라면.

물론 목공을 끝내고 집으로 돌아갈 때는 문제가 없지만.

목공방에서 술은 '금기'에 가깝다.

일 년에 딱 한 번 그 무서운 '금기'의 빗장이 열리고

목공방이 해방구가 되는 날.

바쿠스 축제가 열리는 날이다.

술 한번 먹기 참 힘든 목공방이다.

연말연시가 되면 목공방에서 잔치를 연다.

회원 가족들을 모두 초대한다.

그렇다고 목공방 회원들이 전부 가족을 데리고 오는 것은 아니다.

언젠가는 목공방 회원들 대부분 가족이나 연인을 데리고 왔는데,

딱 두 명만 '남-남' 커플이 된 적이 있다.

나와 나의 이웃에 사는 남자 회원이었다.

둘이 같은 테이블에 앉아 실컷 술을 마셨다.

목공방 잔치는 목공방 선생님이 베푼다.

일종의 시혜성 잔치인 셈이다.

선생님이 베푸는 시혜성 잔치지만 그래도 개인 회비는 있다.

단, 이날 모인 회비는 어려운 이웃을 위해 기부한다.

시장에서 삼겹살. 목살. 버섯. 양파. 마늘. 맥주. 소주 등을
가득 사 왔다.

바비큐 파티를 열 참이었다.

목공방 뒤편에 바비큐 그릴을 설치하고.

목공방에 널린 의자와 테이블을 편하게 배치했다.

모든 잔치가 그렇듯이 음식을 배치하고 고기를 구워야 할 누군가는
필요하다.

목공방에서 가장 오래 생활한 내가 고기 집게와 가위를 들었다.

바비큐 그릴에 숯을 넣고 불을 피웠다.

불판에 고기를 반듯반듯하게 올려놓는다.

바비큐 그릴을 함께 지키던 내 이웃과 일단 맥주 한 모금을 마셨다.

자글자글 익어가는 고기 소리는 언제 들어도 황홀하다.

한참 고기를 열심히 굽고 있는데.

누군가 그런다.

고기는 훈연해야 맛있는데.

그건 그렇지.

그럼 어떤 나무로 훈연을 할까.

목공방에 널린 게 나무다.

그렇다고 아무 나무나 넣을 수는 없다.

목공방 선생님께 제안을 했다.

이럴 때 비싼 참나무 한번 써보자고요.

참나무 숯불 바비큐가 흔하기는 하지만 그때 사용되는 참나무와
가구를 만들기 위해 벌채하고 제재한 참나무는 조금 다르다.

공방 선생님은 웃으며 그러자 한다.

쓸모없는 나무는 없다.
조각난 나무도 다 쓸모가 있어 모아둔다.
나무를 가공하다 생긴 수많은 톱밥은
불쏘시개용으로 필요한 사람들에게 나눠준다.
조각나고 갈라진 나무도 모아두었다가 적재적소에 사용한다.
목공방 지하에 쌓여 있던 참나무 중에서
더 이상 가구에 사용될 수 없는 나무들을 골랐다.
오랫동안 실온에 비치되었던 터라 바짝 말랐다.
함수율이 아주 낮을 터.
그렇다면 화력도 좋을 터.
참나무를 바비큐 그릴에 넣자 조금 후 연기가 치솟았다.
양파를 써는 것도 아닌데.
눈물 콧물을 흘리며 삼겹살을 구웠다.
지켜보던 사람들이
삼겹살이 호강한단다.
고기보다 땔감이 더 럭셔리하다고 말이다.
값비싼 참나무 연기에 흠뻑 사우나를 한 삼겹살은 어떤 맛일까.
사람들은,
역시 참나무로 구운 게 훨씬 맛있어
고기는 훈연이지
라고 말하지만.

눈물을 쏙 뺐던 나는 그저 혀의 감칠맛보다

매운맛을 맛보았을 따름이었다.

외국에서 제작된 음식 다큐멘터리를 보는데 이런 장면이 나왔다.

호주 마투족이 음식을 해 먹는 장면이었다.

그들은 커다란 도마뱀을 구워 먹는다.

그때는 반드시 모닥불을 사용한다.

도마뱀은 꼭 모닥불에 구워야 제맛이라고

여든을 넘은 쿰파야 거지바Kumpaya Girgiba 할머니는 말한다.

어떻게 도마뱀을 오븐에 구워 먹을 수 있냐는 것이다.

그러면서 이런 말도 덧붙였다.

나무마다 향이 다르다.

그러니 나무가 불에 타면서 내는 연기의 향도 다르다.

결국 고기 맛은 나무가 결정한다.

어디 고기 맛뿐이겠는가.

와인과 위스키와 브랜디를 저장하고 숙성시키는 통도 참나무통이다.

참나무를 여러 장 켜서 짝을 맞춘 후

쇠로 만든 원형 링에 참나무를 둥글게 나열한다.

마치 대나무 소쿠리를 만드는 과정과 비슷하다.

그리고 물과 불과 연기를 이용하면

참나무가 배흘림기둥처럼 휜다.

참나무도 지역에 따라 향이 다르다.

프랑스산 참나무는

바닐라 향, 정향, 계피 향, 빵 굽는 냄새가 난다고 한다.

이와 다르게

미국산 참나무는

딜(dill, 허브의 일종), 코코넛, 강한 바닐라 향을 품고 있다고 한다.

생산지의 기후와 토양에 따라 같은 참나무라도 향이 다르다.

그러니

음식의 맛도 다를 수밖에.

어쩌면 참나무는 소금과 같은 마법의 가루가 아닐까.

풍미를 끌어올리는.

목공방 지인들과 참나무 바비큐를 즐기며 수다를 떨었다.

다음 목공방 바비큐 파티에서는

호두나무, 물푸레나무, 너도밤나무, 단풍나무, 삼나무, 참죽나무

그 다양한 나무 중에서

어떤 나무를 태워볼까.

그 나무들은 어떤 향기를 품고 있을까.

가스레인지나 전기오븐이나 인덕션 대신

나무를 태워 요리를 한다는 것은 어떤 의미일까.

그저 아날로그적 취향에 불과한 일일까.

어쩌면 나무를 태워 음식을 하는 것은

어릴 적 부뚜막 아궁이에 불을 지펴 음식을 했던

추억을 되살려내는 일이자

지난 세월이 다시 지금-여기로 밀려와

순수했던 어린 시절과 만나는 일일 게다.

일일이, 하나하나, 천천히,

온 정신을 불과 음식에 집중하면서

오늘도 일용할 양식이 있어서 행복했던 그 시절.

부엌의 온기 속에 머물고 있는

알 수 없는

그 평안하고 평온한 시간이 그리워서일 테다.

벨기에 안트베르펜의

어느 참나무 마루 거실이 어여쁜 아파트에서

인스턴트 라면을 끓여 먹으며

목공방의 바비큐 파티와

어릴 적 부뚜막의 온기를

추억하는 나는

아내의 말처럼

역시 청승도 풍년이다.

라이터를

켜라!

"라이터를 켜라!"라고 제목을 붙였으니,

누군가는

나를 시대의 흐름에 반하는

몰지각한 야만인이라 부를 수도 있겠다.

흡연을 권장한다고 말이다.

요즘 흡연 구역에서 담배를 피우는데도

지나가는 사람들의 눈빛을 보면 마음 한구석이 저리고 아린다.

꼭 경멸하는 눈으로 나를 보는 듯해서다.

미개하게 아직도 담배를 피우다니!

흡연자도 비흡연자도 서로에 대한

최소한의 인간적 배려가 필요한 시기다.

라이터를 켰다 껐다 한다고 해서

라이터는 곧 담배라고 생각하지는 말자.

라이터의 용법은 다양하지 않은가.

꼭 일회용 라이터가 담뱃불을 붙이는 데만 쓰인다고 생각하지는 말자.

라이터가 가장 아름답게 사용되었던 기억이 있다.

수많은 사람들이 모인 노천극장이었다.

가수는 노래를 불렀고

사람들은 라이터를 켰다 껐다 했다.

마치 수억만 마리의 반딧불이가

노천극장을 감싸는 듯한 분위기를 만들었다.

아무리 화려하고 성능 좋은 인공조명이라도

수많은 사람들이 '함께' 만들어낸

라이터 조명의 위력을 따라잡기는 힘들지 않았을까.

용법을 바꾸면 세상이 바뀔 수도 있다.

제네바 역에 앉아 기차를 기다릴 때도 용법의 중요성을 깨달았다.

기차를 기다리다 목이 말라 자동판매기를 찾았다.

자판기 앞에 서니

음료수와 과자와 초콜릿 등이

어서옵쇼, 라고 웃음 짓고 있었다.

음료를 고르다 깜짝 놀랐다.

자판기에는 음료수나 군것질거리만 있는 게 아니었다.

콘돔과 임신테스트 키트가 자판기 한가운데에 떡하니 진열돼 있었다.

순간,

이 얼마나 아름다운 자판기인가!

타자에 대한 지극히 정상적인 배려였다.

한국 문화에서 보자면

음지에서 서식하는 음흉한 어둠의 물건이

대낮 광장에서 수많은 군중에게

당당하게 미소 짓고 있는 격이었다.

그날 나는 또 자판기의 용법을 생각했다.

공공장소의 자판기는

단지 음료, 과자 등만 진열해놓는

비정한 자동기계가 아닐 수도 있을 테다.

유럽에서는 자주 여성들이 담뱃불을 빌려달라고 한다.

불뿐만 아니라 담배를 달라는 경우도 흔하다.

아무렇지도 않은 상황이지만,

한국에서는 좀처럼 일상적이지 않은 풍경이다.

'쟤, 뭐야!'를 차마 입 밖으로 내뱉지 못하는 상황일 테다.

가죽공방의 성비는 여성 대 남성이 90대 10 정도다.

목공방은 여성 대 남성이 30대 70 정도 된다.

목공방 성비에 비해

가죽공방 성비는 상당히 비대칭적이다.

어떤 회원이 바느질을 하다가 급히 집에 들어갔다.

남편이 아내의 소지품에 라이터가 있는 것을 보고

당신, 담배 피워? 라고 물었단다.

나보다 어린 여성들도 비슷한 경험을 했단다.

대학생인 여성은

아버지에게 '라이터 소지죄'로 큰 꾸지람을 들었다고 한다.

흡연에도 차별이 존재한다.

'젊은 여성'의 흡연은 '젊은 남성'의 흡연보다 더 나쁜 일이다.

이게 한국의 상황이다.

남편에게 한소리 들은 그녀도,

아버지께 엄청나게 혼난 그녀도,

나에게 자주 라이터를 빌려달라는 그녀도,

사실은 모두 비흡연자다.

그들에게 라이터는 바느질의 최종 마감 공구이다.

라이터의 용법이 다른 게다.

바느질의 마지막 땀은 불로 지져야 한다.

그래야 실이 풀어지지 않는다.

다음부터

라이터를 가지고 다니는 여성을 만나게 되면

담배를 피우냐고 묻지 말자.

뭐, 자기도 피우니 괜찮다느니,

기호품에 무슨 남녀 구별이 있냐느니.

담배를 피워도 아무렇지도 않다느니, 하는

마음에도 없는 말은 하지 말자.

그 대신

혹시, 가죽공에 하세요?

라고 물어보면 어떨까.

베를린
벼룩시장

유럽의 소도시에서는 금요일에 꼭 장을 봐야 한다. 토요일과 일요일엔 대부
분의 상점이 문을 닫으니까. 유럽은 주말에 철저하게 쉬는 그런 나라들이
모인 곳 같다. 그렇다고 너무 걱정할 것은 없다. 관광지에 있는 상점들은 대
부분 문을 여니까. 과거의 모든 시간과 흔적이 현재로 되살아나는 곳. 이름
모를 누군가의 삶의 한 조각 한 조각이 모여 거대한 축제의 현장이 되는 곳.
베를린 마우어파크 벼룩시장Flohmarkt am Mauerpark이 바로 그런 곳인 듯하다.
모두가 잠든 일요일에 문을 열고 맛있는 음식과 자유로운 음악과 낭만이 흘
러넘치는 곳이다. 여기서 가죽 카메라 케이스와 대패와 실과 가죽으로 만든
미니어처 가방을 고르며 마냥 행복하였더랬다. 아껴 쓰고 나눠 쓰고 바꿔
쓰는 작은 마음들이 모여 아름다운 축제가 되는 곳이다.

그놈의
북유럽,

스칸디나비아
스타일?

핀 율Finn Juhl, 한스 베그네르Hans Wegner,

카를로 옌센Carlo Jensen, 보르게 모겐센Borge Mogensen,

발음도 어렵다.

학창 시절 이들의 이름을 배운 적은

단연코 한 번도 없다.

30대 초반까지도 이들이 누구인지, 뭐 하는 사람인지,

축구 선수인지, 야구 선수인지

알 턱이 없었다.

그도 그럴 게다.

대학 입시 공부를 하는 학생에게

가구 디자이너의 이름이 뭐가 그리 중요할까.

목우들과 가구 디자인에 대해 수다를 떨 때면

가끔씩 저들의 이름이 어김없이 튀어나온다.

북유럽, 스칸디나비아 스타일의 대가들!

가만 생각해보면

나는 정말 삐뚤어진 사람일까.

내 상상력은 삐뚤어질 대로 삐뚤어진 걸까.

목우들과 진지한 대화를 하면서도.

내 머릿속에는

오! 북유럽 디자인.

자작나무의 나라.

휘바, 휘바!

그럼, 자일리톨 껌!

등의 말들이 출렁거렸다.

북유럽 스타일이나 감성이 도대체

어떤 스타일이고 감성인지

나는 여전히 잘 모른다.

보통 북유럽 스타일을 이렇게 말한다.

자연 친화적이고

실용적이며

군더더기 없는 디자인을 추구하는 스타일.

좋아 보이고 멋스러운 말이다.

구글에 한스 베그네르를 입력해보니

그는

'보는 의자가 아니라 앉는 의자'를 추구했단다.

예술이 아니라 실용을 중시했다는 말일 테다.

그의 의도와는 상관없이

그의 의자는 예술 작품이 되었다.

한스 베그네르는 자신의 의자가 대량 생산될 수 있게 고안했다.

아무리 대량 생산될 수 있는 그의 의자라지만

서민들이 쉽게 넘보기는 어려운 의자다.

하지만

모든 사람들이 편하게 앉을 수 있는

아름다운 의자를 만들려고 노력했던

그의 정신만은 값지다.

북유럽 스타일의 정신만은 고이 간직할 일이다.

그런데 또 이런 생각이 들었다.

가구가 어디

자연 친화적이지 않고

실용적이지 않으며

불필요한 디자인을 고수했던가.

한때 왕실이나 귀족들이 사용했던

가구들이나 화려하고 사치스러웠지

서민들의 가구는 대부분

자연 친화적이고 실용적이며 군더더기가 없는 디자인을 지향한다.

물론

프랑스, 영국, 독일, 미국, 덴마크의 가구나

그 가구가 배치된 거실을 보면 느낌은 다르다.

디자인이 다르다는 것은 인정.

그럼에도 불구하고

대다수 가구가 지향하는 바는

실용적이며

튼튼하고

오래도록 사용할 수 있는 데 있다.

독일 함부르크에서

함부르크의 명물인 햄버거를 먹으며

거대한 쇼핑몰에 들렀다.

유로파 파사주였다.

세상의 모든 물건이 한자리에 모여 있다는

착각에 빠져 넋을 놓았다.

쇼핑몰을 구경할 때면

나는 언제나

신발, 문구류, 가구, 전등, 주방기구, 인테리어 소품 매장에서

많은 시간을 보낸다.

여행자의 호주머니가 넉넉할 턱이 있으랴.

그냥 눈으로만 구경하는 것으로 만족할 일.

가구와 전등을 구경하고 있는데,

아내가 한마디 툭 던졌다.

우리, 코펜하겐으로 가자.

또, 시작이냐!

좀 짜증이 났다.

함께 사는 여인은 나와 달라도 너무 다르다.

나는 변수가 많은 여행을 좋아하지 않는다.

모험심이 부족해서일 테다.

해변에 누워

하루 종일 맛있는 거 먹고

수영하고 자고 그러면 좋다.

특히 갑자기 여행 일정이 바뀌면

시쳇말로 꼭지가 돈다.

물론 금세 적응하기는 하지만.

미리 위험 요소를 파악하고

미리 차표와 호텔도 예약하고

미리 마음의 준비도 해놓고

미리 미리 미리 정한 동선에 따라 움직이는

그런 사람이 나다.

아내는 정반대다.

항상 멋대로, 기분 따라 행동한다.

기차를 놓친 적도

가까스로 기차에 올라탄 적도 한두 번이 아니다.

나는 그런 숨 가쁨이 무진장 싫다.

갑자기 웬 코펜하겐이란 말인가.

짜증이 난 나는,

왜 하필이면 코펜하겐이냐 물었다.

안데르센 마을을 보러 가잖다.

인어공주 동상도 보고 싶단다.

유레일패스가 있으니 걱정 없단다.

어렸을 때부터 안데르센이 살았던 곳에 가보고 싶었단다.

꼭 거짓말 같다.

내게 한 번도 안데르센 마을을 얘기한 적이 없어서다.

그러면서

마치 이 모든 일이 나를 위한 것인 양 말한다.

안데르센은 그냥 핑계고

사실은 이게 다 나를 위해서란다.

오리지널 북유럽 스타일 가구 좀 보고 배우라고.

말문이 막혔다.

코펜하겐 가면 다 스칸디나비아 스타일이야.

길거리 벤치도 스칸디나비아 스타일일걸!

말은 틀리지 않았다.

나는 속으로

그런가, 하면서도 다른 말을 내뱉었다.

근데 유레일패스 몇 번 안 남았는데.

거기 갔다 와도 괜찮겠어?

함부르크에서 코펜하겐행 기차를 탔다.

기차를 타고 어떻게 바다를 건너 코펜하겐으로 갈까.

염려할 것 없다.

함부르크에서 출발한 기차는 항구에 도착하자

거대한 배 안으로 빨려 들어갔다.

자동차와 화물차를 싣고 다니는 배는 봤어도

기차를 싣고 가는 배는 처음이었다.

기차를 통째로 삼킨 배는

발트해를 건너 코펜하겐으로 향한다.

코펜하겐에 도착할 무렵

아내는 나를 위해 준비한 게 있다고 한다.

또 무슨 사고를 친 걸까!

아내는 언제나 일단 저지른 후 나에게 말한다.

군대식으로 말하면 '선공격 후보고'인 셈이다.

뭔데?

응. 이번 숙소는 좀 특별해. 히히히.

그렇지 않아도 물가가 비싼 덴마크인데.

'특별한' 호텔이라면.

아무리 신용카드 무이자 6개월로 사는 인생이지만.

겁이 덜컥 났다.

아내가 나 몰래 예약한 숙소는 일명 '부티크 호텔'이었다.

가구며 침구며 방의 인테리어며

모두 기존의 호텔과는 조금 달랐다.

처음에는 어색했지만,

이내 이런 게 북유럽 스타일의 방인가 싶었다.

표현은 하지 않았지만 아내에게 고마웠다.

짐을 풀고 거리로 나섰다.

어딜 가나 널린 게 스칸디나비아 스타일이군.

그게 한국에서는 참 고급지게 표현되다니!

코펜하겐 중심에 있는 백화점으로 달려갔다.

옷 중심의 패션 잡화를 파는 곳과

주방기구나 가구 및 소품을 파는 곳이

서로 다른 건물에 자리를 잡고 있었다.

가구와 인테리어 소품이 진열된 건물로 들어갔다.

인테리어 잡지에서나 보았던

북유럽 스타일의 가구가 빼곡하게 진열되어 있었다.

의자와 소파를 구경하다 보니

어느덧 조명이 진열된 곳에 다다랐다.

아담한 조명이 눈에 들어왔다.

단순하면서도 아름다운 비율을 지닌 조그만 조명이었다.

내 책상에 놓으면

엄청 공부가 잘될 것 같다는 착각이 들었다.

왠지 그 조명을 켜고 글을 쓰면

유명한 작가가 될 것 같은 몽상에 빠졌다.

그래, 요 녀석을 데리고 가야겠다, 라고 마음먹었다.

그러나 가격표를 보는 순간, 언감생심!

당시 내 월급의 절반 가격이었다.

그래 마음에만 담아두는 거야.

꼭 소유해야만 되는 건 아니야.

아직 한국으로 돌아가려면 멀었는데

혹시 파손되면 큰일이 아니겠어.

꼭 사고 싶었던 그 '워너비' 상품은

순식간에 '신 포도'가 되었다.

나는 마음속으로 비겁한 변명을 하며 돌아섰다.

코펜하겐에서 이틀째 머물던 날

안데르센의 흔적을 찾아 떠났다.

기차를 타고 안데르센의 고향인 오덴세Odense로 달려갔다.

그 집에는 예전 안데르센의 아버지가 사용했던

가구와 공구가 있었다.

안데르센 아버지의 직업은 구두 수선공이었다.

일명 갖바치인 셈이다.

그가 작업했던 방의 공구와 가구를 보니

어제 보았던 북유럽 스타일과 조금은 달랐다.

그렇구나.

북유럽 스타일이라는 것도

어쩌면 최근에 만들어진 개념일 뿐이구나.

북유럽 출신의 유명한 디자이너들의 작품에 대한 호명이겠구나.

안데르센이 살았던 집도

그 집의 가구도

안데르센 아버지의 책상과 의자도

평범하고 실용적이고 단순한 모양의

어디에나 있을 법한 나무 책상과 의자였다.

나는 그 오래된 의자와 책상을 한없이 바라보며

안데르센 아버지의 고된 노동과

삶의 흔적과 세월의 무게를 떠올렸다.

그의 삶을 지탱하며 견뎌온 의자는

그 어떤 가구보다 아름답지 않은가.

가구는 예술이기 이전에

함께 삶의 무게를 견디고 버텨온 동반자다.

안데르센 아버지의 의자를 보며
나는 법정스님의 의자가 생각났다.
월넛과 같은 비싼 나무가 아니면 어떠리.
스칸디나비아 디자인이 아니면 또 어떠리.
사과 궤짝으로도
버려진 문짝으로도
내 삶을 닮은 가구를
가족을 위한 가구를 만들 수 있을 터이니.

95 - 97 - 100,

30 - 31 - 32

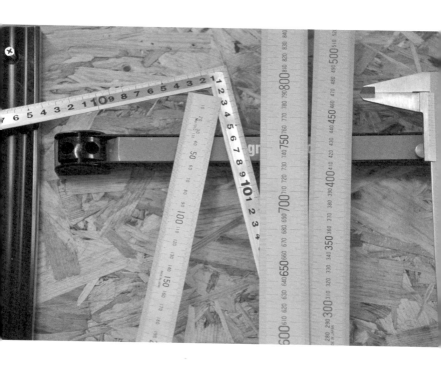

어렸을 때 살았던 집 주변에는 상점이 많았다.

해장국집, 오락실, 안경점, 도장 가게, 양복집 등.

해장국집은 지역에서 유명한 가게였다.

사람들이 냄비를 가져와서 해장국을 사 가기도 했다.

지금은 컴퓨터에서 예쁜 글씨체를 선택하면

도장을 쉽게 팔 수 있으나

그때 도장집 아저씨는 도장틀에 나무를 끼우고

한 글자 한 글자에 심혈을 기울여 온 정성을 다해서 도장을 팠다.

아저씨의 기분에 따라 조금씩 다른 글씨체를 간직한

세상에서 단 하나뿐인 손도장이 아니었을까.

이젠 모든 게 기계화되었다.

편리함과 저렴한 가격 때문일 테다.

난 한 번도 맞춤복을 입어보지 못했다.

내가 처음 양복을 입을 나이가 되었을 때는

한국 굴지의 기업들에서

좋은 기성복이 쏟아져 나오던 무렵이었다.

컴퓨터로 원단을 재단하니

버려지는 원단의 양이 당연히 적었을 테고,

그래서 양복의 가격도 저렴해졌다.

마음에 맞는 디자인과 치수만 고르면 된다.

내 신체 사이즈는 기성품 양복의 치수와는 약간 차이가 있다.

상의는 95에서 100 사이, 97 정도가 딱 맞다.

하지만 97 사이즈 상의는 없다.

상표에 따라 똑같은 95 사이즈라도 착용감이 조금씩 다르다.

특히 요즘은 한국인의 체형이 많이 달라졌는지,

기성품을 사면 꼭 문제가 발생한다.

어깨는 얼추 맞지만 팔 길이가 문제다.

요즘 남자들은 팔이 긴가 보다.

처음 책상과 의자를 만들기 위해

다양한 인테리어 잡지를 참고했다.

어떤 디자인이 좋을까.

어떤 나무가 좋을까.

책상의 넓이와 높이는 어떻게 할까.

의자 엉덩이 판의 높이와 등받이 높이는 어떻게 할까.

책상도 의자도 기본 사이즈가 있다.

'동양' 사람들의 신체를 평균화한 사이즈가 있는 셈이다.

하지만 그것도 평균화된 사이즈일 뿐이다.

제일 좋은 방법은

자신의 신체 치수를 반영한 책상과 의자를 만드는 일이다.

책상과 의자를 만들기 전에는

책상의 높이에 내 신체를 맞췄다.

그러다 보니

가끔은 앉아 있는 자세가 영 이상했다.

발바닥이 바닥에 딱 닿지 않았다.

꼭 네덜란드의 화장실에서 맞닥뜨린 상황 같았다.

네덜란드 사람들의 평균 신장이 세계에서 제일 크단다.

그래서인지

소변기도 대변기도 높다.

암스테르담 스히폴 공항 화장실에서

까치발을 하고 소변을 보았을 때,

그리고 호텔 화장실 변기에 앉아

공중 부양을 하면서 볼일을 보는 듯한 바로 그 느낌.

기성품 책상과 의자에서도 가끔 느끼는 일이다.

디자인 가구도 대량 생산이 가능하다.

아무리 유명한 가구 디자이너의 작품이라도

내 몸에 딱 맞지는 않는다.

어쩌면 내 몸에 딱 맞는 가구는

세상에 단 하나뿐이리라.

아주 미묘한 차이지만

내 몸을 편안하게 해주는 치수가 있다.

그래서 기성품 의자에 앉아본 후

내가 편한 높이를 설정한다.

책상도 앉은키를 고려하여 상판의 높이를 설정한다.

의자에 앉았을 때

무릎과 지면이 직각으로 떨어지는 것보다는

바닥을 기준으로

무릎이 약 5도 정도 높은 각도를 유지하는 게

나는 편안하다.

당연히 대량 생산이 불가능하다.

편안함에 대한 느낌이 다 달라서다.

의자의 등받이도

허리 부근만을 살짝 감싸는 높이가 좋다.

나는 그게 편하다.

가구를 만들면서

그동안 불편함을 감수하고

기성품에 내 몸을 억지로 맞추는 일에서 해방되었다.

나는 내 몸을 향해,

"너는 이제 자유다!"를 선포한 셈이었다.

그대들은 나를

변태라 불러도

수업 시간에 학생들에게 시를 읽어줬다.

중고등학교 때 이미 배웠을 시지만

다시 읽어보자고 했다.

이육사의 「청포도」를 읽자고 하니

아이들은 벌써 딴짓을 할 태세다.

그래도

굳건하게,

뻔뻔하게,

시를 읽었다.

대충 이런 설명을 덧붙였다.

내가 사는 마을의 온갖 전설,

모든 신비로운 이야기들이 한 알 한 알 맺혀

포도송이가 되고,

그 포도송이는 우리의 꿈들로 알알이 맺혔다니

이 얼마나 멋진 표현일까.

정말 위대하고 아름다운 시이지 않아?

나는 시 낭송을 하면서 감격에 겨운데,

학생들은 여전히 시큰둥했다.

말을 돌렸다.

한때는 짜장면 가격과

시집 한 권의 가격이 비슷했어.

짜장면 한 그릇과 맞바꾼 시집은

영혼의 허기를 채워준 따뜻한 음식이었지.

영혼의 허기란 말에

몇몇 학생들이 피식 웃는다.

그 웃음의 의미는

역시 꼰대야, 하는 말 같다.

기죽지 않고 계속 말을 이어갔다.

그때 시집은 지금 시집과는 조금 달라.

어, 뭐가 다르냐면,

선생님이 짜장면과 시집을 맞바꿨을 시절,

그 시집은 디지털 인쇄가 아닌

활판 인쇄로 제작된 시집이었어.

종이에 박힌 글자 하나하나가 종이를 뚫고 튀어나올 기세였지.

마치 점자책 같았어.

시를 읽을 때도 여러 번 다른 방법으로 읽었지.

눈으로 한 번 읽고.

소리 내어 한 번 읽고.

마지막으로는 한 글자 한 글자

손으로 더듬으면서 읽었어.

인쇄된 글자에서 은은하게 풍기는 잉크 냄새를 맡으며

손으로 글자를 더듬고 매만지며 그 촉감을 느껴봐.

얼마나 기분이 좋은지.

왜, 변태 같아?

그때서야 학생들이 키득키득 웃는다.

딴생각을 하는 학생들을 위해,

졸고 있는 학생들을 위해.

꾸며낸 이야기만은 아니다.

나는 여전히 마음이 울적할 때면

옛 시집을 읽는다.

먼지가 살포시 내려앉은 시집을 꺼내

먼지를 털어내고

집 안의 습기와 녹진한 세월을 살짝 먹어

누렇게 변한 책장을 넘기며 냄새를 맡는다.

퀴퀴한 냄새가 잉크 냄새로 변하고

어느덧 진한 카푸치노 향으로 변하는 것 같은 환상에 빠진다.

시의 제목부터

한 글자 한 글자 손으로 어루만져 나간다.

요철처럼 우둘투둘한 그 느낌,

평탄하지 않은 우리네 삶이

한 자 한 자 대지에 박힌 듯한 그 감촉.

후각, 촉각, 청각, 시각을 곡진하게 끌어들여 글을 읽다 보면

무딘 영혼의 감각이

다시 살아나 춤추는 착각에 빠진다.

나무로 무언가를 짜고

가죽으로 또 무언가를 만들 때

나는 언제나

그것들을 펼쳐놓고

촉감을 느끼고 냄새를 맡는다.

나무마다

가죽마다

하나하나 다르다.

살아오면서 견뎌낸 환경이

죽이고 되살려낸 인간의 손길이

모두 달라서다.

다듬지 않은 나무의 결을 손으로 쓰다듬다가

잔가시가 손바닥을 파고들 때마다

그 생생한 느낌을 기억해둔다.

대패로 거친 나무를 다듬고

다시, 손바닥으로 쓰다듬어본다.

야생의 거친 숨결은

인간의 손길이 닿는 순간

어느덧 온순해졌다.

온순해진 느낌이 좋기는 하나.

가끔은 내가 얼마나 오만한지 되묻기도 한다.

야생 그대로의 감촉을

온전히 느끼고 즐기는 방법은 없을까.

최소한의 손길만을 더한 채.

가구, 가방, 장식용 소품 등이 전시된 가게에 가면

어김없이 내 눈길을 잡아채는 문구가 있다.

물론 최근에는 많이 사라진 문구다.

'눈으로만 보아주세요!'

나는 그 말을 좋아하지 않는다.

어떤 상품은 아예 유리 상자에 담겨 있다.

상품이 손상될 염려 때문일 게다.

이해는 할 만하다.

어느 가방 가게는

마치 유명한 박물관 같다.

관람객의 여유로운 관람을 보장하기 위해

인원수를 제한하듯이 손님의 수를 제한한다.

화려하게 진열된 상품 앞에서

우린 소외감을 느끼게 된다.

직원은 하얀 면장갑을 끼고

고대의 유물처럼 가방을 다룬다.

혹시 상처라도 날까 봐 조심 또 조심스럽게 가방을 만진다.

눈으로만 봐서 무엇을 느낄 수 있겠는가.

결국 '과시'만 하란 말인가.

적어도

전시품은 손으로 만지고 느낄 수 있게 해주었으면.

야외에 전시된 조각을

누구나 매만지고 느끼고 즐기듯이.

나무와 가죽을 재단하고

어루만지고 매만지다 보면

어느덧

나무는

가죽은

더 이상 과시용 상품이나 물건이 아니라

내 오감의 무늬를 머금은 따뜻한 친구가 된다.

관계

엉덩이는 메모리폼이 아니다. 오래 앉아 있으면 아프다. 나무 의자는 엉덩이를 혹사시킨다. 내 엉덩이에 대한 배려와 의자의 구조적 다이어트를 위해 엉덩이 판을 덜어낸다. 종이, 가죽, 합성 섬유 등으로 만든 끈을 꼬아 엉덩이 판을 만든다. 많은 시간이 들고 수고롭다. 하나를 얻으려면 하나는 버려야 하는 것이다. 푹신하진 않아도 엉덩이가 찰랑거릴 수 있는 여지가 깃든 의자가 태어난다. 가끔은 상쾌한 바람이 엉덩이 골 사이를 타고 들며 살랑댄다. 기성복 사이즈에 억지로 내 몸을 맞추면 불편하지 않은가. 가구도 '우리 몸과의 관계' 속에서 자연스럽게 바뀌어야 한다. 가구도 내 몸에 맞추어 조금씩 디자인을 바꾸어나가다 보면 좀 더 편안한 모습으로 다시 태어난다.

곰손이는
공방工房 아닌

공방共房으로
마실간다

마흔이 되다니.

대학에 막 입학했을 때

어느 선생님의 나이가 마흔이었다.

머나먼 시간에 머물고 있는 사람.

미래에서 온 사람 같았다.

내게는

오지 않을

영겁의 시간으로 느껴졌다.

그러나

기어이,

그 마흔 살이 되었을 때,

나는 한 가지 결심을 했다.

삶을 조금만 바꿔보자.

용기가 부족해서 하지 못했던 일을 해보자.

대학 때 읽었던 서머싯 몸의 『달과 6펜스』가 떠올랐다.

화가 고갱을 모델로 한 소설이었다.

주인공 스트릭랜드가 대도시 파리의 삶을 정리하고

마지막 여생을 보낸 곳은 남태평양의 타히티였다.

『달과 6펜스』를 읽으며

나도 언젠가는 타히티에 가야지.

그곳은 달력 속 풍경화 같겠지.

무심할 정도로 잔잔한 바다의 빛깔은

쪽빛이거나 코발트블루거나 에메랄드 빛일 게야.

거기서 수영을 하는 거지.

한가로이 한세월 니나노니나노 보내는 거지 뭐.

그래 이왕 이렇게 된 거.

가끔은 타히티에서 나와

만년설이 잘 보이는 온천으로 가는 거야.

그 따스한 물에서 물장구를 치며

또 한세월 보내는 거야.

사는 게 뭐 특별한 게 있을라고.

그런 얼토당토않은 꿈을 꿨다.

그런데

난 수영을 못했다.

마흔에 수영장 문을 두드렸다.

물에 대한 공포가 많았다.

어렸을 적

저수지 근처에서 놀다 물에 빠진 기억,

꽁꽁 언 연못인 줄 알고 썰매를 타다

얼음이 깨져 까무러칠 뻔했던 기억,

동네 수영장에서

내 손을 잡고 끌어올려 주던 사촌형의 손이

미끄러지면서 내 턱 밑이 찢어졌던 기억.

물과 내 유년시절은 그리 궁합이 좋지 않았다.

그 뒤로는 물을 멀리멀리만 했다.

그러던 내가

수영을 배우기로 결심하고 수영장에 갔다.

초급반에 등록한 첫날은

큰 문제가 없었다.

그저 물에 발을 살짝 담그고 참방참방하면 되었다.

그다음이 문제였다.

입으로 코로 물이 들어가고

숨은 헐떡거리고

이게 뭐 하는 짓일까 짜증이 났다.

수영을 가르치는 선생님은

우리 모두가 박태환이 되기를 바랐던 것일까.

왜 그리 자세를 강조하는지.

모두가

옆 레인의 '물 찬 제비'가 될 수 있는 건 아닐 테다.

난 그저 물에 뜨고 싶을 뿐이고

힘차게 물을 저어가고 싶을 뿐인데.

어쨌든

지금은 몸이 물을 저어가며 앞으로 나간다.

예전보다 몸은 덜 경직되고 부드러워졌다.

내가 수영하는 모습을 보지는 못했지만

'폼'은 여전히 좋지 못할 테다.

포기하지 않고 오래하다 보면

자신만의 리듬이 생긴다.

아마

내 수영 자세는

나만의 리듬에 따라 물을 저어가는 모습일 게다.

수영도 한글 자판을 두드리는 것도 톱질도 망치질도

교과서적 자세를 배우는 것은 중요하다.

그렇지만

우리 모두가 프로 선수일 수는 없다.

자신만의 리듬을 갖고 즐기는 게 중요하지 않을까.

힘을 빼고 부드럽게 몸을 만드는 일은

당연히 오래 걸린다.

운동도, 악기 연주도, 목공도, 가죽공예도

경직된 몸을 유연하게 만드는 게 중요하다.

경직된 몸이 유연하게 될 때,

바로 그때가

잘하겠다는 강박으로부터 자유로워질 때이자

나만의 몸의 리듬을 찾았을 때이자

나만의 삶의 속도를 깨달았을 때일 테다.

바로 그때

내 몸은 연장이 된다.

그렇기에

다른 사람들이 나보다 잘하는 모습에 기죽거나

내가 만든 물건과 다른 이들이 만든 물건을 비교하며

안달복달할 필요는 없다.

공방은 만들고 즐기는 곳이지

경쟁하는 곳이 아니지 않는가.

곰손이면 또 어떠리.

곰손이가 만들어도 가구고 가방일지니.

공방은 프로페셔널을 지향하는 곳이 아니라

지치고 무뎌진 우리의 일상과 감각을 일깨우는 곳이자

새콤한 레몬 향과 알싸한 생강나무꽃 향이 흘러넘치는 곳일지니.

공방은 공방工房이자 공방共房이다.

경쟁하는 곳이 아니라 함께 만드는 삶을 지향하는 곳.

나만의 속도와

나만의 리듬이 아무렇지도 않은 곳.

스스로 자신의 경직된 몸과 삶을 유연하게 만드는 곳.

세상의 속도에 휘둘리지 않고,

나만의 속도로 내 삶을 이끌고 나가는 곳.

그곳이 공방이다.

물건이

곧 사람이라면

의미 없이 걷는 내 발걸음을

옴짝달싹 못하게 멈춰 세우는 경우가 종종 있다.

무심히 거리를 걷다가

우연히 상점의 쇼윈도를 두리번거리며 걷다가

무심코 어떤 물건에 눈이 사로잡혀

결국엔 마음까지 빼앗긴 적이 더러 있다.

음악의 도시 잘츠부르크의 골목 상점에서

나무 조각상을 보았다.

그냥 지나칠 수 없어 가게로 들어갔다.

눈을 사로잡는 물건을 만나면 이런 생각을 한다.

이 물건은 그냥 공장에서 찍어낸 것이 아닐 거야.

누군가의 정성이 차곡차곡 쌓여 만들어진 물건이겠지.

이 물건에는 만든 사람의 온기

그 사람의 삶의 흔적

이 물건을 쓸 사람에 대한 배려와 사랑이 들어 있을 거야.

이런 물건을 만나면 사지 않고는 못 배긴다.

만약 살 수 없다면

사진이라도 찍어놓거나 그 물건만이 지닌 특징과

특별한 아우라를 메모해두어 마음속에 간직한다.

만듦새가 좋은 물건이란

어떤 특별한 아우라가 있는 물건이지 않을까.

단지 소유하고 싶은 물건이 아니라

오랫동안 아끼고 가꾸고 보듬고 보살피고 싶은

그런 특별한 물건.

그것은 단지 물건이나 사물에 그치지 않는다.

우리 삶을 따스하게 해주고

우리 삶을 풍요롭게 만들 수 있는 가능성을 지닌 물건.

어쩌면 물건 속에 '나―우리'의 미래가 들었을 수 있을 터이니.

물건을 만든 사람의 과거와 현재와 미래가 모두 들었을 것이니.

그래서 어떤 물건을 바라볼 때마다

나는 나를 매혹하는 물건이기를 바란다.

매혹은 쉽게 오지 않는다.

열 개 중 한 개 올까 말까 하는 그 희귀한 매혹의 진원지는 무엇일까.

아마도 물건을 만든 사람에 대한 궁금증이지 않을까.

신비와 궁금증을 불러일으키지 않는 물건은 금방 잊히기 쉬우니까.

공방을 다니면서 욕심이 생긴 적이 있다.

멋진 테이블이나 가방을 만들어 팔면 용돈도 벌고 좋겠지.

더 실력이 쌓이면 아예 공방을 차릴까.

나만의 브랜드를 만드는 거야.

페른베Fernweh, '먼 곳을 향한 그리움', 얼마나 멋져!

이런저런 궁리를 하면서도 여전히 공방만 다닌다.

아직 나는 쉽게 잊을 수 없는 물건.

누군가에 대한 배려와 온정을 듬뿍 담은 물건.

어떤 이의 삶을 아주 조금이라도 바꿀 수 있는 물건을

여전히 만들지 못하고 있어서다.

언젠가 그런 날이 왔으면 좋으련만.

어떤 이의 삶에 의미가 있는 물건을 만들 날이 온다면 좋으련만.

그날이 오면

나는 나만의 공방에서 백발이 성성해질 때까지

눈가의 자글자글한 주름이 깊이 파일 때까지

틀니를 끼고 조심스럽게 음식을 씹을 때까지

공방의 먼지를, 소음을, 냄새를 사랑하며 살고 있을 터이니.

망가진

삶을

수리하는 일

아내는 조카바라기다.

조카와 경쟁해야 하나.

자신의 동생들을 너무도 사랑한 나머지

조카들도 덩달아 좋아하는 듯하다.

조카만 보면 뭐든지 해주고 싶은가 보다.

아내가 조카를 '어허야 둥기둥기' 하며 안고 있는데,

고 녀석이 아내의 목걸이를 있는 힘껏 당겼다.

목걸이가 끊어졌다.

오랜 친구에게 생일 선물로 받은 소중한 목걸이였다.

목걸이가 끊어져 거실 바닥에 탁하며 떨어졌는데

아내의 반응은 너무도 '쿨' 했다.

어, 끊어졌네.

그게 다였다.

아내는 조카들이 아무리 사고를 쳐도

그저 예뻐죽겠다는 표정을 짓는다.

만약 내가 그랬다면 당장 쫓겨났을 일이다.

아내의 조카들이 집에 올 때마다

아내에게는 '사소한'

내게는 '중요한' 사건과 사고들이 종종 일어났다.

오스트리아 빈에서 산

구스타프 클림트의 「키스」 스노볼.

독일 드레스덴에서 장만한

장인이 한 땀 한 땀 조립했을 미니어처 책상.

책상 위에는 아주 정밀하게 만들어진

책. 지구본. 만년필 등등이 붙어 있다.

스노볼은 깨졌고,

책상의 서랍 하나는 사라졌고,

지구본은 떨어졌다.

아내가 자신의 목걸이가 끊어졌을 때,

그저 끊어졌네. 하고

별다른 반응을 보이지 않았던 것은

그녀의 성격 때문이기도 하겠지만,

그녀 또한 조카들과 다르지 않아서다.

아내는 '신의 손'이다.

그녀의 손이 물건에 닿을 때마다

놀라운 마술이 펼쳐졌다.

물건을

잘 떨어뜨리고

잘 깨뜨리고

잘 망가뜨리고

잘 잃어버린다.

그러곤 내게

고쳐줘, 찾아줘, 치워줘 등의 부탁을 하며 방싯 웃는다.

귀찮고, 짜증 나고, 성가시다.

뭘 고치냐며 그냥 다시 장만하라는 내게

아내는 내가 변해도 너무 변했다고 투덜거린다.

언제는 자신의 '홍반장'이나 '순돌이 아빠'가 되겠다더니

이제 와서 발뺌을 한다고 난리다.

영화 「홍반장」의 '홍반장'이나

드라마 「한 지붕 세 가족」의 '순돌이 아빠'.

우리네 일상에서 일어나는 사소한 일들의 해결사이자

어떤 물건이든 척척 고쳐내는 '신의 손'.

그래, 한때 내가 그런 말을 한 건 사실이다.

그러나 그건 연애할 때 얘기다.

아내가 망가뜨린 물건을 차일피일 미루며 내버려두자

그녀는 공방까지 다니면서 뭘 이런 것도 고치지 못하냐며 투덜댄다.

그러면서 이런 말을 쏟아낸다.

장인이 뭐 별거야.

물건만 잘 만들면 장인이야?

장인은 우리의 망가진 삶을

우리의 찢어진 마음을 꿰매고 수선하는 게 장인이야.

물건을 고치고 수선하는 것은

단순히 물건에 생명을 불어넣는 게 아니야.

그건 그 물건을 사용하던 사람의

삶을 생명을 마음을 꿰매고 수선하는 거야.

알았어?

아내의 말을 찬찬히 들어보니.

다 옳다.

누구에겐가 자랑하려고 가구나 가방을 만들지는 않았다.

만드는 것 자체가 좋았다.

내 손이 닿을 때마다 망가진 물건이 되살아나는 느낌도 좋았다.

저마다의 물건에는 저마다의 삶의 흔적이 남아 있다.

아내가 고쳐달라고 한 것은

끊어진 목걸이나

헐렁한 가방의 손잡이나

삐걱거리고 흔들거리는 의자나

팔이 부러진 에드가 드가의 「무희舞姬」 미니어처가 아니었다.

그녀의 소중한 추억이었다.

그러나

여전히

나는 아내가 무언가를 고쳐달라고 할 때마다

조금은 귀찮고 성가시고 짜증이 난다.

그래도 어쩌겠나.

아내는 나를 '자기만의 맥가이버'로 생각하고 있는데.

그것이 얄밉지만.

그래도 가끔은 뿌듯하다.

나는

때로는 목수가 되고,

때로는 갖바치가 되고,

때로는 신기료장수가 되고,

때로는 무두장이가 되어,

누군가의 망가진 추억을

다독이고 매만지고 위로하고 싶은 게다.

연필꽂이

2009년 세 번째 책을 냈다. 내 책을 만들기 위해 무수한 날을 책상 앞에서 떠나지 못했던 출판사 편집부 직원들에게 고마운 마음을 전하고 싶었다. 책이 서점에 진열된 날 출판사 편집부 직원들과 저녁을 먹으며 일종의 '책거리'를 했다. 두 달여간 내 책과 씨름해야 했던 분들께 나는 자그마한 마음을 꺼내놓았다. 호두나무, 물푸레나무, 자작나무, 너도밤나무로 만든 연필꽂이였다. 편집부 직원들의 일상을 되새겨보니 그들은 교정과 교열을 위해 빨간 펜과 연필을 책상 위에 놓아두고 있었다. 글은 내가 쓰지만 책은 언제나 함께 만든다. 여전히 함께 책을 만드는 그들의 삶이 오래오래 따스하고 넉넉하길.

토트백 만드는 남자

책상, 의자, 옷장, 침대, 선반,

책장, 식탁, 소파 테이블, 서랍장.

가구의 이름은 어떤 면에서 명징하다.

들으면 머릿속에 그 모양이 딱 떠오른다.

한데,

가방의 이름은 참 어렵고도 아리송하다.

파우치백pouch bag, 백팩backpack, 클러치백clutch bag,

숄더백shoulder bag, 보스턴백boston bag, 호보백hobo bag,

토트백tote bag.

이 정도는 어렵지 않다.

영어라서 그렇지 다 기능에 따른 분류라서

책상이나 의자와 다를 바 없기 때문이다.

해석해보면 대충 이렇다.

작은 주머니 가방, 등에 메는 가방, 끈 없이 손에 쥐는 가방,

어깨에 걸칠 수 있는 가방, 여행용 가방, 반달 모양 손가방,

그냥 들고 다니는 손가방 등등.

그런데 이뿐만이 아니다.

명품으로 이름난 어떤 브랜드 가방은

자체적으로 이름을 붙인다.

거만해 보이기도 하고, 튀어도 너무 튄다.

가방을 뜻하는 '백'을 빼버리면 이런 이름들이다.

버킨, 켈리, 피코탄, 린디, 가든파티,

에블린, 콘스탄스, 볼리드 등등.

가죽공방에서 귀에 못이 박힐 정도로 많이 들었던 이름들이다.

내게 가방 이름이 어려운 이유는

아직 익숙하지 않아서일 테다.

난 특정한 가방 이름에는 별로 관심 없다.

유명 브랜드의 가방에도 그다지 흥미 없다.

단 디자인과 색감을 유심히 관찰하기는 한다.

필요한 용도에 따라 가방을 만드는 게 좋다.

이런저런 가방을 여러 개 만들었다.

내게는 다 다른 가방이었는데

다른 사람들에게는 다 비슷해 보였던가 보다.

공방의 작은 선생님이 나를 보며

또 토트백 만들어요?

라고 말한다.

그러면서 나를 '토트백 만드는 남자'라 부른다.

나는 이게 보기에는 토트백이라도

다 다른 용도의 가방이라 우겼다.

이건 목욕 가방

이건 동네 카페에 갈 때 드는 가방

이건 장 보러 갈 때 드는 가방

이건 노트북과 A4 서류를 넣고 외출할 수 있는 가방

이건 시집 한 권 정도 넣고 다닐 가방

이건 정장을 입고 나갈 때 드는 가방

이건 가까운 거리를 여행할 때 드는 가방

이렇게 변명을 하고 보니 좀 궁색하다.

가방 이름도

가구 이름도

이왕이면 좀 더 그럴듯한 명명법은 없을까.

이런 식으로 말이다.

뜨거운 햇살 사이로 살포시 불어오는 바람.

흐르는 강물처럼.

불어라 봄바람.

저 창문 너머 햇살이.

부딪치는 파도 소리에 놀란 새.

단풍 좋은 날.

김치 색의 시장 가방.

배흘림의 홀림.

뭐, 이런 것들.

좀 유치하려나.

너무 정형화된 이름보다는

우리가 스스로 이름을 만들어 붙이는 게 재밌지 않을까.

이왕 내 손으로 무언가를 만들었다면

이름도 내 마음대로 붙여보면 좋겠다.

개성이 흘러넘치게.

5mm의
여유와 숨결

춘재가 있고.

추재도 있다.

무슨 옛 성인들의 호號 같다.

춘재春材는 봄과 여름에 자라 조직이 치밀하지 못한 부분을

추재秋材는 가을과 겨울에 성장이 멈춰 조직이 치밀한 부분을

이르는 말이다.

또한 심재와 변재라는 말도 있다.

심재心材는 수심에 가까운 곳을

변재邊材는 껍질에 가까운 부분을 이르는 말이다.

이렇게 말하고 보니

나무의 원통은 우주의 태양계와 닮았다.

나이테 하나하나가 천체의 궤도 같다.

그곳에는 사계절이 존재하고
중심과 주변이 존재하고
끌림과 밀림이 존재하고
수축과 팽창이 존재하고
성장과 휴식이 존재한다.

우주와 자연의 기운이 담긴
나무를 다루는 일은
힘보다는 섬세함이 필요하다.
계절의 변화에 따라
가구가 놓일 공간에 따라
조금은 차이를 두고 나무를 재단하고 가공한다.

거실을 꾸미고 싶어
식탁과 서랍장을 만들었다.
식탁은 화이트 오크로
서랍장은 애쉬, 월넛, 오동나무를 섞어 쓸 참이었다.
애쉬는 서랍장의 몸통, 월넛은 서랍 앞판,
오동나무는 서랍 속재로 사용될 터였다.
군더더기 없는 단순한 디자인을 좋아해
그야말로 몇 가지 선만으로 디자인은 끝났다.
공방의 나무 창고에서
결이 아름답고 촘촘한 목재를 골라

대패를 치고, 치수에 맞게 자르고, 홈을 파고,

장부촉을 따고, 접착제를 발라 짜맞춤을 하고,

사포로 다듬고, 친환경 오일을 바르니

드디어 식탁과 서랍장이 완성되었다.

식탁과 서랍장을 거실에 배치하니 뿌듯하기만 했다.

하지만 그 뿌듯함은 그리 오래가지 않았다.

식탁과 서랍장은 내 집 거실로 이동한 지

얼마 되지 않아 살아 움직이기 시작했다.

공방의 습도와 내 집의 습도가 많이 달라서다.

아주 미세한 차이라서

남들이 보면 눈치를 채지 못하겠으나

만든 사람이니 조그만 차이가 나도 눈에 크게 들어왔다.

공방에서는 아귀가 잘 맞았던 선과 면들이

내 집 거실에서는 살짝살짝 어긋났다.

거실이 너무 건조해서다.

추운 겨울이라 보일러를 너무 강하게 틀어놨더니

나무가 거실의 건조함에 적응하고 있는 터였다.

문제는 서랍장이었다.

한겨울을 버틴 서랍장은 여름에 탈이 났다.

에어컨을 거의 틀지 않는 집의 특성상

다른 집 거실보다 당연히 습도가 높을 수밖에 없었다.

네 개의 서랍 중에 세 개의 서랍이 빡빡하거나

잘 열리지 않았다.

습도가 높아 나무가 부풀어 오른 것이다.

나무는 하늘을 보며 위로 아래로 자라다
누군가의 손에 죽음을 맞이한다.
하지만
죽은 뒤 나무는 좌우로 다시 살아간다.
수축과 팽창 때문이다.

나무는 겨울이면 몸을 움츠리고
여름이면 몸을 활짝 편다.
나무는 홀쭉이와 뚱뚱이를 번갈아가며 산다.
참 공평한 일이다.
그래서 여름에 서랍을 만들 때는
직사각형에 딱 들어맞게 서랍의 대문을 만들어야 한다.
습기를 마음껏 먹고 뚱뚱해졌다가
겨울이 되면 날씬해질 터이니까.
겨울에는 그 반대다.
나무가 줄어들면 모자란 부분을 덧대야 하지만
나무가 부풀면 대패로 살짝 깎아내면 그만이다.
모자란 것보다는 조금 남는 게 수정하기 편하다.
그래서 가능하면 가을이나 겨울에 가구를 만드는 게 좋다.

5mm 정도의 여유가 중요하다.

함수율 측정기를 이용하면

나무의 수분 정도를 측정할 수 있으나

목재가 가구가 되어

어떤 공간에 배치되느냐에 따라

수축과 팽창 정도는 또다시 달라진다.

거의 정확하게 계산할 수도 있다.

예를 들어

폭 900mm, 넓이 1800mm, 함수율 10%의 애쉬 상판 식탁의

수축률은 어느 정도일까.

자, 이제 계산 공식을 적용해보자.

수축 팽창률 계산 공식은 다음과 같다.

가공폭×(함수율-변화된 함수율)×목재별 수축 팽창률

이 공식에 대응하는 값을 대입하면,

$900 \times (10-8) \times 0.00274 = 4.9mm$이다.

변화된 함수율은 가구가 놓일 곳의 평균 함수율인데

아파트 실내인 경우는 보통 8%로 친다.

겨울은 4%, 여름은 10%로 본다.

그리고 목재별 수축 팽창률은

애쉬, 월넛, 티크, 체리, 메이플 등에 따라 그에 따른 값이 있는데,

애쉬와 월넛은 0.00274, 티크는 0.0018, 체리는 0.00248,

메이플은 0.00353이다.

좀 복잡한가.

수포자인 나도 계산할 수 있으니.

어렵지만은 않을 터.

그렇지만 난 이 공식을 사용하지는 않는다.

5mm를 기준으로

비 오는 날, 눈 오는 날, 쨍쨍한 날, 흐린 날,

추운 날, 더운 날에 따라 그냥 내 마음대로 조정한다.

주먹구구라고 걱정할 것은 없다.

잘 건조한

함수율이 낮은 나무를 이용하여

아주 잘 짜맞춘 가구를 만들면

수축 팽창률은 크지 않다.

아무리 수축 팽창률을 잘 계산해도

가구를 어디에 놓느냐

어떻게 사용하느냐에 따라

성장과 휴식을 달리한다.

아파트를 비롯한 가정집 거실에서 사용할 것인지

카페나 사무실에 사용할 것인지에 따라

가구의 삶은 다르다.

습도가 달라서다.

또한 바닥 난방을 사용하는 생활양식 때문이다.

가구는

아주 아방가르드한 설치가 아니라면

대부분 바닥에 놓는다.

그러니 열을 직접 받느냐 간접적으로 받느냐에 따라
목재의 수축과 팽창이 다를 수밖에 없다.
카페나 사무실은 가구가 직접 열을 받지 않지만
가정집보다는 대부분 더 건조하다.
그러니 사무실이나 카페 등에서 사용하는
원목 가구의 수축이 더 심하다.
이렇게 말해놓고 보니
정말 번거롭지 않은가.
원목 가구를 쓰지 않고 말 일이다.
그래도 만드는 사람은 조금은 관심 가질 일이다.

5mm의 여유가
가구를 오래도록 듬직하게 살게 만든다.
딱 떨어지는 것보다
계절에 따라
조금은 넘치게
또 조금은 모자라게
재단하면 가구는 자신의 삶을 잘 건뎌내며 살아간다.
모자람과 넘침 사이의 균형을 맞추는 것.
넘침과 모자람을 여유롭게 바라봐주는 인내심이 필요하다.

미스터 브리콜라주

당신의 호는
벌목伐木이라네

LP판이 벽과 벽을 꽉 채우고 있는

그런 어느 음악 카페였다.

MP3 파일도, CD도 좋지만

가끔은 LP판으로 음악을 듣는 것도 나름 매력적이다.

내가 좋아하는

김추자, 신중현, 들국화, 김광석,

유재하, 김현식, 장필순 등의

노래를,

그들의 노래를 들으며

지인들과 맥주를 홀짝거리고 있었다.

술 안줏거리 중에는 나의 목공도 호출되었다.

여러 사람들의 수다를 종합해보면 이렇다.

이왕 목공 하는 거 독일로 유학 가.

거기서 마이스터 과정을 이수해.

가구 전시회도 하고.

한국으로 돌아오는 거야.

폼나게 귀국 전시회를 여는 거지.

장인의 나라 독일에서

가구 마이스터가 된 이승원 가구 전시회를 열어.

멋지지 않아?

목공은 예술이야 예술.

인문학 공부나 글 쓰는 것보다 훨씬 낫지 않겠어.

참, 멋진 전시회를 열려면 이름도 바꾸자.

이승원.

너무 임팩트가 없는 이름이잖아.

이왕이면 독일어로 지어.

'발터 리Walter Lee' 정도로.

참, 호號도 필요하다.

겸재 정선, 고산자 김정호, 퇴계 이황.

멋지잖아.

수다의 끝이 보이지 않았다.

그때

재치와 유머가 남다른 지인이

우리의 막장 수다에 종지부를 찍었다.

좋은 호가 있다.

뭔데?

벌목伐木 이승원.

농으로 던진 말이었지만

나는 아직도 '벌목'이란 말이

마음속에 깊이 남아 있다.

글을 쓰고

가구를 짜고

가방을 만들고

모두 무언가를 희생시키는 작업이다.

어쩌면 공방은 죽음을 먹고 자라는지 모른다.

다만 그 사실을 모른 척 눈감을 뿐이다.

인간도 어떤 생명의 죽음을 먹고 삶을 지탱해간다.

다만 그 사실을 모른 척 눈감을 뿐이다.

가끔 이런 말을 한다.

나무는 두 번 산다고.

두 번째 삶은 목수의 손을 거쳐

좋은 가구로 만들어졌을 때라고.

동물도 두 번 산다고.

두 번째 삶은 장인의 손을 거쳐

멋진 가방으로 태어났을 때라고.

이 얼마나 인간 중심적인 말일까.

여전히
무언가의 죽음이 내 취미를 지탱하게 한다.
책을 쓰는 것도
대패질을 하는 것도
바느질을 하는 것도.
무언가의 희생이
나를 치유하고
나를 살게 했다.

어떤 공방을

선택해야
하나요?

지인들이 가끔 물어본다.

어떤 공방을 선택하는 게 좋냐고.

예전에 함께 근무했던 동료가 있었다.

직장을 관둔 지도 한참 지난 어느 날

전화 한 통이 걸려왔다.

나와 동료 연구자들이

연구에 집중할 수 있도록

많은 일들을 처리해주었던 고마운 사람,

연구실에서는 꼭 필요한 존재였다.

전화기 너머 들려오는 동료의 목소리는

변함없이 맑고 경쾌했다.

선생님, 갑자기 전화해서 놀라셨죠?

아뇨, 잘 지냈죠?

요즘 뭐 해요. 옮긴 직장은 잘 다녀요?

네, 뭐 그냥 그렇죠, 뭐.

오랜만에 통화를 하는데.

한때는 가깝게 지낸 동료였는데

대화는 너무나 식상했다.

동료가 내게 전화를 건 이유는 목공방에 대한 정보 때문이었다.

자신의 친구가 짜맞춤 가구를 만들고 싶어 하는데,

어떤 공방에 다니는 게 좋으냐는 것이었다.

그래서 나는 이런 정보를 줬다.

본인이 어떤 가구를 만들고 싶으냐에 따라 공방을 선택해요.

어떤 공방은 대부분 수작업으로 짜맞춤 가구를 만들고,

또 어떤 공방은 처음부터 기계를 이용해서 짜맞춤 가구를 만들고,

또 어떤 공방은 그냥 DIY 가구 정도를 제작하는 곳일 터이고,

하드우드를 쓰는 공방과 그렇지 않은 공방이 있을 거예요.

공방 수업 시간도 다 달라요.

그러니 인터넷으로 검색해보고 직접 찾아가서

상담을 받아보는 게 좋아요.

공방도 궁합이 중요하거든요.

그런데 이건 중요한 거 같아요.

공방의 위치요.

집에서 가깝거나 대중교통으로 편하게 이동할 수 있는 곳이 좋아요.

양지바른 1층의 도로변에 있으면 더할 나위 없고요.

벌써 기운이 따뜻하잖아요.

직장인들은 대부분 저녁에 작업을 하는데

밤늦은 시간에 작업을 마치고 집에 돌아가려면

주변이 밝은 곳이 좋을 것 같아요.

물론 제가 다닌 목공방은 너무 좋은 곳이에요.

그렇지만 제가 좋다고 다른 사람도 좋은 건 아니거든요.

공방은 다양하다.

온전히 수작업에 의존하는 목공방.

수작업과 기계 작업을 병행하는 목공방.

기계 작업 위주의 목공방.

국산 나무를 위주로 하는 목공방.

수입산 하드우드를 위주로 하는 목공방.

소위 '전통 가구'를 전문적으로 가르치는 목공방.

하지만 그 전통이야 조선 시대의 가구를 가리키는 것일 뿐.

목공방과 비슷하게 가죽공방도 다양하다.

재봉틀 바느질 위주로 가르치는 가죽공방.

손바느질 위주로 가르치는 가죽공방.

통가죽만을 전문적으로 사용하는 가죽공방.

다양한 종류의 가죽을 사용하는 가죽공방.

일본식 바느질을 가르치는 가죽공방.

프랑스나 이탈리아의 유럽식 바느질을 가르치는 가죽공방.

참 많고도 많은 공방이 있다.

선택은 전적으로 배우는 자의 몫이다.

자기가 하고 싶은 게 무엇인가를 정확히 알아야

공방도 선택할 수 있다.

처음부터 고가의 장비를 살 것이냐.

아니면 차츰차츰 장비의 수준을 높일 것이냐 역시

자신의 취향과 성격에 따라 다르듯이.

그 어떤 공방을 선택할지라도

결국 내가 할 따름일 테니까.

브리콜라주

나무는 쓰임새가 다양하다. 집을 짓고 가구를 만드는 데도 사용되지만, 나무의 열매와 잎과 껍질은 식용과 약재로도 쓰인다. 가구를 만드는 데는 주로 느티나무, 참나무, 참죽나무, 단풍나무, 자작나무, 호두나무, 물푸레나무 등이 사용된다. 느티나무의 어린잎은 쪄서 먹고, 참나무의 도토리는 묵을 만들고, 참죽나무와 자작나무의 껍질은 약재로 사용하고, 단풍나무의 어린잎은 나물로 무치며, 호두나무의 씨앗에서는 기름을 뽑는다. 어찌 이뿐이겠는가. 나무는 지구 형성과 생명체의 공기청정기 역할을 한다. 더 이상 나눠줄 게 없을 정도로 조각나서 부스러기만 남은 나무도 결코 버려지지 않는다. 나무의 부스러기만 모아 접착제와 열을 이용하여 압축 합판을 만든다. 어느 집이나 상가나 공장의 건축 자재로 다시 사용될 것이다. 삼나무, 호두나무, 참나무 등의 부스러기로 압축된 합판을 가만히 들여다보면 꼭 브리콜라주 기법을 쓴 아름다운 예술 작품 같기도 하다.

오늘도

공방으로
출근하며

가평은 잣으로 유명하다.

나는 그곳에서 군 생활을 했다.

봄에도 가끔 눈이 내렸다.

병영의 봄은 민간의 봄보다

저만치 멀리서 더디게 온다.

내 일터였던 병기창고로 가기 위해서는

연병장 오른쪽 모퉁이에 있는 수송부를 지나가야 했다.

수송 트럭을 열심히 손질하고 있는

장병들의 군복에서는 탄약 냄새가 아닌

땀에 전 기름 냄새가 풍겼다.

닦고, 조이고, 기름 치자!

수송부 건물에 크게 써 붙어 있는 구호였다.

수송부의 그 구호를 볼 때마다

내 마음은 사막 한가운데서 모래를 씹는 것 같았다.

군인도 사람인 것을.

사람보다 기계가 더 중요한 군대였다.

'닦고, 조이고, 기름 치자'라는 명령어를

'사랑하고, 매만지고, 보듬어주라'라고 바꾸면 어땠을까.

군대와는 전혀 어울리지 않는 구호였을 테다.

사랑하고 매만지고 보듬어주는 것은 '명령'이 아니기에.

공방에서는 그 누구도 명령하지 않는다.

명령이 없는 곳에서는 자율과 애정과 교감이 중요하다.

우리네 삶도 자율과 애정과 교감으로 충만하다면 얼마나 좋을까.

나무도 가죽도 애정을 담아 쓰다듬고 또 쓰다듬어줘야 한다.

목공 초보 시절이었다.

성급한 내 성격 탓에 실수를 하고 말았다.

대패질을 할 때는 나무의 결을 잘 살펴보아야 한다.

나뭇결의 자연스러운 흐름에 따라 대팻날이 움직여야 한다.

엇결로 대패질을 하다가 나무가 뜯겨 나갔다.

그 뜯겨 나간 나무가 꼭 내 살점 같았다.

조금만 애정을 갖고 나뭇결을 살폈으면 좋았을 일이었다.

가죽도 마찬가지다.

가죽도 결이 있다.

가죽은 마치 우리의 피부와 같아서

결을 따라 재단하고 꿰매야 못난 흉터가 생기지 않는다.

나무도 가죽도 재단하고 깎아내야 할

자연스러운 방향이 있듯이

내 삶도 자연스럽게 흘러가야 할 방향이 분명히 존재할 것이라고,

나는 믿는다.

나는 여전히 내 삶의 방향을 찾지는 못했다.

그렇지만 나는 오늘도 여전히

내 삶을 어떤 방향으로 자르고, 깎고, 꿰맬지를 고민하며

공방으로 출근한다.

내 삶도 타인의 삶도

사랑하고, 매만지고, 보듬어줄 수 있는 능력을 키우며.

사진에 관하여

공방예찬
나무를 다듬고, 가죽을 꿰매고, 글을 쓰는 남자의 기록

지은이   이승원

2017년 5월 15일 초판 1쇄 발행

책임편집   홍보람
기획 · 편집   선완규 · 안혜련 · 홍보람 · 秀
디자인   형태와내용사이

펴낸이   선완규
펴낸곳   천년의상상
등록   2012년 2월 14일 제2012-000291호
주소   (03983) 서울시 마포구 동교로 45길 26 101호
전화   (02) 739-9377
팩스   (02) 739-9379
이메일   imagine1000@naver.com
블로그   blog.naver.com/imagine1000

ⓒ 이승원, 2017

ISBN   979-11-85811-33-8 03810